Sammlung Metzler
Band 246

Terry Eagleton

Einführung in die Literaturtheorie

2. Auflage

Aus dem Englischen
von
Elfi Bettinger und
Elke Hentschel

J. B. Metzlersche Verlagsbuchhandlung
Stuttgart

Die Orginalausgabe erschien bei Basil Blackwell Publisher Limited, Oxford unter dem Titel »Literary Theory. An Introduction«

Für
Charles Swann
und
Raymond Williams

Die Deutsche Bibliothek – CIP-Einheitsaufnahme

Eagleton, Terry:
Einführung in die Literaturtheorie / Terry Eagleton.
Aus dem Engl. von Elfie Bettinger und Elke Hentschel.
– 2. Aufl. – Stuttgart : Metzler, 1992
(Sammlung Metzler ; Bd. 246)
Einheitssacht.: Literary theory < dt. >
Literaturverz. S. 214 – 223
ISBN 3-476-12246-8
NE: GT

ISSN 0558 3667
SM 246

 Einbandgestaltung: Kurt Heger
Satz: DaText, Satz- und Datenverarbeitung GmbH, 7335 Salach
Druck: Kaisser-Druck GmbH, 7335 Salach
Printed in Germany

Vorwort

Wenn man den Ausgangspunkt der Veränderung, die die Literaturtheorie in diesem Jahrhundert erfahren hat, auf einen bestimmten Zeitpunkt festlegen wollte, so wäre das Jahr 1917, in dem der junge russische Formalist Viktor Šklovškij seinen bahnbrechenden Essay »Iskusstvo, kak priëm« (Die Kunst als Verfahren) veröffentlichte, keineswegs der schlechteste Vorschlag. Seitdem, und insbesondere in den beiden letzten Jahrzehnten, hat eine auffallende Bereicherung der Literaturtheorie stattgefunden: Die eigentliche Bedeutung von ›Literatur‹, ›Lesen‹ und ›Literaturkritik‹ erfuhr einen tiefgreifenden Wandel. Aber bis auf einen kleinen Kreis von Spezialisten und Enthusiasten hat sich diese theoretische Revolution bisher noch nicht besonders weit verbreitet: ihre volle Auswirkung auf die Literaturstudenten/inn/en und die Leser/innen im allgemeinen steht noch aus.

Das vorliegende Buch soll eine einigermaßen verständliche Darstellung der modernen Literaturtheorie für diejenigen geben, die wenig oder gar keine Vorkenntnisse auf diesem Gebiet haben. Obgleich ein solches Vorhaben naturgemäß Auslassungen und unzulässige Simplifizierungen mit sich bringt, habe ich versucht, den Gegenstand eher ›populär und wissenschaftlich‹ allgemeinverständlich als im negativen Sinne ›populärwissenschaftlich‹ darzustellen. Da es eine ›neutrale‹, ›wertfreie‹ Darstellungsweise meiner Meinung nach nicht gibt, gebe ich meinen Standpunkt durchweg deutlich zu erkennen und hoffe, damit zusätzliches Interesse an dem Buch zu wecken.

Der Ökonom J. M. Keynes hat einmal bemerkt, daß diejenigen Wirtschaftswissenschaftler, die der Theorie ablehnend gegenüberstehen oder ohne sie besser zurechtzukommen behaupten, einfach noch einer älteren Theorie verhaftet sind. Das trifft auch für Literaturstudenten, -kritiker und -wissenschaftler zu. Manche beklagen sich, daß die Literaturtheorie unglaublich esoterisch sei – vermuten darin eine geheimbündlerische, elitäre Enklave, die der Nuklearphysik ziemlich ähnlich ist. Zwar ermutigt ›literarische Bildung‹ nicht gerade zum analytischen

Denken; aber Literaturtheorie ist in Wirklichkeit nicht schwieriger als viele andere theoretische Untersuchungen, und sogar um einiges einfacher als manche von ihnen. Ich hoffe, daß das vorliegende Buch einen Beitrag dazu leistet, denen die Angst zu nehmen, die befürchten, daß der Gegenstand ihre Verständnisfähigkeit überschreitet. Einige Student/inn/en und Kritiker/innen verwahren sich auch dagegen, daß die Literaturtheorie ›zwischen den Leser und das Werk‹ trete. Die einfache Antwort darauf ist, daß wir ohne irgendeine Art von Theorie, wie unreflektiert und unbewußt sie auch immer sein mag, gar nicht erst wüßten, was überhaupt ein ›literarisches Werk‹ ist oder wie wir es lesen sollen. Eine feindselige Einstellung der Theorie gegenüber bedeutet normalerweise eine Ablehnung der Theorien anderer und ein Übersehen der eigenen. Ein Anliegen dieses Buches besteht darin, diese Verdrängung aufzuheben und uns ein Wiedererkennen zu ermöglichen. T. E.

Im Einverständnis mit dem Autor und dem englischen Verlag ist die vorliegende deutsche Ausgabe um das Kapitel »The Rise of English« gekürzt, das den Aufstieg und die Entwicklung der Literaturwissenschaft in Großbritannien und in den USA behandelt. Die dort enthaltene grundsätzliche Auseinandersetzung mit dem New Criticism wurde jedoch beibehalten und an den Beginn des Kapitels über »Strukturalismus und Semiotik« gestellt. Die Anmerkungen der englischen Ausgabe wurden prinzipiell in den Text eingearbeitet. Das Literaturverzeichnis enthält alle vom Autor benutzten Titel (mit den entsprechenden deutschen Ausgaben) sowie weiterführende Literatur für die deutschen Leser und Leserinnen.

Inhalt

1. Einleitung: Was ist Literatur?

Wenn es so etwas wie Literaturtheorie gibt, dann muß es offensichtlich wohl auch etwas namens Literatur geben, womit sich diese Theorie beschäftigt. Wir können also zuerst einmal die Frage stellen: Was ist Literatur?

Es gibt die unterschiedlichsten Versuche zur Definition von Literatur. Man kann sie beispielsweise als ›imaginatives‹ Schreiben im Sinne von ›Fiktion‹ definieren – als ein Schreiben, das nicht im wörtlichen Sinne ›wahr‹ ist. Aber schon bei flüchtigster Betrachtung dessen, was normalerweise unter der Überschrift ›Literatur‹ zusammengefaßt wird, zeigt sich, daß diese Definition nicht ausreicht. Die englische Literatur des 17. Jahrhunderts umfaßt die Dramen Shakespeares und Websters, die Gedichte Marvells und die Epen Miltons; aber sie erstreckt sich auch auf die Essays von Francis Bacon, die Predigten von John Donne, John Bunyans religiös-allegorische Autobiographie und das, was Sir Thomas Browne geschrieben hat, was immer es auch sein mag. Mit einem kleinen Zugeständnis kann man sogar Hobbes *Leviathan* oder Clarendons *History of the Rebellion* miteinbeziehen. Die französische Literatur des 17. Jahrhunderts umfaßt neben Corneille und Racine die Maximen von Rochefoucauld, die Beerdigungspredigten von Bossuet, Boileaus Abhandlungen über Poetik, Madame de Sévignés Briefe an ihre Tochter und die philosophischen Schriften von Descartes und Pascal. Im 19. Jahrhundert umfaßt die englische Literatur Lamb (nicht aber Bentham), Macaulay (aber nicht Marx), Mill (aber weder Darwin noch Herbert Spencer).

Die Unterscheidung zwischen ›Fakten‹ und ›Fiktion‹ scheint uns also nicht sehr weit zu bringen, nicht zuletzt, weil die Unterscheidung selbst häufig fragwürdig ist. So wird beispielsweise argumentiert, daß unsere moderne Opposition von ›historischer‹ und ›künstlerischer‹ Wahrheit auf die frühen isländischen Sagen gar nicht anwendbar sei (Steblin-Kamenkij). Im späten 16. und frühen 17. Jahrhundert wurde das englische Wort für Roman, ›novel‹, anscheinend sowohl für wahre als auch für fiktive Ereignisse verwendet, selbst Zeitungsberichte wurden kaum als faktisch betrachtet. Romane und Zeitungsberichte waren weder eindeutig faktisch noch eindeutig fiktiv: unsere eigene scharfe Trennung zwischen den beiden Kategorien traf einfach nicht zu (s. Davis). Edward Gibbon war zweifellos überzeugt, daß er die historische Wahrheit aufschrieb, und das glaubten vielleicht auch die Verfasser der Genesis, aber heute werden sie von einigen als Tatsache, von anderen als Fiktion gelesen; auch John Henry Newman dachte sicherlich, daß seine theologischen Meditationen wahr seien, aber heute sind sie für viele Leser ›Literatur‹. Darüber hinaus schließt ›Literatur‹ zwar viele ›faktischen‹ Schriften mit ein, sondert aber auch viel Fiktives aus. Der Comic Strip *Superman* und Silviaromane sind fiktionale Werke, werden aber im allgemeinen nicht als Literatur betrachtet, und bestimmt nicht zu ›der Literatur‹ gezählt. Wenn Literatur ›kreatives‹ oder ›imaginatives‹ Schreiben bedeutet, heißt das dann, daß Geschichte, Philosophie und Naturwissenschaften unkreativ und unimaginativ sind?

Vielleicht braucht man überhaupt einen ganz anderen Ansatz. Vielleicht ist Literatur nicht darüber definierbar, ob sie fiktional oder ›imaginativ‹ ist, sondern weil sie eine spezifische Art der Sprachverwendung darstellt. Mit dieser Theorie wird Literatur zu einer Art des Schreibens, die mit den Worten des russischen Kritikers Roman Jakobson »eine organisierte Gewalt, begangen an der einfachen Sprache« darstellt. Literatur verändert und intensiviert die Alltagssprache, weicht systematisch von ihr ab. Wenn Sie sich mir an der Bushaltestelle nähern und murmeln: »Du noch unberührte Braut der Stille«, wird mir sofort bewußt, daß ich mich in der Gegenwart des Literarischen befinde. Das weiß ich, weil die Dichte, der Rhythmus und der Klang der Worte ihre erkennbare Bedeutung bei weitem überwiegen – oder, wie die Linguisten es technischer ausdrücken könnten, es besteht hier ein Ungleichgewicht zwischen Bezeichnendem und Bezeichnetem. Die Sprache lenkt die Aufmerksamkeit auf sich selbst und prunkt auf eine Weise mit ihrer materiellen Substanz, wie es Äußerungen wie »Wissen Sie nicht, daß die Busfahrer streiken?« nicht tun.

Tatsächlich war dies die Definition des ›Literarischen‹, die in der Folge von den russischen Formalisten entwickelt wurde, unter ihnen Viktor Šklovskij, Roman Jakobson, Osip Brik, Jurij Tynjanov, Boris Ejchenbaum und Boris Tomaševkij. Die Formalisten traten in Rußland in den Jahren vor der Oktoberrevolution des Jahres 1917 hervor und erlebten ihre Blütezeit in den 20er Jahren, ehe sie vom Stalinismus völlig zum Schweigen gebracht wurden. Als eine Gruppe militanter, polemischer Kritiker verwarfen sie die quasi-mystischen Doktrinen des Symbolismus, von denen die Literaturkritik vor ihnen beeinflußt war, und lenkten mit praktischem, wissenschaftlichem Geist die Aufmerksamkeit auf die materielle Seite des literarischen Textes. Literaturwissenschaft und Kritik sollten die Kunst vom Geheimnisvollen, Mysteriösen trennen und sich damit befassen, wie der literarische Text wirklich funktioniert: Literatur sei keine Pseudo-Religion, Psychologie oder Soziologie, sondern eine spezifische sprachliche Struktur. Sie hat ihre eigenen, speziellen Gesetze, Strukturen und Verfahren, die als solche untersucht und nicht auf etwas anderes reduziert werden sollten. Das literarische Werk ist weder ein Transportmittel für Ideen noch die Widerspiegelung der sozialen Realität oder die Verkörperung einer transzendentalen Wahrheit: es ist ein materielles Faktum, dessen Funktionen analysiert werden können, so ähnlich, wie wenn man eine Maschine untersucht. Es besteht aus Wörtern, nicht aus Objekten oder Gefühlen, und es ist ein Fehler, den Ausdruck des Denkens eines Autors oder einer Autorin darin zu sehen. Puškins *Evgenij Onegin*, bemerkte Osip Brik einmal leichthin, wäre auch geschrieben worden, wenn Puškin nie gelebt hätte.

Der Formalismus stellte im Grunde die Anwendung der Linguistik auf das Literaturstudium dar; und da die in Frage kommende Linguistik eine formale war, die sich mehr mit den Strukturen der Sprache beschäftigte als mit dem, was vielleicht gerade gesagt wurde, übergingen die Formalisten die Analyse des literarischen ›Inhalts‹ (wo man immer der Psychologie oder Soziologie anheimfallen konnte) zugunsten des Studiums der literarischen Form. Weit davon entfernt, die Form als Ausdruck des Inhalts zu sehen, stellten sie dieses Verhältnis auf den Kopf: der Inhalt war nur die ›Motivation‹ für die Form, Anlaß oder Gelegenheit für eine bestimmte Art von formaler Übung. *Don Quixote* handelt nicht ›von‹ der gleichnamigen Figur: Die Figur ist nur ein Verfahren, um die verschiedenen Erzähltechniken zusammenzuhalten. Und Orwells *Animal Farm (Die Farm der Tiere)* wäre für die Formalisten keine Allegorie auf den Stalinismus; ganz im Gegenteil, der Stalinismus bildete einfach eine günstige Gelegenheit für die Konstruktion einer Allegorie. Dieses starrsinnige Beharren war es auch, das den Formalisten seitens ihrer Gegner ihren Schimpfnamen eingebracht hat; und obwohl sie nicht bestritten, daß Kunst in Beziehung zur sozialen Realität steht – tatsächlich hatten einige von ihnen enge Verbindungen zu den Bolschewiki – erklärten sie provokativ, daß diese Beziehung den Kritikter nichts anginge.

Der Ausgangspunkt der Formalisten lag darin, das literarische Werk als eine mehr oder weniger willkürliche Ansammlung von ›Verfahren‹ zu sehen, und erst später verstanden sie diese als zueinander in Beziehung stehende Elemente oder als ›Funktionen‹ innerhalb des Gesamtsystems eines Textes. ›Verfahren‹ schlossen Klang, Bildlichkeit, Rhythmus, Syntax, Metrum, Reim, Erzähltechniken, ja wirklich den ganzen Vorrat an formalen literarischen Elementen ein; und was allen diesen Elementen gemeinsam war, war ihr ›Verfremdungseffekt‹. Es war für die literarische Sprache spezifisch und unterschied sie von anderen Diskursarten, daß sie die Sprache auf verschiedene Weisen verformte oder ›deformierte‹. Unter dem Druck literarischer Verfahren wurde die normale Sprache intensiviert, verdichtet, verschlungen, zusammengeschoben, auseinandergezogen, auf den Kopf gestellt. Es war ›fremd-gemachte‹ Sprache, und aufgrund dieser Verfremdung wurde auch die alltägliche Welt plötzlich fremd und nicht-vertraut. In der Routine der Alltagssprache würden unsere Wahrnehmungen von und unsere Reaktionen auf die Wirklichkeit schal, abgestumpft, oder wie die Formalisten sagen würden, ›automatisiert‹. Indem Literatur uns ein dramatisches Sprachbewußtsein aufzwingt, erneuert sie diese gewohnheitsmäßigen Reaktionen und macht die Gegenstände ›wahrnehmbarer‹. Wenn man mit der Sprache auf eine anstrengendere, bewußtere Art als sonst ringen muß, wird die Welt, die von dieser Sprache enthalten wird, lebendig erneuert. Die Lyrik von Gerard Manley Hopkins (1844-1889) könnte hierfür als besonders anschauliches Beispiel dienen. Der literarische Diskurs entfremdet uns von der Alltagssprache und verfremdet diese, ermöglicht uns aber paradoxerweise zugleich reichere, innigere Erfahrungen. Die meiste Zeit atmen wir Luft, ohne uns dessen bewußt zu sein: wie die Sprache ist Luft das Medium, in dem wir uns bewegen. Aber wenn die Luft plötzlich dick oder verpestet ist, werden wir gezwungen, mit neuer Wachsamkeit auf unser Atmen zu achten, und dies kann sich vielleicht in einer verstärkten Wahrnehmung unserer Körperfunktionen auswirken. Wir lesen die hingekritzelte Notiz eines Freundes, ohne uns groß Gedanken über ihre narrative Struktur zu machen; aber wenn eine Geschicht abbricht und neu einsetzt, ständig von einer Erzählebene zur anderen wechselt und den Höhepunkt hinauszögert, um uns in Spannung zu halten, wird uns aufs neue bewußt, wie sie konstruiert ist, während vielleicht gleichzeitig unser Erlebnis sich intensivieren kann. Die Fabel, würden die Formalisten argumentieren, benutzt ›behindernde‹ oder ›retardierende‹ Verfahren, um unsere Aufmerksamkeit zu erhalten, und in der literarischen Sprache werden diese Verfahren ›offengelegt‹. Das bewegt Viktor Šklovkij zu der hinterhältigen Bemerkung über Laurence Sternes *Tristram Shandy,* einen Roman, der seinen eigenen Verlauf so sehr behindert, daß es ihm kaum gelingt, anzufangen, daß dies ›der typischste Roman der Weltliteratur‹ sei.

Die Formalisten sahen also die literarische Sprache als eine Reihe von Abweichungen von einer Norm, eine Art sprachlicher Gewalt: Literatur ist eine ›besondere‹ Art von Sprache, im Gegensatz zu der ›normalen Sprache‹, die wir gewöhnlich benutzen. Aber das Erkennen einer Abweichung schließt mit ein, daß man die Norm, von der sie abweicht, identifizieren kann. Obwohl die ›normale Sprache‹ eine heißgeliebte Vorstellung bei einigen Oxford-Philosophen ist, hat die ›normale Sprache‹ dieser Philosophen wenig mit der ›normalen Sprache‹ der Hafenarbeiter von Glasgow zu tun. Und die Sprache, die beide gesellschaftlichen Gruppen benutzen, wenn sie Liebesbriefe schreiben, unterscheidet sich normalerweise von der Art, wie sie sich mit ihrem Gemeindepfarrer unterhalten. Die Vorstellung, daß es eine einzige ›normale‹ Sprache gibt, eine gemeinsame Währung, an der alle Mitglieder der Gesellschaft teilhaben, ist eine Illusion. Jede wirkliche Sprache besteht aus einer hochkomplexen Bandbreite von Diskursen, die sich entsprechend der Klassen-, Regional-, Geschlechts- und Statuszugehörigkeit etc. unterscheiden, und die auf keinen Fall problemlos zu einer homogenen Sprachgemeinschaft vereinheitlicht werden können. Eines Menschen Norm kann des anderen Abweichung sein: ›Weiher‹ für ›kleiner See‹ mag in einer Gegend poetisch, in einer anderen ›normale‹ Sprache sein. Selbst der ›prosaischste‹ Text des 15. Jahrhunderts kann aufgrund seiner Archaismen für uns heute ›poetisch‹ klingen. Wenn wir über einen einzelnen, isolierten Zettel mit Schriftzeichen aus einer lange entschwundenen Zivilisation stolpern sollten, könnten wir vom bloßen Anschein nicht sagen, ob es sich um ›Poesie‹ handelt, da wir keinen Zugang mehr zu den ›normalen‹ Diskursen jener Gesellschaft hätten; und selbst wenn weitere Nachforschungen ergäben, daß der Text ›abweichend‹ ist, würde dies noch immer nicht beweisen, daß es sich um Poesie handelt, da nicht alle Abweichungen poetisch sind. Slang, beispielsweise. Wir könnten aufgrund bloßer Betrachtung nicht feststellen, ob nicht ein Stück ›realistischer‹ Literatur vorliegt, ohne weitere Informationen darüber zu haben, welche Funktion das Textstück innerhalb der fraglichen Gesellschaft hatte.

Nicht etwa, daß die Formalisten dies nicht bemerkt hätten. Sie erkannten, daß Normen und Abweichungen sich von einem sozialen oder historischen Kontext zum anderen veränderten – daß ›Poesie‹ in diesem Sinne davon abhängt, wo man sich zufällig gerade befindet. Die Tatsache, daß ein Stück Sprache eine ›verfremdende‹ Wirkung hatte, war keine Garantie dafür, daß dies immer und überall der Fall sein würde: es ›verfremdete‹ nur vor einem bestimmten normativen sprachlichen Hintergrund, und wenn dieser sich änderte, wäre der Text möglicherweise nicht mehr als literarisch wahrnehmbar. Wenn jeder Ausdrücke wie ›unberührte Braut der Stille‹ in gewöhnlichen Kneipengesprächen verwenden würde, so würde diese Art der Sprache vielleicht aufhören, ›poetisch‹ zu sein. Für die Formalisten war Literarizität mit anderen Worten eine Funktion der *differentiellen* Beziehungen zwischen einer Art von Diskurs und einer anderen; sie war nicht ein ewig gegebenes Gut. Sie waren nicht darauf aus, ›Literatur‹, sondern ›Literarizität‹ zu definieren – besondere Verwendungen von Sprache, die in ›literarischen‹ Texten, aber auch vielerorts außerhalb derselben gefunden werden konnten. Jeder, der glaubt, daß ›Literatur‹ durch solche speziellen Verwendungsarten von Sprache definiert werden kann, muß der Tatsache ins Gesicht sehen, daß es in der Sprache des Ruhrpotts vielleicht mehr Metaphern gibt als bei Rilke. Es gibt keine ›literarischen‹ Verfahren – Metonymie, Synekdoche, Litotes, Chiasmus etc. –, die nicht auch häufig im alltäglichen Diskurs verwendet würden.

Nichtsdestotrotz gingen die Formalisten weiter davon aus, daß das Wesen der Literatur in der ›Verfremdung‹ besteht. Sie relativierten diesen Gebrauch von Sprache einfach nur und sahen ihn als ein Kontrastmoment zwischen einer Redeweise und einer anderen. Aber was passiert, wenn ich von jemand am Nebentisch in der Kneipe die Bemerkung höre: »Das ist aber eine krakelige Handschrift!« Ist das ›literarische oder ›nicht-literarische‹ Sprache? Tatsächlich ist es ›literarische‹ Sprache, denn es stammt aus Knut Hamsuns Roman *Hunger*. Aber wie kann ich wissen, daß es ›literarisch‹ ist? Als sprachliche Äußerung zieht es schließlich keine besondere Aufmerksamkeit auf sich. Eine Antwort auf die Frage, wie ich herausfinden kann, daß das literarisch ist, lautet, daß es aus Knut Hamsuns Roman *Hunger* stammt. Es ist Teil eines Textes, den ich als ›fiktional‹ gelesen habe, der sich als ›Roman‹ ankündigt, den man auf universitäre Literaturleselisten setzen kann etc. Der *Kontext* sagt mir, daß es literarisch ist; aber die Sprache selbst hat keine inhärenten Fähigkeiten oder Eigenschaften, die sie von anderen Diskursarten unterscheiden könnten, und man könnte es sehr wohl in einer Kneipe äußern, ohne für seine literarische Gewandtheit Bewunderung zu ernten. Eine formalistische Literaturauffassung bedeutet in Wirklichkeit, daß man sämtliche Literatur als *Poesie* begreift. Auffälligerweise haben die Formalisten, wenn es um die Betrachtung eines Prosatextes ging, häufig einfach die Techniken, die sie bei der Lyrikuntersuchung anwandten, übertragen. Aber Literatur wird meistens als etwas begriffen, was mehr als nur die Lyrik umfaßt – etwas, was beispielsweise realistische oder naturalistische Werke einschließt, die nicht in irgendeiner auffallenden Weise von sprachlicher Selbstdarstellung geprägt sind. Manchmal wird ein Text gerade deshalb als ›gut‹ bezeichnet, weil er *nicht* ungebührlich Aufmerksamkeit auf sich zieht: er wird für seine lakonische Schlichtheit oder seine unterkühlte Nüchternheit bewundert. Und was ist mit Witzen, Fußball-Schlachtrufen und Slogans, Zeitungsüberschriften und Reklamesprüchen, die sprachlich oft brilliant sind, im allgemeinen jedoch nicht als Literatur eingeordnet werden?

Ein anderes Problem in Sachen ›Verfremdung‹ besteht darin, daß es keine Schreibweise gibt, die mit genügend Scharfsinn nicht als verfremdend gelesen werden könnte. Nehmen Sie eine prosaische, ziemlich unzweideutige Aussage, wie man sie manchmal in U-Bahnhöfen findet: »Hunde müssen auf der Rolltreppe getragen werden.« Dies ist vielleicht nicht so unzweideutig, wie es auf den ersten Blick scheint: heißt das, man *muß* auf der Rolltreppe einen Hund tragen? Wird man von der Benutzung der Rolltreppe ausgeschlossen, wenn man nicht irgendeinen herumstreunenden Köter findet, den man auf dem Weg nach oben umklammern kann? Viele anscheinend einfachen Mitteilungen enthalten solche Zweideutigkeiten. Aber selbst wenn man solche beunruhigenden Zweideutigkeiten beiseite läßt, ist es sicher offensichtlich, daß das Hinweisschild in der U- Bahn als Literatur gelesen werden könnte. Man könnte sich vom weichen Klang der ersten beiden Zweisilber mit ihren Nasalen gefangennehmen lassen, würde in Gedanken weit abschweifen, wenn man bei dem anspielungsreichen »getragen« angelangt wäre, und dem suggestiven Widerhall der Würde, lahmen Hunden durchs Leben zu helfen, erliegen; und vielleicht könnten Sie im Wort ›Rolltreppe‹ schließlich genau den

Rhythmus und die Modulation entdecken, die das Rollen, die Auf- und Abwärtsbewegung des Gegenstandes selbst imitierten. Das mag ja alles ein sinnloses Unterfangen sein, aber auch nicht bedeutend sinnloser als die Behauptung, aus der poetischen Beschreibung eines Duells das Klirren der Degen herauszuhören, und es hat wenigstens den Vorteil, nahezulegen, daß ›Literatur‹ vielleicht zumindest ebensosehr davon abhängt, was Menschen mit Texten machen, wie davon, was die Texte mit ihnen machen.

Selbst wenn wir das Hinweisschild auf diese Art lesen, hätten wir es immer noch als *Poesie* gelesen, die nur einen Teil dessen darstellt, was die Literatur beinhaltet. Wir wollen deshalb eine andere Möglichkeit der Fehlinterpretation des Schildes in Betracht ziehen, die uns vielleicht ein bißchen weiter bringt. Man stelle sich einen Betrunkenen vor, der spät nachts am Handlauf der Rolltreppe hängt, den Hinweis minutenlang mühselig entziffert und dann vor sich hin murmelt: »Wie wahr!« Was für eine Art von Fehler liegt hier vor? Was der Betrunkene wirklich macht, ist die Mitteilung als eine Art Aussage von allgemeiner, vielleicht sogar kosmischer Bedeutung zu verstehen. Indem er bestimmte Lesekonventionen auf diese Wörter anwendet, löst er sie aus ihrem unmittelbaren Kontext heraus und verallgemeinert sie über ihre pragmatische Absicht hinaus zu etwas mit einer breiteren und vermutlich auch größeren Bedeutung. Diese Vorgehensweise ist wohl sicherlich auch bei dem, was man Literatur nennt, beteiligt. Wenn ein Dichter uns sagt, daß seine Liebe wie eine rote Rose ist, schließen wir aus der Tatsache, daß er diese Aussage in einem bestimmten Metrum macht, daß nun nicht die Frage von uns erwartet wird, ob er wirklich eine Geliebte hatte, die für ihn aus irgendeinem bizarren Grund wirklich einer Rose ähnlich zu sehen schien. Er sagt uns etwas über Frauen und Liebe im allgemeinen. ›Literatur‹, könnten wir also sagen, ist ›nicht-pragmatischer‹ Diskurs: Ungleich Biologielehrbüchern und Zetteln für den Zeitungsboten erfüllt sie keinen unmittelbaren praktischen Zweck, sondern soll als etwas aufgefaßt werden, was auf den allgemeinen Zustand der Welt verweist. Manchmal, aber nicht immer, benutzt sie eine besondere Sprache, so als wolle sie diesen Sachverhalt besonders deutlich machen – um zu signalisieren, daß es nicht wirklich um eine bestimmte, reale Frau geht, sondern mehr um die *Art des Sprechens* über eine Frau. Diese Konzentration auf die Art des Sprechens und nicht so sehr auf die Realität, über die gesprochen wird, wird manchmal als Hinweis darauf gesehen, daß wir mit

›Literatur‹ eine Art *selbst-referentielle* Sprache meinen, eine Sprache, die über sich selbst spricht.

Auch diese Art der Definition von Literatur wirft indessen einige Probleme auf. Zum einen wäre Orwell wahrscheinlich recht überrascht gewesen zu hören, daß seine Essays so gelesen werden sollten, als seien die von ihm behandelten Themen weniger wichtig als die Art, wie er sie darstellt. Bei vielem, was man als Literatur klassifiziert, wird der Wahrheitsgehalt und die praktische Relevanz dessen, was gesagt wird, sehr wohl als wichtig für die Gesamtwirkung angesehen. Aber selbst wenn der ›unpragmatische‹ Umgang mit dem Diskurs einen Teil dessen ausmacht, was man als ›Literatur‹ bezeichnet, so folgt aus dieser ›Definition‹, daß Literatur nicht wirklich ›objektiv‹ definiert werden kann. Die Definition von Literatur hängt dann von der Entscheidung des einzelnen ab, wie er etwas liest, und nicht von der Natur des Geschriebenen. Es gibt bestimmte Arten zu schreiben – Gedichte, Dramen, Romane –, die recht offensichtlich als nicht-pragmatisch im angeführten Sinne konzipiert sind, aber das garantiert noch nicht, daß sie auch tatsächlich so gelesen werden. Ich könnte ohne weiteres Gibbons Darstellung des Römischen Weltreichs lesen, nicht weil ich irrtümlich annehme, daß sie zuverlässige Informationen über das alte Rom bietet, sondern weil ich Gibbons Prosastil genieße oder unabhängig von ihrer historischen Quelle gern in Bildern menschlicher Korruption schwelge. Aber ich könnte das Gedicht von Robert Burns lesen, weil mir als japanischem Gartenbaukünstler unklar ist, ob die rote Rose im England des 18. Jahrhunderts gedieh. Man wird einwenden, daß es damit nicht als ›Literatur‹ gelesen wird; aber lese ich Orwells Essays als Literatur nur, wenn ich seine Aussagen über den Spanischen Bürgerkrieg zu einer kosmischen Äußerung über das menschliche Leben verallgemeinere? Zwar werden viele Werke, die man in den akademischen Institutionen als Literatur studiert, ›konstruiert‹, um als Literatur gelesen zu werden, aber für einige von ihnen trifft das eben nicht zu. Ein Text kann als Geschichte oder Philosophie auf die Welt kommen, um später als Literatur eingestuft zu werden; oder er kann seine Existenz als Literatur beginnen, um in späteren Zeiten wegen seiner archäologischen Bedeutung geschätzt zu werden. Einige Texte werden literarisch geboren, andere erreichen Literarizität, und wieder anderen wird diese aufgedrängt. In dieser Hinsicht kann Erziehung viel mehr gelten als Abstammung durch Geburt. Nicht woher man kommt, ist hier entscheidend, sondern wie einen die Leute behandeln. Wenn sie beschließen, daß man Literatur ist, dann scheint man das auch zu sein, unabhängig davon, was man selbst zu sein glaubte.

In diesem Sinne kann Literatur weniger als eine inhärente Eigenschaft oder eine Reihe von Eigenschaften aufgefaßt werden, die sich in bestimmten Texten von *Beowulf* bis Virginia Woolf entfalten, als vielmehr als eine Reihe von Einstellungen der Menschen gegenüber Texten. Es wäre nicht leicht, aus all dem, was zu verschiedenen Zeiten ›Literatur‹ genannt wird, ein konstantes Muster inhärenter Merkmale zu isolieren. Tatsächlich wäre dies so unmöglich wie der Versuch, das allen anvisierten Objekten gemeinsame, einmalige Unterscheidungsmerkmal zu identifizieren. So etwas wie ein ›Wesen‹ der Literatur gibt es schlichtweg nicht. Jedes beliebige Stück Text kann ›nicht-pragmatisch‹ gelesen werden, wenn es das ist, was Literatur ausmacht, genauso wie jeder Text ›poetisch‹ gelesen werden kann. Wenn ich über dem Fahrplan brüte, nicht um irgendeine Zugverbindung ausfindig zu machen, sondern um mich zu allgemeinen Überlegungen über die Geschwindigkeit und Komplexität des modernen Lebens anzuregen, könnte man sagen, daß ich ihn als Literatur lese. Nach John M. Ellis funktioniert der Terminus ›Literatur‹ etwa so wie das Wort ›Unkraut‹: Unkraut ist keine besondere Pflanzenart, sondern jede beliebige Pflanze, die der Gärtner aus irgendeinem Grund hier nicht haben will. Vielleicht bedeutet ›Literatur‹ so etwas wie das Gegenteil davon: jede beliebige Art von Text, den jemand aus irgendeinem Grund besonders schätzt. ›Literatur‹ und ›Unkraut‹ sind, wie die Philosophen sagen würden, eher *funktionale* als *ontologische* Begriffe: sie sagen etwas darüber aus, was wir tun, aber nichts über das Wesen der Dinge. Sie machen eine Aussage über die Rolle eines Textes oder einer Distel im sozialen Kontext, ihre Beziehungen zu und Unterschiede von ihrer Umgebung, ihr Verhalten darin, die Zwecke, denen sie dienen können, und die menschlichen Praxisfelder, die sie umgeben. ›Literatur‹ ist in diesem Sinne eine rein formale, leere Art der Definition. Selbst wenn wir daran festhalten, daß sie eine nicht-pragmatische Behandlung von Sprache darstellt, sind wir immer noch nicht bei einem ›Wesen‹ der Literatur angelangt, weil dies auch für andere sprachliche Äußerungen wie z. B. Witze gilt. In jedem Fall sind wir weit davon entfernt, ›praktische‹ und ›nicht-praktische‹ Beziehungen zwischen uns und der Sprache fein säuberlich unterscheiden zu können. Einen Roman zum Vergnügen zu lesen unterscheidet sich offensichtlich vom Lesen eines Verkehrschildes zur Information, aber wie steht es mit dem Lesen eines Biologielehrbuchs, um sich weiterzubilden? Ist das eine ›pragmatische‹ Behandlung von Sprache oder nicht? In vielen Gesellschaften erfüllt die Literatur höchst praktische Funktionen, beispielsweise religiöse; scharf zwischen ›praktisch‹ und ›nichtpraktisch‹ zu unterscheiden ist vielleicht nur in einer Gesellschaft wie unserer möglich, in der die Literatur aufgehört hat, überhaupt noch eine praktische Funktion zu haben. Vielleicht legen wir so als allgemeine Definition eine Bedeutung von ›literarisch‹ vor, die in Wirklichkeit historisch bestimmt ist.

Wir haben also immer noch nicht das Geheimnis gelüftet, warum Lamb, Macaulay und Mill Literatur sind, aber Bentham, Marx und Darwin im großen und ganzen gesehen nicht. Eine einfache Antwort hierauf wäre vielleicht, daß die ersten drei Beispiele für ›gutes Schreiben‹ darstellen, die anderen drei aber nicht. Diese Antwort hat den Nachteil, zum großen Teil nicht zu stimmen, zumindest meiner Ansicht nach, aber sie bietet den Vorteil, darauf hinzuweisen, daß im allgemeinen das mit dem Begriff Literatur belegt wird, was man für *gut* hält. Ein offensichtlicher Einwand hingegen lautet, daß es so etwas wie schlechte Literatur nicht geben könnte, wenn dies die ganze Wahrheit wäre. Ich kann zwar Lamb und Macaulay für überschätzt halten, das heißt aber noch lange nicht, daß ich sie nicht mehr als Literatur ansehe. Man mag Raymond Chandler für ›auf seine Art‹ gut halten, aber nicht gerade für Literatur. Wenn Macaulay andererseits *wirklich* ein schlechter Schriftsteller wäre – wenn er überhaupt keinerlei Sprachgefühl hätte und sich anscheinend für nichts anderes als weiße Mäuse interessieren würde –, dann würden die Leute seine Werke wohl überhaupt nicht Literatur nennen, auch nicht schlechte Literatur. Werturteile haben allem Anschein nach eine Menge damit zu tun, was als Literatur eingeschätzt wird und was nicht – nicht unbedingt in dem Sinn, daß ein Text ›gut‹ sein muß, um literarisch zu sein, aber er muß *von der Art* sein, die für gut gehalten wird: er kann ein minderwertiges Beispiel für eine allgemein anerkannte Schreibweise sein. Niemand würde sich die Mühe machen, zu sagen, daß ein Busfahrschein ein Beispiel minderwertiger Literatur darstelle, aber jemand könnte dies sehr wohl von Ernest Dowsons Lyrik sagen. Der Begriff ›gutes Schreiben‹ oder *belles lettres* ist in diesem Sinne doppeldeutig: er bezeichnet eine Art zu schreiben, die im allgemeinen hohes Ansehen genießt, während sie einen nicht notwendigerweise zu der Auffassung verpflichtet, daß ein einzelnes Exemplar der Gattung ›gut‹ ist.

Mit dieser Einschränkung macht der Ansatz, in Literatur einfach eine angesehene Schreibweise zu sehen, einiges klar. Aber er führt zu einer ziemlich vernichtenden Schlußfolgerung. Er bedeutet, daß wir ein für alle Mal die Illusion fallenlassen können, daß die Kategorie ›Literatur‹ ›objektiv‹ im Sinne von ewig und unveränderbar ist. Alles kann Literatur sein, und alles, was als unwandelbar und unbestreitbar als Literatur angesehen wird – Shakespeare, zum Beispiel – kann eines Tages keine Literatur mehr sein. Jeder Glaube, daß das Studium der Literatur das Studium einer stabilen, wohldefinierten Entität sei, so wie die Entomologie das Studium der Insekten ist, kann als Schimäre abgetan werden. Manche Fiktion ist Literatur, andere nicht; teilweise ist die Literatur fiktional, teilweise nicht; manche Literatur nimmt sprachlich auf sich selbst Bezug, während andererseits manch höchstverschlungene Rhetorik keine Literatur ist. Literatur im Sinne einer Liste von Werken mit gesichertem und unveränderlichem Wert, die sich durch gemeinsame inhärente Merkmale auszeichnen, gibt es nicht. Wann immer ich von jetzt an die Wörter ›literarisch‹ und ›Literatur‹ im vorliegenden Buch verwenden werde, habe ich sie gleichzeitig stets mit unsichtbarer Tinte durchgestrichen, um anzuzeigen, daß diese Termini nicht wirklich ausreichen, wir im Augenblick aber keine besseren zur Verfügung haben.

Der Grund, weshalb aus der Definition von Literatur als hochangesehener Schreibweise folgt, daß sie keine stabile Größe darstellt, liegt in der berüchtigten Veränderlichkeit von Werturteilen. »Die Zeiten ändern sich, die Werte nicht« verkündet die Werbung einer englischen Zeitung, so als ob wir immer noch das Töten kranker Säuglinge oder das öffentliche Zurschaustellen geistig Kranker für richtig hielten. Genauso wie die Menschen ein Werk in einem Jahrhundert als philosophisch und im nächsten als literarisch behandeln mögen oder umgekehrt, so können sie auch ihre Meinung darüber ändern, was sie als wertvolle Texte betrachten. Sie können sogar ihre Auffassung über die Gründe ändern, weshalb sie etwas für wertvoll oder wertlos halten. Wie bereits angedeutet, heißt das nicht unbedingt, daß einem nun als minderwertig betrachteten Werk die Bezeichnung Literatur verweigert wird: man nennt es vielleicht immer noch Literatur und drückt damit vage aus, daß das Werk zum *Typus* angesehener Texte gehört. Aber es bedeutet, daß der sogenannte ›literarische Kanon‹, die nicht in Frage gestellte ›große Tradition‹ der ›Nationalliteratur‹, als *Konstrukt* erkannt werden muß, das von bestimmten Leuten aus bestimmten Gründen in einer bestimmten Zeit gebildet wurde. Ein literarisches Werk oder eine Tradition, die unabhängig davon, was irgendjemand darüber gesagt hat oder sagen wird, an sich wertvoll ist, gibt es nicht. ›Wert‹ ist ein transitiver Begriff: er bezeichnet immer das, was von bestimmten Leuten in spezifischen Situationen nach gewissen Kriterien und im Lichte bestimmter Absichten hoch bewertet wird. Wenn man eine ausreichend tiefgreifende Umwandlung unserer Geschichte voraussetzt, ist es also durchaus möglich, daß wir in der Zukunft eine Gesellschaft hervorbringen könnten, die mit Shakespeare überhaupt nichts anzufangen wüßte. Seine Werke würden einfach schrecklich fremd erscheinen, voller Gedanken und Gefühlsweisen, die solch eine Gesellschaft beschränkt und irrelevant fände. Shakespeare wäre in einer solchen Lage nicht wertvoller als die meisten modernen Graffiti. Und obwohl viele Leute solche gesellschaftlichen Bedingungen als tragisch verarmt empfinden würden, scheint es mir dogmatisch, nicht die Möglichkeit in Betracht zu ziehen, ob sie nicht vielleicht aus einer allgemeinen menschlichen Bereicherung entstehen könnten. Karl Marx beunruhigte die Frage, weshalb die griechische Kunst einen ›ewigen Reiz‹ behalten konnte, obwohl die sozialen Bedingungen, die sie hervorgebracht haben, längst vergangen waren; aber wie können wir wissen, was ›auf ewig‹ seinen Reiz behalten wird, wenn die Geschichte noch nicht beendet ist? Wir können uns vorstellen, daß wir dank einer findigen archäologischen Forschung eine Menge mehr darüber erfahren, was die antike griechische Tragödie für ihre zeitgenössischen Zuschauer wirklich bedeutete, ihre Interessen als unseren eigenen zutiefst fremd erkennen, und dann die Dramen im Lichte unserer vertieften Kenntnisse wieder lesen. Ein Ergebnis könnte sein, daß wir keine Freude mehr an ihnen hätten. Wir kämen vielleicht zu der Erkenntnis, daß wir sie zuvor nur genießen konnten, weil wir sie unwissentlich im Lichte unserer eigenen Voraussetzungen gelesen haben; wenn dies nicht mehr so ohne weiteres möglich ist, könnte es sein, daß uns das Drama überhaupt nichts Bedeutungsvolles mehr sagt.

Die Tatsache, daß wir literarische Werke immer bis zu einem gewissen Grad im Lichte unserer eigenen Interessen interpretieren – tatsächlich sind wir in einem Sinn von ›in unserem eigenen Interesse‹ gar nicht in der Lage, etwas anderes zu tun – könnte einer der Gründe sein, weshalb bestimmte literarische Werke ihren Wert über Jahrhunderte hinweg behalten haben. Natürlich ist es auch möglich, daß wir noch viele Vorlieben des Werkes teilen: ebenso kann es aber der Fall sein, daß sich die Wertschätzung gar nicht auf ›dasselbe‹ Werk bezieht, auch wenn wir das glauben mögen. ›Unser‹ Homer ist weder identisch mit dem Homer des Mittelalters, noch ist ›unser‹ Shakespeare der seiner Zeitgenossen; verschiedene historische Epochen haben für ihre eigenen Zwecke jeweils einen anderen Homer und Shakespeare konstruiert und fanden in deren Texten Elemente von unterschiedlichem Wert, obgleich dies nicht unbedingt dieselben waren. Mit anderen Worten werden alle literarischen Werke, sei es auch unbewußt, von den Gesellschaften, die sie lesen, ›neu geschrieben‹: tatsächlich gibt es keine Lektüre eines Werkes, die nicht auch ein ›Neu-Schreiben‹ wäre. Kein Werk, auch keine Bewertung eines Werks, kann einfach einer anderen Gruppe von Menschen übergeben werden, ohne nicht in diesem Prozeß vielleicht fast bis zur Unkenntlichkeit verändert zu werden. Das ist auch ein Grund, warum das, was als Literatur zählt, eine bemerkenswert instabile Angelegenheit ist.

Ich meine nicht, daß sie deshalb instabil ist, weil Werturteile ›subjektiv‹ sind. In einer solchen Sichtweise wird die Welt in harte Tatsachen ›draußen‹ wie etwa den Hauptbahnhof und willkürliche Werturteile ›drinnen‹ unterteilt, d. h. ob man Bananen mag oder das Gefühl hat, daß der Ton eines Gedichtes von Yeats von defensiver Anmaßung zu grimmig geschmeidiger Ergebenheit wechselt. Fakten sind öffentlich und unanfechtbar, Werte sind privat und willkürlich. Zwischen der Wiedergabe einer Tatsache wie ›Diese Kathedrale wurde 1612 gebaut‹ und der Verwendung eines Werturteils wie ›Diese Kathedrale ist ein prachtvolles Beispiel barocker Architektur‹ besteht ein offensichtlicher Unterschied. Aber nehmen wir an, ich mache die erste Bemerkung, während ich einer Besucherin aus Übersee England zeige, und bemerke, daß diese Aussage sie völlig verwirrt. Warum, könnte sie fragen, erzählen Sie mir dauernd die Daten der Entstehung all dieser Bauwerke? Weshalb diese Besessenheit mit der Frage der Herkunft? In der Gesellschaft, in der ich lebe, könnte sie fortfahren, führen wir über solche Ereignisse nicht Buch: wir klassifizieren unsere Gebäude stattdessen danach, ob sie nach Nordwesten oder Südosten weisen. Dies könnte ein Teil des unbewußten Wertsystems offenlegen, auf dem unsere deskriptiven Aussagen beruhen. Solche Werturteile sind nicht unbedingt von der gleichen Art wie der Satz ›Diese Kathedrale ist ein prachtvolles Beispiel barocker Architektur‹, aber sie sind nichtsdestotrotz Werturteile, und keine meiner faktischen Aussagen kann ihnen entkommen. Faktische Aussagen sind trotz allem *Aussagen*, die einige fragliche Urteile voraussetzen: z. B. daß diese Aussagen es wert sind, gemacht zu werden, daß ich eine Person bin, die zu dieser Aussage berechtigt ist und vielleicht auch für ihren Wahrheitsgehalt garantieren kann, daß Sie ein Mensch sind, der es wert ist, diese Aussagen mitgeteilt zu bekommen, daß etwas Nützliches erreicht wird, indem sie geäußert werden, etc. Ein Kneipengespräch kann wohl Informationen übermitteln, aber den größten Anteil daran macht das aus, was die Linguisten als ›phatisch‹ bezeichnen, die Konzentration auf den Kommunikationsakt selbst. Indem ich mit Ihnen über das Wetter plaudere, signalisiere ich auch, daß mir eine Unterhaltung mit Ihnen etwas bedeutet, daß ich Sie als eine Person betrachte, mit der zu sprechen sich lohnt, daß ich selbst nicht ungesellig oder im Begriff bin, mit einer detaillierten Kritik Ihrer persönlichen Erscheinung loszulegen.

In diesem Sinne ist eine völlig neutrale Aussage gar nicht möglich. Natürlich wird die Erwähnung des Erbauungsjahrs einer Kathedrale in unserer eigenen Kultur für neutraler gehalten als die Äußerung einer Ansicht über ihre Architektur, aber man könnte sich Situationen vorstellen, in denen die erste Aussage ›wertbeladener‹ wäre als letztere. Vielleicht sind ›barock‹ und ›prachtvoll‹ bereits mehr oder weniger zu Synonymen geworden, während sich nur ein störrischer Rest von uns an die Überzeugung klammert, daß das Erbauungsdatum eines Gebäudes wichtig sei, so daß meine Äußerung als eine verschlüsselte Art aufgefaßt wird, meine Parteinahme zu signalisieren. Alle unsere beschreibenden Aussagen bewegen sich innerhalb eines oft unsichtbaren Systems von Wertkategorien, und tatsächlich hätten wir uns ohne sie überhaupt nichts zu sagen. Es ist nicht einfach so, daß wir über etwas wie Faktenwissen verfügen, das dann von Einzelinteressen und Bewertungen verzerrt werden kann, obgleich auch das sicher möglich ist; es ist auch so, daß wir ohne spezifische Interessen überhaupt kein Wissen hätten, weil wir keinen Sinn darin sehen würden, uns die Mühe zu machen, irgendetwas zu erfahren. Interessen sind *konstitutiv* für unser Wissen und sind nicht einfach Vorurteile, die es gefährden. Der Anspruch, daß Wissen ›wertfrei‹ sein soll, ist selbst schon ein Werturteil.

Es kann schon sein, daß eine Vorliebe für Bananen eine rein private Angelegenheit ist, obwohl auch das tatsächlich fraglich ist. Eine gründliche Analyse meines Geschmacks bei Lebensmitteln würde wahrscheinlich enthüllen, wie außerordentlich wichtig er für bestimmte prägende Erlebnisse in meiner frühen

Kindheit, für die Beziehungen zu meinen Eltern und Geschwistern und für eine ganze Menge anderer kultureller Faktoren ist, die ebenso sozial und ›nicht-subjektiv‹ wie Bahnhöfe sind. Noch mehr gilt dies für die grundlegende Struktur von Überzeugungen und Interessen, in die ich als Mitglied einer bestimmten Gesellschaft hineingeboren werde, wie etwa die Überzeugung, daß ich meine Gesundheit zu erhalten versuchen soll, daß die unterschiedlichen Geschlechterrollen in der menschlichen Biologie begründet sind oder daß Menschen wichtiger sind als Krokodile. Über das eine oder andere mögen wir uns streiten, aber das können wir nur, weil wir tiefverankerte Sicht- und Bewertungsweisen teilen, die mit unserem sozialen Leben eng verbunden sind und nicht verändert werden können, ohne dieses Leben zu verändern. Niemand wird mich hart bestrafen, wenn ich ein bestimmtes Gedicht von Donne nicht mag, aber wenn ich behaupte, daß Donne überhaupt keine Literatur sei, dann riskiere ich unter bestimmten Umständen den Verlust meines Arbeitsplatzes. Es steht mir frei, die Labour-Party oder die Konservativen zu wählen, aber wenn ich aus der Überzeugung heraus zu handeln versuche, daß diese Wahl selbst bloß ein tieferliegendes Vorurteil verschleiert – daß die Bedeutung von Demokratie darauf beschränkt ist, alle paar Jahre ein Kreuzchen auf dem Wahlschein zu machen – dann könnte ich unter bestimmten ungewöhnlichen Umständen im Gefängnis landen.

Die größtenteils verborgene Wertstruktur, die unseren Tatsachenaussagen zugrundeliegt und sie bestimmt, ist Teil der ›Ideologie‹. Mit ›Ideologie‹ meine ich grobgesagt die Art und Weise, wie das, was wir sagen und glauben, mit der Machtstruktur und den Machtbeziehungen der Gesellschaft, in der wir leben, zusammenhängt. Aus einer so weiten Definition von Ideologie folgt, daß nicht alle unserer grundlegenden Urteile und Kategorien praktischerweise als ideologisch bezeichnet werden können. Es ist tief in uns verwurzelt, uns selbst in einer Bewegung vorwärts in Richtung auf die Zukunft zu sehen (zumindest eine Gesellschaft sieht sich selbst als zu ihr zurückkehrend); aber obwohl diese Sichtweise *vielleicht* in einer signifikanten Beziehung zu der Machtstruktur unserer Gesellschaft steht, braucht das nicht immer und überall so zu sein. Ich meine mit ›Ideologie‹ nicht einfach die tief verwurzelten, häufig unbewußten Überzeugungen, die Menschen haben; ich meine vielmehr jene Art zu fühlen, zu bewerten, wahrzunehmen und zu glauben, die zur Sicherung und Erhaltung der sozialen Macht in irgendeiner Beziehung steht. Daß solche Überzeugungen auf keinen Fall bloße private Eigenarten sind, soll durch ein Beispiel aus dem Bereich der Literatur illustriert werden.

In seiner berühmten Studie *Practical Criticism* (1929) versuchte der Literaturkritiker I. A. Richards aus Cambridge zu demonstrieren, wie launisch und subjektiv literarische Werturteile sein können, indem er den jüngeren Semestern eine Reihe von Gedichten gab, ihnen allerdings Titel und Verfasser vorenthielt, und sie bat, diese zu beurteilen. Die daraus resultierenden Bewertungen waren, wie allseits bekannt, höchst unterschiedlich: traditionell hochgeehrte Dichter bekamen schlechte Noten, unbekannte Autoren wurden gefeiert. Der m. E. bei weitem interessanteste Aspekt dieses Projekts, der offensichtlich für Richards selbst nicht erkennbar war, ist jedoch gerade, was für ein enger Konsens von unbewußten Wertsetzungen diesen speziellen Meinungsunterschieden zugrundeliegt. Wenn man die Darstellungen der literarischen Werke von Richards' jüngeren Semestern liest, ist man von den Wahrnehmungs- und Interpretationsgewohnheiten beeindruckt, die sie alle spontan teilen – was sie für Literatur halten, welche Erwartungen sie an ein Gedicht herantragen und welche Befriedigung sie aus der Beschäftigung damit zu gewinnen hoffen. Nichts davon ist wirklich überraschend: denn alle Teilnehmer an diesem Experiment waren wahrscheinlich junge Engländer der 20er Jahre, Weiße, Angehörige der Ober- oder oberen Mittelschicht, Absolventen von Privatschulen, und wie sie auf ein Gedicht reagierten, hing von einer Menge mehr Faktoren als nur den rein ›literarischen‹ ab. Ihre kritischen Reaktionen waren tief in ihren allgemeineren Vorurteilen und Überzeugungen verwurzelt. Das ist kein *Vorwurf*: es gibt keine kritische Reaktion, die nicht derartig verwurzelt ist, und daher gibt es auch so etwas wie eine ›rein‹ literarisch kritische Bewertung oder Interpretation nicht. Wenn hier jemandem ein Vorwurf gemacht werden kann, dann I. A. Richards selbst, der als junger, weißer, aus der oberen Mittelschicht stammender, männlicher Cambridge-Dozent nicht in der Lage war, einen Hintergrund von Interessen, die er zum großen Teil teilte, zu objektivieren, und somit nicht erkennen konnte, daß örtliche, ›subjektive‹ Bewertungsunterschiede innerhalb einer bestimmten, sozial strukturierten Wahrnehmungsweise und Weltsicht fungieren.

Wenn es nicht ausreicht, Literatur als eine ›objektive‹, beschreibende Kategorie zu begreifen, so bleibt andererseits auch die Aussage unbefriedigend, daß Literatur eben das ist, was die Leute launischerweise als Literatur zu bezeichnen beschließen.

Denn an den verschiedenen Arten von Werturteilen ist überhaupt nichts Launisches: sie haben ihre Wurzeln in tieferliegenden Überzeugungsstrukturen, die offensichtlich ebenso unerschütterlich sind wie das Empire State Building. Wir haben bislang also nicht nur entdeckt, daß Literatur nicht in dem Sinn existiert, wie das Insekten tun, und daß die Werturteile, die sie konstituieren, historisch veränderlich sind, sondern auch, daß diese Werturteile selbst eine enge Verbindung zu den gesellschaftlichen Ideologien haben. Sie verweisen uns letzten Endes nicht auf einen privaten Geschmack, sondern auf die Grundannahmen, mit denen bestimmte soziale Gruppen Macht über andere ausüben und erhalten.

2. Phänomenologie, Hermeneutik, Rezeptionstheorie

1918 lag Europa in Ruinen, verwüstet vom schlimmsten Krieg der Geschichte. Im Kielwasser dieser Katastrophe wurde der Kontinent von einer Flut sozialer Revolutionen überspült: die Jahre um 1920 sollten den Spartakus-Aufstand in Berlin und den Generalstreik in Wien, die Gründung von Arbeiterräten in München und Budapest und zahllose Massenbesetzungen von Fabriken in ganz Italien erleben. Alle diese Erhebungen wurden gewaltsam niedergeschlagen; aber die soziale Ordnung des europäischen Kapitalismus war durch das Blutbad des Krieges und den darauf folgenden politischen Aufruhr bis in die Wurzeln erschüttert worden. Die Ideologien, auf denen diese Ordnung gewohnheitsmäßig beruht hatte, und die kulturellen Werte, von denen sie bestimmt wurde, waren ebenso zutiefst in Aufruhr geraten. Die Wissenschaft schien auf einen sterilen Positivismus, auf eine kurzsichtige Obsession mit der Kategorisierung von Fakten, zusammengeschrumpft zu sein; die Philosophie schien zwischen einem solchen Positivismus auf der einen und einem unhaltbaren Subjektivismus auf der anderen Seite zerrissen; Formen des Relativismus und des Irrationalismus wucherten, und dieser bestürzende Beziehungsverlust spiegelte sich auch in der Kunst wider. In diesem Kontext weitverbreiteter ideologischer Krisen, der bis weit vor den 1. Weltkrieg zurückreichte, suchte der deutsche Philosoph Edmund Husserl eine neue philosophische Methode zu entwickeln, die einer auseinanderbrechenden Zivilisation absolute Gewißheit verschaffen konnte. Husserl hatte, wie er später in seinem Werk *Die Krisis der europäischen Wissenschaften* (1936) schreiben sollte, die Wahl zwischen irrationalistischer Barbarei auf der einen und der geistigen Wiedergeburt durch eine ›absolut selbstgenügsame Geisteswissenschaft‹ auf der anderen Seite.

Wie sein philosophischer Vorläufer René Descartes begann Husserl seine Suche nach Gewißheit durch eine vorläufige Zurückweisung dessen, was er ›natürliche Einstellung‹ nannte – der alltäglichen Auffassung des Mannes auf der Straße, daß die Dinge unabhängig von uns in der Außenwelt existieren und daß unsere Kenntnisse über sie im allgemeinen zuverlässig sind. Solch eine Auffassung sah die Erkenntnismöglichkeit einfach als selbstverständlich an, während ja gerade sie nunmehr in Frage stand. Worüber *können* wir uns also im klaren und sicher sein? Obwohl wir uns der unabhängigen Existenz der Dinge nicht sicher sein können, argumentiert Husserl, können wir der Art und Weise gewiß sein, wie sie in unserem Bewußtsein unmittelbar in Erscheinung treten, gleichgültig, ob die jeweiligen Erfahrungen eine Illusion sind oder nicht. Die Objekte können nicht als Dinge an sich betrachtet werden, sondern als Dinge, die vom Bewußtsein gesetzt oder ›intendiert‹ sind. Bewußtsein ist immer Bewußtsein von etwas: indem ich denke, bin ich mir dessen bewußt, daß meine Gedanken sich ›auf ein Objekt richten‹. Das Denken selbst und der Gegenstand, auf den es sich richtet, sind innerlich miteinander verbunden, voneinander abhängig. Mein Bewußtsein ist nicht nur ein passives Registrieren der Welt, sondern konstituiert oder ›intendiert‹ sie aktiv. Um Gewißheit zu erlangen, müssen wir also als erstes alles, was jenseits unserer unmittelbaren Erfahrung liegt, ignorieren oder ›einklammern‹; wir müssen die Außenwelt auf unseren Bewußtseinsinhalt reduzieren. Diese sogenannte ›phänomenologische Reduktion‹ ist Husserls erster wichtiger Schritt. Alles dem Bewußtsein nicht ›Immanente‹ muß strikt ausgeschlossen werden; alle Realitäten müssen auf der Basis ihrer Erscheinungsform in unserem Bewußtsein als reine ›Phänomene‹ behandelt werden, und dies sind die einzigen absoluten Tatsachen, von denen wir ausgehen können. Der Name, den Husserl dieser philosophischen Methode gab, ›Phänomenologie‹, erklärt sich aus dieser Setzung. Phänomenologie ist die Wissenschaft der reinen Phänomene.

Dies reicht indessen zur Lösung unserer Probleme noch nicht aus. Denn vielleicht ist alles, was wir bei der Inspektion unserer Denkinhalte finden, nicht mehr als ein zufälliger Fluß von Phänomenen, ein chaotischer Bewußtseinsstrom, und daraus können wir kaum irgendeine Gewißheit ableiten. Die ›reinen‹ Phänomene, mit denen Husserl sich beschäftigt, sind jedoch mehr als nur zufällige, individuelle Einzelerscheinungen. Sie sind ein System universeller Wesensallgemeinheiten, denn die Phänomenologie variiert jedes Objekt in der Vorstellung solange, bis sie entdeckt, was an ihm unveränderlich ist. Was sich der phänomenologischen Erkenntnis erschließt, ist nicht nur beispielsweise die Erfahrung der Eifersucht oder der Farbe Rot, sondern der universelle Typus oder das Wesen dieser Dinge, also Eifersucht oder Rot an sich. Ein Phänomen ganz und rein zu erfassen, heißt das zu begreifen, was sein unveränderliches Wesen ausmacht. Das griechische Wort für Typus lautet *eidos*; Husserl spricht dementsprechend von seiner Methode als einer, die neben ihrer phänomenologischen Reduktion eine ›eidetische‹ Abstraktion bewirkt.

All dies mag unerträglich abstrakt und unwirklich klingen, was es ja auch ist. Aber das Ziel der Phänomenologie war tatsächlich das genaue Gegenteil von Abstraktion: es war die Rückkehr zum Konkreten, zu einer soliden Basis, wie dies auch ihr berühmter Slogan ›zu den Sachen selbst‹ nahelegt. Die Philosophie hatte sich zu viel mit abstrakten Begriffen und zu wenig mit den realen Fakten beschäftigt: sie hatte ihre unsicheren, kopflastigen intellektuellen Systeme damit auf das schwächste aller Fundamente gebaut. Indem die Phänomenologie auf unsere sichere Erfahrung zurückgriff, konnte sie eine Basis für die grundlegende und zuverlässige Erkenntnis bilden. Sie konnte eine ›Wissenschaft der Wissenschaften‹ sein, die für jeden beliebigen Untersuchungsgegenstand eine Methode zur Verfügung stellte: Erinnerung, Streichholzschachteln, Mathematik. Sie stellte sich als nichts geringeres dar denn als die Wissenschaft vom menschlichen Bewußtsein – wobei das menschliche Bewußtsein nicht nur als die empirische Erfahrung einzelner Menschen, sondern als die eigentliche ›Tiefenstruktur‹ des Denkens selbst gesehen wurde. Anders als die Naturwissenschaft stellte sie nicht die Frage nach spezifischen Erkenntnisformen, sondern nach den Bedingungen, die jegliche Form von Erkenntnis überhaupt erst ermöglichten. Damit stellte sie, wie vor ihr die Kantsche Philosophie, eine ›transzendentale‹ Untersuchungsweise dar; das menschliche Subjekt oder individuelle Bewußtsein, das im Mittelpunkt stand, war ein ›transzendentales‹ Subjekt. Die Phänomenologie untersuchte nicht einfach das, was ich beim Anblick eines bestimmten Kaninchens zufällig gerade erblickte, sondern das Wesensallgemeine aller Kaninchen und des Vorgangs ihrer Wahrnehmung. Mit anderen Worten war sie weder eine Form des Empirizismus, der sich mit der zufälligen, fragmentarischen Erfahrung einzelner Individuen befaßte, noch eine Art ›Psychologismus‹, der nur an den beobachtbaren mentalen Prozessen dieser Individuen interessiert war. Sie erhob den Anspruch, die eigentlichen Strukturen des Bewußtseins selbst und damit zugleich auch die Phänomene selbst offenzulegen.

Schon diese kurze Darstellung der Phänomenologie sollte deutlich machen, daß sie eine Art methodologischen Idealismus darstellt, der eine Abstraktion namens ›menschliches Bewußtsein‹ und eine Welt der reinen Möglichkeiten zu erkunden sucht. Aber wenn Husserl den Empirizismus, den Psychologismus und den Positivismus der Naturwissenschaften verwarf, so glaubte er doch auch mit dem klassischen Idealismus eines Denkers wie Kant zu brechen. Kant hatte das Problem nicht lösen können, wie dem Denken die Erkenntnis von Dingen außerhalb seiner selbst überhaupt möglich ist; indem die Phänomenologie das, was in der reinen Wahrnehmung vorliegt, als das wahre Wesen der Dinge beansprucht, hoffte sie diesen Skeptizismus zu überwinden.

Wenn die Phänomenologie nun einerseits eine der Erkenntnis zugängliche Welt sicherstellte, so stellte sie andererseits zugleich das menschliche Subjekt in den Mittelpunkt. Tatsächlich versprach sie nichts geringeres als eine Wissenschaft der Subjektivität selbst. Die Welt ist das, was ich sehe oder ›intendiere‹: sie muß in Relation zu mir erfaßt werden, als Korrelat meines Bewußtseins, und dieses Bewußtsein ist nicht einfach empirisch und fehlbar, sondern transzendental. Diese Erkenntnis gab einem viel Sicherheit. Der krasse Positivismus der Wissenschaft des 19. Jahrhunderts hatte die Welt insgesamt der Subjektivität zu berauben gedroht, und die neokantianische Philosophie hatte klein beigegeben; vom späten 19. Jahrhundert an ließ der Kurs der europäischen Geschichte ernsthafte Zweifel an der traditionellen Annahme aufkommen, daß der ›Mensch‹ die Kontrolle über sein Schicksal hatte, daß er immer noch der schöpferische Mittelpunkt seiner Welt war. Als Reaktion hierauf setzte die Phänomenologie das transzendentale Subjekt wieder auf seinen rechtmäßigen Thron. Das Subjekt sollte als Quelle und Ursprung aller Bedeutung gesehen werden: es selbst war nicht wirklich Teil der Welt, da es diese Welt überhaupt erst entstehen ließ. In diesem Sinne stellte die Phänomenologie den alten Traum des klassischen bürgerlichen Bewußtseins wieder her und versah ihn mit neuem Glanz. Denn diese Ideologie hatte um den Glauben gekreist, daß der ›Mensch‹ seiner Geschichte und seinen sozialen Bedingungen irgendwie vorausging, die ihm entsprangen, wie das Wasser aus einem Brunnen sprudelt. Wie dieser ›Mensch‹ überhaupt erst entstehen konnte – ob er sowohl das Ergebnis sozialer Beziehungen als auch deren Urheber sein könnte –, war keine ernsthaft zu bedenkende Frage. Indem sie die Welt wieder auf das menschliche Subjekt zentrierte, lieferte die Phänomenologie eine imaginäre Lösung für ein drängendes historisches Problem.

Im Bereich der Literaturkritik hatte die Phänomenologie einigen Einfluß auf die russischen Formalisten. Wie Husserl das reale Objekt ausgeklammert hatte, um sich dem Vorgang seiner Erkenntnis zuzuwenden, klammert die Poesie für die Formalisten das reale Objekt aus und konzentriert sich stattdessen auf die Art und Weise, wie es wahrgenommen wurde. (Hier gibt es jedoch einen Unterschied: Indem Husserl das ›reine‹ Zeichen zu isolieren hoffte, klammerte er dessen phonische und graphische Eigenschaften aus, genau die materiellen Aspekte, auf die sich die Formalisten konzentrierten.) Aber die wichtigste kritische Anleihe bei der Phänomenologie tritt in der sogenannten Genfer Schule zutage, die insbesondere in den 40er und 50er Jahren ihre Blütezeit hatte und deren Wortführer der Belgier Georges Poulet, die Schweizer Kritiker Jean Starobinski und Jean Rousset und der Franzose Jean-Pierre Richard waren. Mit dieser Schule waren auch Emil Staiger, Professor für Germanistik an der Universität Zürich, und das frühe Werk des amerikanischen Kritikers J. Hillis Miller verbunden.

Die phänomenologische Kritik ist ein Versuch, die phänomenologische Methode auf literarische Werke anzuwenden. Wie bei Husserls Einklammerung des realen Objekts werden der realgeschichtliche Kontext, der Autor, die Entstehungsbedingungen und die Leserschaft des literarischen Werkes ignoriert; phänomenologische Kritik zielt vielmehr auf eine völlig ›immamente‹, von allem Äußeren gänzlich unberührte Lesart des Textes. Der Text selbst wird auf eine bloße Verkörperung des Autorenbewußtseins reduziert: alle seine stilistischen und semantischen Aspekte werden als organische Teile eines komplexen Ganzen begriffen, dessen einheitsstiftender Wesenskern der Geist des Autors/der Autorin ist. Um diesen Geist kennenzulernen, dürfen wir nicht auf das Bezug nehmen, was wir über den Autor wissen – biographische Kritik ist verboten –, sondern nur auf diejenigen Aspekte seines oder ihres Bewußtseins, die sich im Werk selbst manifestieren. Darüber hinaus beschäftigen wir uns mit den ›Tiefenstrukturen‹ dieses Geistes, die in wiederkehrenden Themen und Vorstellungsmustern gefunden werden können; indem wir diese aufspüren, erfassen wir die Art, wie der Autor seine Welt ›lebte‹, die phänomenologische Verbindung zwischen ihm als Subjekt und der Welt als Objekt. Die ›Welt‹ eines literarischen Werkes ist nicht eine objektive Realität, sondern das, was im Deutschen mit *Lebenswelt* bezeichnet wird, eine Realität, die jeweils von einem individuellen Subjekt ins Leben gerufen und erfahren wird. Die typische phänomenologische Kritik konzentriert sich auf die Art und Weise, wie ein Autor Zeit und Raum, die Beziehungen zwischen dem Selbst und dem Anderen oder die Wahrnehmung materieller Objekte erlebt. Mit anderen Worten, das methodologische Anliegen der Husserlschen Philosophie wird für die phänomenologische Kritik häufig zum ›Inhalt‹ der Literatur.

Um diese transzendentalen Strukturen zu erfassen und in das Innerste des schriftstellerischen Bewußtseins einzudringen, versucht die phänomenologische Kritik völlige Objektivität und Neutralität zu erreichen. Sie muß sich von ihren eigenen Vorlieben reinigen und einfühlend in die ›Welt‹ des Werks eintauchen. Was sie dort findet, soll sie so genau und unvoreingenommen wie nur möglich wiedergeben. Wenn sie ein christliches Gedicht in Angriff nimmt, ist es nicht ihr Anliegen, moralische Wertungen über diese spezifische Sichtweise der Welt abzugeben, sondern zu zeigen, was es für den Autor bedeutet, sie zu ›leben‹. Mit anderen Worten handelt es sich um eine völlig unkritische, ›wertfreie‹ Untersuchungsmethode. Kritik wird nicht als Auslegung gesehen, als aktive Werkinterpretation, die unausweichlich die Interessen und Vorurteile des Kritikers miteinbezieht; Kritik ist eine bloß passive Rezeption des Textes, eine reine Transkription seiner geistigen Wesenheiten. In der Annahme, daß ein literarisches Werk ein organisches Ganzes bildet, ja daß sogar alle einzelnen Werke eines bestimmten Autors dies tun, kann die phänomenologische Kritik bei ihrer entschlossenen Jagd nach Einheitlichkeiten unerschrocken zwischen den zeitlich am weitesten auseinanderliegenden, thematisch unterschiedlichsten Texten hin- und herspringen. Dies ist eine idealistische, essentialistische, ahistorische, formalistische und organizistische Kritikform, eine Art reines Destillat aus den blinden Flecken, Vorurteilen und Beschränktheiten der gesamten modernen Literaturtheorie. Das Beeindruckendste und Bemerkenswerteste daran ist, daß es ihr gelang, einzelne kritische Studien (nicht zuletzt die von Poulet, Richard und Starobinski) von beachtlicher Einsicht hervorzubringen.

Für die phänomenologische Kritik ist die Sprache eines literarischen Werkes wenig mehr als ein ›Ausdruck‹ seiner inneren Bedeutung. Diese etwas überholte Sprachauffassung geht auf Husserl selbst zurück. Denn innerhalb der Husserlschen Phänomenologie gibt es für die Sprache als solche kaum Platz. Husserl spricht von einem rein privaten oder inneren Erfahrungsbereich; aber in Wirklichkeit ist ein solcher Bereich eine Fiktion, da jede Erfahrung auch Sprache beinhaltet, die Sprache aber unabdingbar sozial ist. Die Behauptung, daß ich eine absolut persönliche Erfahrung mache, ist unsinnig: ich kann überhaupt keine Erfahrung außerhalb einer Sprache machen, mittels derer ich sie erfassen kann. Was nach Husserl meiner Erfahrung Bedeutung verschafft, ist nicht die Sprache, sondern der Akt der Wahrnehmung bestimmter Phänomene als Universalien – ein Vorgang, der als sprachunabhängig wahrgenommen wird. Für Husserl geht, mit anderen Worten, die Bedeutung der Sprache voraus: Sprache ist nicht mehr als eine sekundäre Tätigkeit, die die Bedeutungen, über die ich schon irgendwie verfüge, mit Namen versieht. Wie es mir überhaupt möglich ist, über Bedeutungen zu verfügen, ohne auch schon eine Sprache zu haben, ist eine Frage, die Husserls System nicht beantworten kann.

Das Charakteristikum der ›linguistischen Revolution‹ des 20. Jahrhunderts, von Saussure und Wittgenstein bis zur gegenwärtigen Literaturtheorie, ist die Erkenntnis, daß Bedeutung nicht einfach etwas von der Sprache ›Ausgedrücktes‹ oder ›Widergespiegeltes‹ ist: sie wird durch sie überhaupt erst *hergestellt*. Es ist nicht so, als ob wir Bedeutungen oder Erfahrungen hätten, die wir dann in Wörter kleiden; wir können Bedeutungen und Erfahrungen überhaupt nur haben, weil wir über eine Sprache verfügen, in der wir sie machen. Damit liegt es darüber hinaus nahe, daß unsere Erfahrungen als Individuen zutiefst sozial sind. So etwas wie eine private Sprache kann es gar nicht geben, und der Gedanke an eine Sprache impliziert immer auch zugleich die Vorstellung eines gesamten Sozialgefüges. Im Gegensatz hierzu will die Phänomenologie bestimmte ›reine‹ innere Erfahrungen von der sozialen Verseuchung durch die Sprache freihalten – oder in der Sprache alternativ dazu nicht mehr sehen als ein bequemes System zur ›Fixierung‹ von Bedeutungen, die sich unabhängig von diesem herausgebildet haben. In einer entlarvenden Bemerkung beschreibt Husserl selbst Sprache als etwas, was sich »in reiner Anmessung an die geschaute Fülle der Klarheit [anschmiegt]«. (*Die Idee der Phänomenologie*). Aber wie kann man etwas überhaupt klar sehen, ohne die konzeptuellen Vorgaben der Sprache zur Verfügung zu haben? Husserl ist sich des Problems bewußt, das die Sprache für seine Theorie bedeutet. Er versucht das Dilemma zu lösen, indem er sich eine Sprache vorstellt, die nur dem reinen Ausdruck des Bewußtseins dient – die von jeglicher Last befreit ist, auf Bedeutungen zu verweisen, die zum Zeitpunkt des Sprechens außerhalb unseres Denkens liegen. Dieser Versuch ist von vorneherein zum Scheitern verurteilt: die einzige vorstellbare ›Sprache‹ dieser Art bestünde aus völlig isolierten, inneren Äußerungen, die überhaupt nichts bedeuten würden (vgl. Derrida, *Die Stimme und das Phänomen*).

Diese Idee von einer bedeutungslosen, einsamen, von der Außenwelt unbefleckten Äußerung ist ein besonders passendes Bild für die Phänomenologie überhaupt. Trotz ihres Anspruchs, die ›lebendige Welt‹ des menschlichen Handelns und der menschlichen Erfahrung aus den dürren Klauen der traditionellen Philosophie gerettet zu haben, beginnt und endet die Phänomenologie als ein Kopf ohne Welt. Sie verspricht eine feste Basis für menschliche Erfahrung, kann sie aber nur um den hohen Preis der Opferung der menschlichen Geschichte selbst herstellen. Denn menschliche Bedeutungen sind mit Sicherheit historisch: es handelt sich dabei nicht um das intuitive Erfassen des universellen Wesens einer Zwiebel, sondern um veränderliche, praktische Transaktionen zwischen sozialen Individuen. Die phänomenologische Einstellung zur Welt bleibt trotz ihres Hauptaugenmerks auf die real erfahrbare Wirklichkeit, mehr als *Lebenswelt* denn als erstarrtes Gegebenes, kontemplativ und ahistorisch. Die Phänomenologie versuchte den Alptraum der modernen Geschichte zu lösen, indem sie sich in eine spekulative Sphäre zurückzog, wo eine Gewißheit lauerte; so wurde sie in ihrem einsamen, entfremdeten Grübeln zum Symptom eben der Krise, die zu überwinden sie angetreten war.

Die Erkenntnis, daß Bedeutung historisch ist, brachte Husserls berühmtesten Schüler, den Philosophen Martin Heidegger, dazu, mit diesem Denksystem zu brechen. Husserl geht vom transzendentalen Subjekt aus; Heidegger verwirft diesen Ausgangspunkt und beginnt stattdessen mit einer Reflexion der absoluten ›Gegebenheit‹ der menschlichen Existenz oder des *Daseins*, wie er es nennt. Dies ist der Grund, weshalb sein Werk im Gegensatz zu dem harten ›Essentialismus‹ seines Lehrers häufig als ›existentialistisch‹ charakterisiert wird. Der Weg von Husserl zu Heidegger führt von einem Feld des reinen Intellekts zu einer Philosophie, die über das Gefühl des Lebens selbst meditiert. Während die englische Philosophie sich gewöhnlicherweise damit begnügt, den Akt des Versprechens zu untersuchen oder die Grammatik der Ausdrücke ›Macht nichts!‹ und ›Lacht nicht!‹ zu kontrastieren, wendet sich Heideggers Hauptwerk *Sein und Zeit* (1927) nichts geringerem als der Frage nach dem Sein selbst zu – genauer der Seinsweise, die spezifisch menschlich ist. Dieses Dasein, argumentiert Heidegger, ist zuallererst immer ein In-der-Welt-sein: wir sind nur deshalb menschliche Wesen, weil wir mit den anderen und der materiellen Welt dem Wesen nach verbunden sind, und diese Beziehungen sind für unser Leben konstitutiv und nicht etwa zufällig. Die Welt ist nicht ein Objekt ›da draußen‹, das als dem kontemplativen Subjekt entgegengesetzt rational analysiert werden kann. Wir können niemals aus ihr heraustreten und sie von außen betrachten. Wir bilden uns als Subjekte innerhalb einer Realität heraus, die wir niemals völlig objektivieren können, die ›Subjekt‹ wie ›Objekt‹ umfaßt, deren Bedeutungen unerschöpfbar sind und die uns genausosehr konstituiert, wie wir sie konstituieren. Die Welt ist nichts, was à la Husserl in mentale Bilder aufgelöst werden könnte: sie hat ein rücksichtsloses, widerspenstiges Eigenleben, das sich unseren Plänen widersetzt, und wir existieren nur als Teil davon. Husserls Inthronisierung des transzendentalen Ego ist nur die letzte Phase einer rationalistischen Aufklärungsphilosophie, für die der Mensch die Welt gebieterisch nach seinem eigenen Bilde formt. Im Gegensatz dazu wird Heidegger das menschliche Subjekt teilweise aus dieser imaginären Dominanzposition ›dezentrieren‹. Die menschliche Existenz ist ein Dialog mit der Welt, und die achtungsvollere Haltung ist eher die des Zuhörens als die des Sprechens. Das menschliche Wissen geht immer von dem aus und bewegt sich innerhalb dessen, was Heidegger ›Vor-Wissen‹ nennt. Bevor wir überhaupt beim systematischen Denken angelangt sind, haben wir schon an einer Menge stillschweigender Annahmen teil, die wir in unserer praktischen Verstrickung mit der Welt gesammelt haben, und Wissenschaft oder Theorie sind niemals mehr als partielle Abstraktionen dieser konkreten Beziehungen, genauso wie eine Landkarte die Abstraktion einer wirklichen Landschaft darstellt. Verstehen ist nicht in erster Linie eine Angelegenheit einer ›isolierbaren Erkenntnis‹, eine spezielle Handlung, die ich vollziehe, sondern Teil der Struktur der menschlichen Existenz selbst. Denn ich lebe nur dadurch menschlich, daß ich mich ständig selbst ›entwerfe‹, immer wieder neue Möglichkeiten des Seins erkenne und verwirkliche; ich bin sozusagen niemals völlig mit mir selbst identisch, sondern ein Dasein, das sich immer schon selbst vorausgeworfen ist. Meine Existenz ist niemals etwas, was ich als abgeschlossenes Ding begreifen kann, sondern immer eine Frage neuer Möglichkeiten, immer problematisch; und dies ist gleichbedeutend mit der Aussage, daß der Mensch durch die Geschichte oder die Zeit konstituiert wird. Die Zeit ist kein Medium, in dem wir etwa wie eine Flasche im Fluß treiben: sie ist die eigentliche Struktur des menschlichen Lebens selbst, etwas, woraus ich schon bestehe, noch ehe ich es messen kann. Verstehen ist also, bevor es sich um das Verstehen von etwas Bestimmten handelt, eine Dimension des *Daseins*, die innere Dynamik meiner ständigen Selbst-Transzendenz. Verstehen ist radikal historisch: es ist immer untrennbar mit der konkreten Situation verbunden, in der ich mich befinde und die ich zu überwinden versuche.

Wenn die menschliche Existenz auch durch die Zeit konstituiert wird, so besteht sie aber ebenso auch aus Sprache. Sprache ist für Heidegger kein bloßes Kommunikationsinstrument, kein sekundäres Mittel, um ›Ideen‹ auszudrücken: sie ist die eigentliche Dimension, in der sich das menschliche Leben bewegt, durch die die Welt überhaupt erst entsteht. Nur wo es Sprache gibt, gibt es auch ›Welt‹ im spezifischen menschlichen Sinne. Heidegger begreift Sprache nicht primär im Hinblick auf das, was Sie oder ich vielleicht sagen mögen: sie führt eine eigene Existenz, an der die Menschen teilhaben, und erst durch die Teilhabe an ihr werden sie überhaupt Menschen. Die Sprache existiert immer schon vor dem individuellen Subjekt als der eigentliche Bereich, in dem er oder sie sich entfaltet; und sie enthält ›Wahrheit‹, weniger in dem Sinne, daß sie ein Instrument zum präzisen Informationsaustausch wäre, als vielmehr dadurch, daß sie der Ort ist, an dem sich die Realität ›ent-hüllt‹, sich unserer Anschauung öffnet. In dieser Auffassung von Sprache als quasi-objektivem Ereignis, das allen einzelnen Individuen vorausgeht, verläuft Heideggers Denken ganz parallel zu den Theorien des Strukturalismus.

Im Mittelpunkt des Heideggerschen Denkens steht also nicht das individuelle Subjekt, sondern das Sein selbst. Der Fehler in der westlichen metaphysischen Tradition lag darin, das Sein als eine Art objektive Entität zu sehen und es radikal vom Subjekt abzutrennen; Heidegger versucht stattdessen zum vorsokratischen Denken zurückzukehren, bevor sich der Dualismus zwischen Subjekt und Objekt aufgetan hatte, um das Sein als etwas beide Umfassendes zu betrachten. Insbesondere in seinem Spätwerk ist das Ergebnis dieser suggestiven Einsicht ein erstaunliches Zukreuzekriechen vor dem Rätsel des Seins. Die Rationalität der Aufklärung mit ihrer rücksichtslos herrischen, instrumentalisierenden Haltung gegenüber der *Natur* muß zugunsten eines demütigen Lauschens auf Sterne, Himmel und Wälder verworfen werden, ein Lauschen, das mit den bissigen Worten eines englischen Kritikers alle Merkmale eines ›verdummten Bauern‹ trägt. Der Mensch muß dem Sein Platz machen, indem er sich ihm völlig überläßt: er muß sich der Erde zuwenden, der unerschöpflichen Mutter, die die primäre Quelle aller Bedeutung ist. Die Erhabenheit des Bäuerlichen, die Abwertung der Vernunft zugunsten des spontanen ›Vor-Verstehens‹, das Zelebrieren der weisen Passivität – all dies, verbunden mit Heideggers Glauben an ein authentisches Dasein als »Vorlaufen zum Tode«, das dem Leben der gesichtslosen Masse überlegen war, brachte ihn dazu, Hitler 1933 ausdrücklich zu unterstützen. Die Unterstützung war nur kurzlebig; aber sie war trotzdem in einzelnen Elementen seiner Philosophie implizit enthalten.

Das Wertvolle an dieser Philosophie ist unter anderem ihr Beharren darauf, daß theoretische Erkenntnis immer aus dem Zusammenhang praktischer sozialer Interessen heraus entsteht. Heideggers Modell eines erkennbaren Objektes ist signifikanterweise ein Werkzeug: wir erkennen die Welt nicht kontemplativ, sondern als ein System miteinander verbundener Dinge, die, wie ein Hammer, ›zuhanden‹, Teil eines praktischen Vorhabens sind. Wissen steht in enger Verbindung zum Tun. Aber die Kehrseite dieser bäuerlichen Praxisnähe ist der kontemplative Mystizismus: wenn der Hammer zerbricht, wenn wir ihn nicht mehr als etwas Selbstverständliches ansehen, dann verliert er seine Vertrautheit und offenbart uns sein authentisches Sein. Ein zerbrochener Hammer ist mehr Hammer als ein unversehrter. Heidegger teilt mit den Formalisten die Auffassung, daß die Kunst eine solche Verfremdung ist: wenn van Gogh uns ein Paar Bauernschuhe zeigt, verfremdet er sie, enthebt er sie ihrer Zufälligkeit, läßt ihr zutiefst authentisches ›Schuhsein‹ zum Vorschein kommen. Für den späten Heidegger konnte sich eine solche phänomenologische Wahrheit tatsächlich nur in der Kunst manifestieren, ebenso wie für F. R. Leavis die Literatur für eine Lebensweise steht, die die moderne Gesellschaft vermutlich verloren hat. Kunst wie Sprache können nicht als Ausdruck eines individuellen Subjektes gesehen werden; das Subjekt ist nur der Ort oder das Medium, durch das die Weltwahrheit selbst spricht, und es ist diese Wahrheit, der man beim Lesen eines Gedichtes aufmerksam *lauschen* muß. Literaturinterpretation begründet sich für Heidegger nicht im menschlichen Handeln; sie ist in erster Linie nicht etwas, was wir *tun*, sondern etwas, was wir geschehen lassen. Wir müssen uns dem Text passiv öffnen, uns seinem mysteriös unerschöpflichen Sein unterwerfen, zulassen, daß wir von ihm befragt werden. Unsere Haltung zur Kunst muß mit anderen Worten etwas von der Unterwürfigkeit enthalten, die Heidegger dem deutschen Volk gegenüber dem »Führer« empfahl. Die einzige Alternative zu der anmaßenden Vernunft der bürgerlichen Industriegesellschaft besteht anscheinend in sklavischer Selbstverleugnung.

Ich habe gesagt, daß Verstehen für Heidegger radikal historisch ist, aber hier ist noch eine etwas genauere Differenzierung nötig. Der Titel seines Hauptwerkes lautet *Sein und Zeit*, und nicht *Sein und Geschichte*; und zwischen diesen beiden Begriffen besteht ein bedeutender Unterschied. ›Zeit‹ ist in einem bestimmten Sinne eine abstraktere Idee als Geschichte: sie suggeriert eher das Vergehen der Jahreszeiten oder mein persönliches Erleben und nicht so sehr die Kämpfe von Nationen, das Anwachsen und Abschlachten ganzer Völker, die Gründung und Zerstörung von Staaten. ›Zeit‹ ist für Heidegger noch immer eine metaphysische Kategorie, wie dies ›Geschichte‹ für andere Denker nicht in gleicher Weise ist. Sie ist eine Abstraktion von dem, was wir tatsächlich tun – und ›Geschichte‹ bedeutet m. E. dieses wirkliche Handeln. Diese Art konkreter Geschichte beschäftigt Heidegger kaum: tatsächlich unterscheidet er zwischen *Historie*, was grob gesagt bedeutet: ›das, was geschieht‹, und *Geschichte*, in der ›das, was geschieht‹ als authentisch bedeutungsvoll erlebt wird. Meine persönliche Geschichte ist authentisch bedeutungsvoll, wenn ich die Verantwortung für meine eigene Existenz annehme, meine zukünftigen Möglichkeiten ergreife und im dauernden Bewußtsein meines eigenen bevorstehenden Todes lebe. Ob dies nun zutrifft oder auch nicht, es scheint keine unmittelbare Relevanz dafür zu haben, wie ich ›historisch‹ in dem Sinne lebe, daß ich mit bestimmten Individuen, realen sozialen Beziehungen und konkreten Institutionen verbunden bin. Von den olympischen Höhen der gewichtigen, esoterischen Prosa Heideggers aus sieht das auch wirklich unbedeutend aus. ›Wahre‹ Geschichte ist für Heidegger eine innerliche, ›authentische‹ oder ›existentielle‹ Geschichte – Bewältigung des Schreckens und des Nichts, Entschlossenheit gegenüber dem Tod, ein ›Versammeln‹ meiner Kräfte – eine Geschichte, die im Endeffekt als Ersatz für Geschichte im allgemeineren und praktischen Sinn fungiert. Wie der ungarische Kritiker Georg Lukács gesagt hat, kann man Heideggers berühmte Historizität nicht wirklich von Ahistorizität unterscheiden.

Letztlich gelingt es Heidegger nicht, die statischen, ewigen Wahrheiten Husserls und der westlichen metaphysischen Tradition zu historisieren und damit zu überwinden. Stattdessen errichtet er nur eine andere Art metaphysischer Entität – das

Dasein selbst. Sein Werk stellt ebensosehr eine Flucht vor wie einen Zusammenprall mit der Geschichte dar: und das gleiche kann vom Faschismus gesagt werden, mit dem er liebäugelte. Der Faschismus ist ein verzweifelter, allerletzter Versuch seitens des Monopolkapitalismus, Widersprüche zu beseitigen, die unerträglich geworden waren. Dies tut er, indem er eine ganz andere Geschichte anbietet, indem er Geschichten von Blut, Boden und der ›authentischen‹ Rasse erzählt, von der Erhabenheit des Todes und der Selbstverleugnung, von dem Reich, das tausend Jahre bestehen wird. Damit soll nicht unterstellt werden, daß Heideggers Philosophie als Ganzes nicht mehr ist als eine Grundlage für den Faschismus. Es soll aber durchaus angedeutet werden, daß sie ebenso wie der Faschismus eine imaginäre Lösung für die Krise der modernen Geschichte lieferte, und daß beide eine Reihe gemeinsamer Merkmale hatten.

Heidegger beschreibt sein philosophisches Unternehmen als eine ›Hermeneutik des Seins‹; und das Wort ›Hermeneutik‹ steht für die Wissenschaft oder Kunst der Interpretation. Heideggers Form der Philosophie bezeichnet man im allgemeinen als ›hermeneutische Phänomenologie‹, um sie von der ›transzendentalen Phänomenologie‹ Husserls und seiner Anhänger abzugrenzen. Sie wird so genannt, weil sie sich mehr auf Fragen der historischen Interpretation als auf ein transzendentales Bewußtsein bezieht (vgl. Palmer, Sartre, Merleau-Ponty, Ricœur). Der Begriff ›Hermeneutik‹ war ursprünglich auf die Auslegung der Heiligen Schrift beschränkt, weitete seine Bedeutung aber im 19. Jahrhundert aus, um dann alle Probleme der Textinterpretation zu umfassen. Die beiden bekanntesten Vorläufer Heideggers waren Schleiermacher und Dilthey, sein berühmtester Nachfolger ist der zeitgenössische Philosoph Hans-Georg Gadamer. Mit seiner wichtigsten Abhandlung *Wahrheit und Methode* (1960) sind wir schon auf dem Kampffeld derjenigen Probleme angelangt, die nie aufgehört haben, die moderne Literaturtheorie zu verfolgen. Was ist die Bedeutung eines literarischen Textes? Wie relevant ist die Intention des Autors für diese Bedeutung? Können wir darauf hoffen, Werke, die uns kulturell und historisch fremd sind, zu verstehen? Ist ein ›objektives‹ Verstehen möglich, oder steht jedes Verständnis in Relation zu unserer eigenen historischen Situation? Wie noch zu zeigen sein wird, hängt davon einiges mehr als nur ›Literaturinterpretation‹ ab.

Für Husserl war Bedeutung ein ›intentionales Objekt‹. Damit meinte er, daß sie weder auf den psychologischen Akt des

Sprechers oder Hörers reduzierbar noch von solchen mentalen Prozessen völlig abhängig sei. Bedeutung war nicht objektiv in dem Sinn, wie ein Sessel es ist, aber sie war auch nicht einfach nur subjektiv. Sie war eine Art ›ideales‹ Objekt in dem Sinn, daß sie auf zahlreiche verschiedene Arten ausgedrückt werden konnte, aber immer noch die gleiche Bedeutung blieb. In dieser Sichtweise ist die Bedeutung eines literarischen Werkes ein für allemal festgelegt: sie ist mit dem ›mentalen Objekt‹ identisch, welches der Autor zum Zeitpunkt des Schreibens im Kopf gehabt oder ›intendiert‹ hatte.

Dies ist im wesentlichen die Position des amerikanischen Hermeneutikers E. D. Hirsch Jr., dessen Hauptwerk *Validity in Interpretation* (1967) der Husserlschen Phänomenologie weitgehend verpflichtet ist. Daraus, daß die Bedeutung eines Werks identisch mit dem ist, was der Autor zum Zeitpunkt des Schreibens meinte, folgt für Hirsch nicht, daß nur eine Interpretation des Textes möglich ist. Es kann mehrere verschiedene gültige Interpretationen geben, aber sie müssen sich alle innerhalb des ›Systems der typischen Erwartungen und Wahrscheinlichkeiten‹ bewegen, die der Autor zuläßt. Auch bestreitet Hirsch nicht, daß ein literarisches Werk für unterschiedliche Leser/innen zu unterschiedlichen Zeiten Verschiedenes ›bedeuten‹ kann. Aber das, behauptet er, ist mehr eine Sache der ›Signifikanz‹ als seiner ›Bedeutung‹. Die Tatsache, daß eine Inszenierung von *Macbeth* einen relevanten Bezug zur atomaren Rüstung herstellen kann, ändert nichts daran, daß dies nicht das ist, was *Macbeth* aus Shakespeares eigener Perspektive ›bedeutet‹. Signifikanzen ändern sich im Laufe der Geschichte, während ›Bedeutungen‹ konstant bleiben; die Autoren legen die Bedeutungen vor, während die Leser die Signifikanzen zuweisen.

Indem er die Bedeutung eines Textes mit dem gleichsetzt, was der Autor/die Autorin damit sagen wollte, nimmt Hirsch aber nicht an, daß wir immer Zugang zu den Intentionen des Autors/der Autorin haben. Er oder sie kann schon lange tot sein oder könnte vergessen haben, was er/sie überhaupt gemeint hat. Daraus folgt, daß wir vielleicht manchmal genau die ›richtige‹ Interpretation eines Textes treffen, ohne daß wir dies jedoch jemals genau wissen können. Das beunruhigt Hirsch nicht allzusehr, solange seine Grundannahme – daß literarische Bedeutung etwas Absolutes und Unveränderbares, gegen den historischen Wandel Resistentes ist – aufrechterhalten bleibt. Diese Position kann Hirsch deshalb halten, weil seine Theorie der Bedeutung ebenso wie die Husserls vorsprachlich ist. Bedeutung ist etwas,

was der Autor *will*: ein geisterhafter, wortloser, mentaler Akt wird in einer spezifischen Reihe materieller Zeichen für alle Zeiten ›fixiert‹. Es geht dabei mehr um das Bewußtsein als um Wörter. Worin solch ein wortloses Bewußtsein genau besteht, wird nicht deutlich gemacht. Vielleicht würden der Leser oder die Leserin gerne das Experiment machen, an dieser Stelle für einen Augenblick vom Buch aufzusehen und sich im Kopf still irgendeine ›Bedeutung‹ auszudenken. Was haben Sie ›gemeint‹? Und hat es sich von den Wörtern unterschieden, mit denen Sie gerade Ihre Antwort formuliert haben? Zu glauben, daß Bedeutung aus Wörtern und einem wortlosen Willens- oder Absichtsakt bestehen, ist ein bißchen so, wie zu glauben, daß ich beim absichtsvollen Öffnen der Tür jedes Mal gleichzeitig einen lautlosen Akt des Wollens ausübe.

Der Versuch, zu entscheiden, was in jemandes Kopf vorgeht, und dann zu behaupten, daß dies die Bedeutung eines Textstükkes darstelle, führt offensichtlich zu Problemen. Zum einen gehen wahrscheinlich im Kopf eines Autors/einer Autorin eine Menge Dinge vor, während er/sie schreibt. Hirsch akzeptiert das, bedenkt aber nicht, daß diese notwendigerweise mit der ›wörtlichen Bedeutung‹ verwechselt werden müssen; um seine Theorie aufrechtzuerhalten, ist er indessen gezwungen, all das, was der/die Autor/in gemeint haben könnte, drastisch auf das zu reduzieren, was er ›Bedeutungstypen‹ nennt, handhabbare Bedeutungskategorien, mit denen der Kritiker die Texte einengen, vereinfachen und aussieben kann. Somit kann unser Interesse am Text sich nur innerhalb dieser breiten Bedeutungstypologien bewegen, aus denen jegliche Besonderheit sorgfältig verbannt wurde. Der Kritiker muß das rekonstruieren, was Hirsch das ›intrinsische Genre‹ eines Textes nennt, womit er grob gesagt die allgemeinen Konventionen und Sichtweisen meint, die die Bedeutungen des/r Autors/in während des Schreibens beherrscht haben. Wahrscheinlich ist uns überhaupt wenig mehr als das zugänglich: zweifellos wäre es unmöglich, *genau* zu bestimmen, was Shakespeare mit ›cream-fac'd loon‹ (›milchbleicher Lump‹) gemeint haben könnte, so daß wir uns mit dem, was er wohl allgemein sagen wollte, zufriedengeben müssen. Von allen speziellen Details eines Werkes wird angenommen, daß sie durch solche Allgemeingültigkeiten bestimmt werden. Ob dies den Details, der Komplexität oder der konfliktträchtigen Natur des literarischen Werkes gerecht wird, ist eine andere Frage. Um die Bedeutung eines Werkes ein für allemal sicherzustellen, um es vor den Verwüstungen der Geschichte zu retten, muß sich die Kritik als Ordnungsmacht die potentiell anarchistischen Details vornehmen und sie in ›typische‹ Bedeutungen einsperren. Ihre Einstellung zum Text ist autoritär und richtend: was nicht auf die Weide: ›wahrscheinlich intendierte Bedeutung des Autors‹ getrieben werden kann, wird samt und sonders barsch verjagt, und das, was innerhalb der Umzäunung verbleibt, wird dieser alles beherrschenden Intention streng unterworfen. Die unveränderliche Bedeutung der heiligen Schriften bleibt erhalten: was man damit tut, wie man sie benutzt, wird zu einer nur zweitrangigen Sache der ›Signifikanz‹.

Das Ziel all dieser ordnenden Eingriffe ist der Schutz des Privateigentums. Für Hirsch ist der Autor Eigentümer seiner Bedeutung, die vom Leser nicht gestohlen oder unbefugt betreten werden darf. Die Bedeutung des Textes soll nicht vergesellschaftet, zum öffentlichen Allgemeingut seiner verschiedenen Leser gemacht werden; sie gehört ausschließlich dem Autor/der Autorin, die bis lange nach ihrem Tod die Exklusivrechte zur Verfügung darüber haben sollten. Interessanterweise räumt Hirsch ein, daß seine eigene Sichtweise wirklich ziemlich willkürlich ist. Nichts in der Natur des Textes selbst zwingt den Leser/die Leserin dazu, ihn in Übereinstimmung mit der Autorenbedeutung auszulegen; wenn wir die Absicht des Autors nicht respektieren wollen, heißt das nur, daß wir auch keine ›Interpretationsnorm‹ haben und Gefahr laufen, der kritischen Anarchie Tür und Tor zu öffnen. Das heißt, daß die Theorie Hirschs wie alle autoritären Regimes ziemlich unfähig ist, ihre eigenen Herrschaftswerte rational zu rechtfertigen. Prinzipiell gibt es nicht mehr Gründe dafür, weshalb die Bedeutung des Autors bevorzugt werden sollte, als dafür, der Lesart des Kritikers mit den kürzesten Haaren oder den größten Füßen den Vorzug zu geben. Hirschs Verteidigung der Bedeutung des Autors ähnelt der der Verteidigung der Adelstitel, die immer damit beginnt, daß die rechtmäßige Erbschaft über Jahrhunderte zurückverfolgt wird, und dann mit dem Zugeständnis endet, daß, wenn man nur weit genug zurückgeht, alle Titel jemand anderem im Kampf abgenommen wurden.

Selbst wenn Kritiker Zugang zu den Intentionen eines Autors erhalten könnten, würde der literarische Text dadurch sicher in einer festgelegten Bedeutung verankert? Was wäre, wenn wir vom Autor Rechenschaft über seine Bedeutung verlangen würden, um dann Rechenschaft über diese Rechenschaft zu fordern und so weiter? Hier ist Gewißheit nur möglich, wenn die Bedeutungen des Autors das sind, wofür Hirsch sie hält: reine, feste, mit sich selbst identische Tatsachen, die zur unanfechtbaren Verankerung des Werkes benutzt werden können. Aber dies ist eine höchst dubiose Sichtweise für jede Art von Bedeutung überhaupt. Bedeutungen, auch die von den Autoren selbst gemeinten, sind nicht so stabil und festgelegt, wie Hirsch glaubt – und der Grund hierfür liegt darin (auch wenn er das nicht anerkennen will), daß sie Erzeugnisse der Sprache sind und einem damit leicht entschlüpfen. Man kann nur schwerlich wissen, wie eine ›reine‹ Intention oder der Ausdruck einer ›reinen‹ Bedeutung wohl aussehen könnte; nur weil Hirsch die Bedeutung von der Sprache getrennt hält, kann er solchen Hirngespinsten trauen. Die Intention eines Autors ist selbst ein komplexer ›Text‹, der genau wie jeder andere Text diskutiert, paraphrasiert und unterschiedlich interpretiert werden kann.

Hirschs Unterscheidung zwischen ›Bedeutung‹ und ›Signifikanz‹ hat offensichtlich in einer Hinsicht Gültigkeit. Es ist unwahrscheinlich, daß Shakespeare dachte, er schriebe über den Atomkrieg. Wenn Gertrude Hamlet als ›fett‹ bezeichnet, meint sie vermutlich nicht, daß er übergewichtig sei, wie dies heutige Leser vielleicht annehmen werden. Aber der Absolutheitsgrad von Hirschs Unterscheidung ist mit Sicherheit unhaltbar. Eine so genaue Unterscheidung zwischen dem, ›was ein Text bedeutet‹, und dem, ›was ein Text für mich bedeutet‹, ist einfach nicht möglich. Meine Auffassung davon, was *Macbeth* unter den kulturellen Bedingungen seiner Zeit bedeutet haben könnte, ist immer noch *meine* Auffassung, unausweichlich von meiner eigenen Sprache und meinen kulturellen Rahmenbedingungen beeinflußt. Ich kann mich niemals am eigenen Zopf aus all dem herausziehen und auf irgendeine absolut objektive Weise erkennen, was Shakespeare wirklich dachte. Jeder derartige Begriff von absoluter Objektivität ist eine Illusion. Hirsch selbst versucht nicht, eine solche absolute Gewißheit zu erlangen, hauptsächlich deshalb, weil er weiß, daß er sie nicht erreichen kann: er muß sich stattdessen mit der Rekonstruktion der ›wahrscheinlichen‹ Autorintention zufrieden geben. Aber er läßt unbeachtet, daß eine solche Rekonstruktion nur innerhalb seines eigenen historisch geprägten Bedeutungsrahmens und seiner eigenen Wahrnehmungsweisen erfolgen kann. In der Tat ist ein solcher ›Historizismus‹ das eigentliche Ziel seiner Polemik. Wie Husserl bietet er somit eine Form von Wissen an, das zeitlos und über jede Voreingenommenheit erhaben ist. Daß sein eigenes Werk von Unvoreingenommenheit weit entfernt ist, – daß er sich selbst als Beschützer der unveränderlichen Bedeutung literarischer Werke vor gewissen zeitgenössischen Ideologien versteht – ist nur ein Grund mehr, solchen Ansprüchen mit Mißtrauen zu begegnen.

Das Angriffsziel, das Hirsch fest vor Augen hat, ist die Hermeneutik von Heidegger, Gadamer und anderen. Für ihn öffnet das Insistieren dieser Denker auf der Historizität von Bedeutung dem völligen Relativismus Tür und Tor. Bei dieser Argumentation kann ein literarisches Werk am Montag das eine und am Freitag etwas anderes bedeuten. Es wäre interessant, darüber zu spekulieren, weshalb Hirsch diese Möglichkeit so beängstigend findet; aber um den relativistischen Quatsch zu beenden, kehrt er zu Husserl zurück und behauptet, daß Bedeutung unveränderlich sei, da sie immer den intentionalen Akt eines Individuums zu einem bestimmten Zeitpunkt darstelle. Dies kann aus einem ganz offensichtlichen Grunde nicht stimmen. Wenn ich zu Ihnen unter bestimmten Umständen sage: »Machen Sie die Tür hinter sich zu!«, um anschließend, nachdem Sie das getan haben, ungeduldig hinzuzufügen: »Ich meinte natürlich: Öffnen Sie das Fenster!«, wären Sie völlig berechtigt, darauf zu verweisen, daß die deutschen Wörter »Machen Sie die Tür hinter sich zu!« das bedeuten, was sie bedeuten, egal, was sie auch immer meiner Intention nach bedeuten sollen. Das heißt nicht, daß man sich nicht Kontexte vorstellen könnte, in denen »Machen Sie die Tür hinter sich zu!« nicht etwas von seiner üblichen Bedeutung völlig Abweichendes bedeuten würde: es könnte etwa ein metaphorischer Ausdruck für: »Jetzt verhandeln Sie mal nicht mehr weiter!« sein. Die Bedeutung dieses wie jedes anderen Satzes liegt keinesfalls unveränderlich fest: mit etwas Phantasie lassen sich wahrscheinlich tausend Kontexte erfinden, in denen er verschiedene Dinge bedeuten könnte. Aber wenn ein Sturmwind durchs Zimmer fegt und ich nur einen Badeanzug anhabe, ist die Bedeutung der Wörter vermutlich situativ klar; und wenn ich mich nicht versprochen habe oder unter einem unerklärlichen Zerstreutheitsanfall leide, könnte ich kaum behaupten, ich hätte ›in Wirklichkeit‹ »Öffnen Sie das Fenster!« gemeint. In diesem offensichtlichen Sinn hängt die Bedeutung der Wörter nicht von meiner persönlichen Intention ab – indem ich mir nicht einfach aussuchen kann, was meine Wörter überhaupt bedeuten sollen, so wie Goggelmoggel in *Alice im Wunderland* dies irrtümlich zu tun können glaubte. Die Bedeutung der Sprache ist sozial: und in gewisser Weise gehört die Sprache wirklich zuerst der Gesellschaft und dann erst mir.

Genau das begriff auch Heidegger und Hans-Georg Gadamer arbeitet es in *Wahrheit und Methode* weiter aus. Für Gadamer ist die Bedeutung eines literarischen Werkes niemals durch die Intentionen seines Autors erschöpft; indem sich das Werk von einem kulturellen oder historischen Kontext zum anderen bewegt, können neue Bedeutungen aus ihm herausgelesen werden, die sein Autor oder seine zeitgenössische Leserschaft niemals vorhergesehen hätten. Hirsch würde dies ja in gewisser Weise zugestehen, aber in den Bereich der ›Signifikanz‹ verweisen; für Gadamer ist indessen diese Instabilität der eigentliche Charakter des Werkes selbst. Jede Interpretation ist situationsgebunden, von den historisch relativen Kriterien einer bestimmten Kultur geprägt und begrenzt; es gibt keine Möglichkeit, den literarischen Text ›an sich‹ zu erkennen. Dieser ›Skeptizismus‹ stört Hirsch an der Heideggerschen Hermeneutik am meisten, und gegen ihn richtet er sein Rückzugsgefecht.

Für Gadamer besteht jede Interpretation eines Werks der Vergangenheit aus einem Dialog zwischen Vergangenheit und Gegenwart. Mit einem solchen Werk konfrontiert, lauschen wir seiner unvertrauten Stimme mit weiser heideggerianischer Passivität, erlauben ihm, unsere gegenwärtigen Haltungen in Frage zu stellen; aber was uns das Werk ›sagt‹, hängt von den Fragen ab, die wir aus unserem eigenen geschichtlichen Vorsprung heraus daran richten können. Außerdem hängt es auch von unserer Fähigkeit ab, die ›Frage‹ zu rekonstruieren, auf die das Werk selbst eine ›Antwort‹ darstellt, denn auch das Werk befindet sich im Dialog mit seiner eigenen Geschichte. Jedes Verstehen ist *produktiv*, es ist immer ein ›anders Verstehen‹, das neue Möglichkeiten des Textes erschließt und sich von ihm unterscheidet. Die Gegenwart ist immer nur durch die Vergangenheit begreifbar, mit der sie ein lebendiges Kontinuum bildet; die Vergangenheit kann immer nur von unserem eigenen parteilichen Blickwinkel innerhalb der Gegenwart aus erfaßt werden. Das Ereignis des Verstehens erfolgt, wenn unser eigener historischer ›Bedeutungshorizont‹ mit dem ›Horizont‹ verschmilzt, in dem das Werk selbst steht. In einem solchen Moment treten wir in die fremde Welt des Kunstwerks ein, fügen es aber gleichzeitig auch in unsere eigenen Verhältnisse ein und erreichen so ein vollständigeres Verständnis von uns selbst. Dies ist nach Gadamer weniger ein ›Abschied als eine Heimkehr‹.

Warum dies alles Hirsch so sehr stört, ist schwer einzusehen. Ganz im Gegenteil scheint alles viel zu glatt. Gadamer kann sich selbst und die Literatur den Stürmen der Geschichte gleichmütig überlassen, weil die verstreuten Blätter letztlich immer heimkehren werden – und dies, weil unterhalb aller Geschichte, in stummer Umarmung von Vergangenheit, Gegenwart und Zukunft, eine einigende Kraft wirkt, ›Tradition‹ genannt. Alle ›wertvollen‹ Texte gehören zu dieser Tradition, die sowohl durch die von mir betrachteten Werke der Vergangenheit als auch durch mich selbst im Akt der ›wahren‹ Kontemplation spricht. Vergangenheit und Gegenwart, Subjekt und Objekt, das Fremde und das Vertraute, werden so durch ein *Wesen*, das sie beide umfaßt, in Sicherheit verbunden. Es beunruhigt Gadamer nicht, daß unsere stillschweigenden kulturellen Voranahmen und unser ›Vorverständnis‹ die Rezeption des literarischen Werkes der Vergangenheit mit Vorurteilen belasten könnten, da wir dieses ›Vor-Verständnis‹ aus der ›Tradition‹ selbst, von der das literarische Werk ein Teil ist, erhalten haben. Vorurteile sind eher ein positiver als ein negativer Faktor: es war die Aufklärung mit ihrem Traum von einer völlig interesselosen Erkenntnis, die zum modernen ›Vorurteil gegen das Vorurteil‹ führte. Kreative Vorurteile, im Gegensatz zu zufälligen und verzerrenden, sind diejenigen, die der Tradition entstammen und uns mit ihr verbinden. Die Autorität der Tradition selbst, in Verbindung mit unserer eigenen beharrlichen Selbstreflexion, wird entscheiden, welche unserer vorgefaßten Annahmen wahr und welche falsch sind – wie auch der geschichtliche Abstand zwischen uns und einem Werk der Vergangenheit, weit davon entfernt, ein Hindernis für wahres Verstehen zu bilden, dieser Erkenntnis eigentlich hilft, indem er das Werk all dessen entkleidet, was an ihm nur von vergänglicher Bedeutung war.

Man sollte Gadamer fragen, wessen und was für eine ›Tradition‹ er eigentlich meint. Denn seine Theorie steht und fällt mit der ungeheueren Annahme, daß es wirklich nur einen einzigen zentralen Traditionsfluß gibt; daß alle ›wertvollen‹ Werke an ihm teilhaben; daß die Geschichte ein ungebrochenes Kontinuum bildet, frei von entscheidenden Brüchen, Konflikten und Widersprüchen; und daß die Vorurteile, die ›wir‹ (wer?) von der ›Tradition‹ geerbt haben, gehegt und gepflegt werden müssen. Es wird mit anderen Worten angenommen, daß die Geschichte ein Ort ist, an dem ›wir‹ uns immer und überall zu Hause fühlen können; daß die Werke der Vergangenheit unser gegenwärtiges Selbstverständnis eher vertiefen als, sagen wir, dezimieren; daß das Fremde immer heimlich das Vertraute ist. Kurz gesagt handelt es sich um eine ungeheuer selbstzufriedene Geschichtsauffassung, die Projektion einer Sichtweise, für die ›Kunst‹ hauptsächlich die klassischen Monumente der deutschen traditionellen Hochkultur bedeutet, auf die Welt als Ganzes. Die Geschichte und Tradition werden so gut wie nicht als repressive oder auch als befreiende Kräfte wahrgenommen, als konflikt- und herrschaftsbesetzte Bereiche. Geschichte ist für Gadamer nicht ein Ort des Kampfes, der Diskontinuität und der Ausgrenzung, sondern eine ›fortgesetzte Folge‹, ein immerwährender Strom, beinahe könnte man auch sagen, ein Club der Gleichgesinnten. Historische Unterschiede werden tolerant zugestanden, aber nur weil sie wirkungsvoll von einem Verständnis aufgelöst werden, das die zeitliche Distanz, die den Interpreten vom Text trennt, überbrückt und so die Fremdheit der Bedeutung, die dem Text anhaftet, überkommt. Es besteht keine Notwendigkeit, die Überwindung der zeitlichen Distanz dadurch anzustreben, daß man sich einfühlend in die Vergangenheit versetzt, wie dies unter anderem Wilhelm Dilthey geglaubt hatte, da die Distanz bereits durch Brauchtum, Vorurteile und Tradition überbrückt wird. Die Tradition hat eine Autorität, der wir uns beugen müssen: es gibt wenig Möglichkeiten, diese Autorität kritisch in Frage zu stellen, und keinerlei Überlegungen dazu, daß ihr Einfluß etwas anders als gütig sein könnte. Die Tradition findet ihre Rechtfertigung außerhalb von Vernunftsargumenten (vgl. Lentricchia, S. 153).

Nach Gadamer ist die Geschichte ein Gespräch, in dem wir uns befinden. Die Hermeneutik betrachtet Geschichte als einen lebendigen Dialog zwischen Vergangenheit, Gegenwart und Zukunft, und versucht die Hindernisse für diese endlose gegenseitige Verständigung geduldig aus dem Wege zu räumen. Aber sie kann den Gedanken an ein Mißlingen nicht tolerieren, das nicht bloß vorübergehend wäre, nicht nur durch eine sensiblere Textinterpretation beseitigt werden könnte, sondern irgendwie *systematisch* ist: das sozusagen den Kommunikationsstrukturen ganzer Gesellschaften immanent ist. Sie kommt mit anderen Worten nicht mit dem Problem der Ideologie zurecht – mit dem Faktum, daß der nie endende ›Dialog‹ der menschlichen Geschichte oft genug ein an die Machtlosen gerichteter Monolog der Mächtigen ist, oder daß, wenn es sich tatsächlich um einen Dialog handelt, die Partner – Männer und Frauen zum Beispiel – kaum gleichberechtigt sind. Sie weigert sich, anzuerkennen, daß Diskurs immer in Macht verstrickt ist, die möglicherweise keineswegs gütig ist; und der Diskurs, in dem sie diese Tatsache auf bemerkenswerteste Weise verkennt, ist ihr eigener.

Wie wir gesehen haben, tendiert die Hermeneutik dazu, sich auf die Werke der Vergangenheit zu konzentrieren: ihre theoretischen Fragestellungen rühren hauptsächlich aus dieser Perspektive. Von ihren biblischen Anfängen her gesehen ist das kaum überraschend, aber nichtsdestotrotz signifikant: es unterstellt, daß die Hauptaufgabe der Literaturkritik in der Erklärung der Klassiker liegt. Sich Gadamer im Ringen mit dem Werk von Norman Mailer vorzustellen, wäre schwierig. Mit dieser traditionalistischen Ausrichtung geht weiterhin die Annahme einher, daß die literarischen Werke eine ›organische‹ Einheit bilden. Die hermeneutische Methode versucht in einem Vorgang, der allgemein als ›hermeneutischer Zirkel‹ bekannt ist, jedes Element eines Textes in ein vollständiges Ganzes einzugliedern: individuelle Elemente können in bezug auf den Gesamtzusammenhang verstanden werden, und der Gesamtzusammenhang wird aus den individuellen Elementen verständlich. Die Hermeneutik zieht im allgemeinen die Möglichkeit nicht in Betracht, daß literarische Werke diffus, unvollständig und immanent widersprüchlich sein können, obwohl es viele Gründe für diese Annahme gibt (vgl. Macherey). Festzuhalten bleibt, daß E. D. Hirsch, bei aller Antipathie gegen romantisch organizistische Vorstellungen, dieses Vorurteil vom literarischen Text als einem integralen Ganzen teilt. Das ist nur logisch: die Einheit des Werkes ruht in der alldurchdringenden Intention des Autors. In Wirklichkeit gibt es keinen Grund, weshalb der Autor nicht mehrere einander widersprechende Absichten haben sollte, aber diese Möglichkeit wird von Hirsch nicht weiter bedacht.

Die neueste Entwicklung der Hermeneutik in Deutschland ist als ›Rezeptionsästhetik‹ oder ›Rezeptionstheorie‹ bekannt. Ungleich Gadamer konzentriert sie sich nicht ausschließlich auf Werke der Vergangenheit. Die Rezeptionstheorie untersucht die Rolle des Lesers in der Literatur und stellt damit eine recht neue Entwicklung dar. Man könnte die Geschichte der modernen Literaturtheorie grob in drei Phasen unterteilen: eine vorrangige Beschäftigung mit dem Autor (Romantik und 19. Jahrhundert); eine ausschließliche Konzentration auf den Text (New Criticism); und eine deutliche Hinwendung zum Leser in den letzten Jahren. Leser und Leserin waren in diesem Trio stets unterprivilegiert – seltsamerweise, denn ohne ihn oder sie gäbe es gar keine literarischen Texte. Literarische Texte existieren nicht auf Bücherregalen: sie sind Bedeutungsvorgänge, die sich erst im Akt des Lesens materialisieren. Damit Literatur stattfindet, werden Leser oder Leserin ebenso notwendig gebraucht wie der Autor oder die Autorin.

Was passiert alles beim Akt des Lesens? Wir wollen uns, beinahe im wörtlichen Sinn zufällig, die ersten Sätze eines Romans vornehmen: »›Wie findest du das neue Paar?‹ Die Hanemas, Piet und Angela, waren dabei, sich auszuziehen.« (John Updike, *Paare*). Wie sollen wir das verstehen? Einen Moment lang sind wir vielleicht von der scheinbar fehlenden Verbindung zwischen den beiden Sätzen verwirrt, bis wir erfassen, daß hier die literarische Konvention in Funktion tritt, nach der wir ein Stück direkter Rede einer Figur zuordnen können, ohne daß der Text dies selbst explizit tut. Wir schließen, daß eine der Figuren, wahrscheinlich Piet oder Angela Hanema, einen Dialog eröffnet: aber warum können wir das annehmen? Der Satz in Anführungszeichen wird vielleicht gar nicht ausgesprochen: es könnte sich um einen Gedanken handeln, oder um eine Frage, die jemand anders gestellt hat, oder um eine Art Epigraph, das an den Anfang des Romans gestellt wurde. Vielleicht wird er von jemand anders an Piet oder Angela Hanema gerichtet, oder er stammt von einer plötzlichen ›Stimme von oben‹. Ein Grund, warum die letztere Lösung unwahrscheinlich ist, liegt darin, daß die Frage für eine ›Stimme von oben‹ etwas zu umgangssprachlich ist, und wir wissen vielleicht, daß Updike im allgemeinen ein realistischer Schriftsteller ist, der solche Mittel normalerweise nicht verwendet; aber die Texte eines Autors bilden nicht unbedingt ein konsistentes Ganzes, und es könnte sich als unklug erweisen, sich zu stark auf diese Annahme zu stützen. Aus realistischen Gründen ist es unwahrscheinlich, daß die Frage im Chor von mehreren Personen unisono ausgesprochen wird; und ebenso ist es ziemlich unwahrscheinlich, daß sie von jemand anderem als Piet oder Angela Hanema gestellt wird, da wir im nächsten Moment erfahren, daß sie dabei sind sich auszuziehen, und wir spekulieren vielleicht, daß sie ein verheiratetes Paar sind, wissend, daß es sich verheiratete Paare, zumindest in unserem Vorort von Birmingham, nicht zur allgemeinen Gewohnheit machen, sich vor Dritten auszuziehen, was immer sie vielleicht unabhängig voneinander tun mögen.

Wir haben wahrscheinlich schon beim Lesen der Sätze eine ganze Reihe von Schlußfolgerungen getroffen. Wir können beispielsweise davon ausgehen, daß das ›Paar‹, auf das verwiesen wird, ein Mann und eine Frau sind, obwohl es bisher noch nichts gibt, was uns sagt, ob es sich nicht um zwei Frauen oder zwei Tigerbabies handelt. Wir nehmen an, daß, wer immer die

Frage stellt, nicht Gedanken lesen kann, da sonst keine Notwendigkeit zum Fragen bestünde. Wir können vermuten, daß dem Fragenden die Einschätzung des Angesprochenen wichtig ist, obwohl es bisher noch nicht genügend Kontext gibt, um beurteilen zu können, ob die Frage nicht höhnisch oder aggressiv ist. Wir sehen den Ausdruck ›die Hanemas‹ vermutlich als grammatische Apposition zu ›Piet und Angela‹, was andeutet, daß dies ihr Nachname ist, und dies ist wiederum ein wichtiges Beweisstück dafür, daß sie verheiratet sind. Aber wir können die Möglichkeit nicht ausschließen, daß es zusätzlich zu Piet und Angela eine Gruppe von Leuten mit dem Namen Hanema gibt, vielleicht einen ganzen Stamm davon, und daß sie sich alle zusammen in irgendeiner riesigen Halle ausziehen. Die Tatsache, daß Piet und Angela den gleichen Nachnamen haben mögen, bestätigt nicht, daß sie Mann und Frau sind: sie könnten besonders freizügige oder inzestuöse Geschwister, Vater und Tochter oder Mutter und Sohn sein. Wir haben jedoch angenommen, daß sie sich voreinander ausziehen, wo uns doch bisher nichts darüber berichtet wurde, ob die Frage nicht von einem Schlafzimmer zum anderen oder zwischen Strandhütten gerufen wurde. Vielleicht sind Piet und Angela kleine Kinder, obgleich die relative Kompliziertheit der Frage dieses unwahrscheinlich macht. Die meisten Leser haben wahrscheinlich bis hierher angenommen, daß Piet und Angela ein Ehepaar sind, das sich nach einem Ereignis, vielleicht einer Party, auf der ein neues Ehepaar anwesend war, zusammen im Schlafzimmer auszieht, aber nichts davon wird eigentlich gesagt.

Die Tatsache, daß dies die beiden ersten Sätze des Romans sind, bedeutet natürlich, daß viele dieser Fragen im Laufe des Weiterlesens für uns geklärt werden. Aber der Prozeß des Hypothesenbildens und Schlußfolgerns, zu dem uns unsere Unkenntnis treibt, ist einfach ein etwas eindringlicheres und dramatischeres Beispiel für das, was wir beim Lesen immer tun. Beim Weiterlesen treffen wir noch auf viel mehr Probleme, die nur gelöst werden können, indem wir weitere Annahmen machen. Wir erhalten zwar die Informationen, die uns in den ersten Sätzen vorenthalten wurden, aber wir müssen noch immer fragwürdige Interpretationen auf ihnen aufbauen. Die Lektüre des Anfangs von Updikes Roman verwickelt uns in eine überraschende Menge komplexer, zum größten Teil unbewußter Arbeit: obwohl wir es kaum bemerken, sind wir die ganze Zeit damit beschäftigt, Hypothesen über die Bedeutung des Textes aufzustellen. Der/die Leser/in schafft implizit Verbindungen, füllt die Lücken, zieht Schlußfolgerungen und überprüft Annahmen; dies bedeutet zugleich, sich auf eine stillschweigende Kenntnis der Welt im allgemeinen und der literarischen Konventionen im besonderen zu beziehen. Der Text selbst ist wirklich nicht mehr als eine Reihe von ›Anhaltspunkten‹, Einladungen, ein Stück Sprache in Bedeutung umzubauen. In der Terminologie der Rezeptionstheorie ›konkretisiert‹ der Leser das literarische Werk, das selbst nicht mehr ist als eine Kette von auf einer Seite angeordneten schwarzen Punkten. Ohne die fortwährende aktive Partizipation auf der Leserseite gäbe es überhaupt kein literarisches Werk. Wie fest es auch immer zu sein scheint, für die Rezeptionstheorie besteht jedes Werk in Wirklichkeit aus ›Leerstellen‹, genauso wie Tische in der modernen Physik aus Leerstellen bestehen – zum Beispiel der Leerstelle zwischen dem ersten und dem zweiten Satz von *Paare*, wo der/die Leser/ in die fehlende Verbindung selbst herstellen muß. Das Werk ist voller ›Unbestimmtheitsstellen‹, Elemente, die in ihrer Wirkung von der Interpretation des/r Lesers/in abhängen, und die auf verschiedene, vielleicht einander widersprechende Arten gedeutet werden können. Das Paradoxe daran ist, daß das Werk umso unbestimmter wird, je mehr Informationen es enthält. Shakespeares ›secret black and midnight hags‹ (›geheime, schwarze Nachtunholde‹) grenzt einerseits ein, um was für Hexen es sich handelt, macht sie bestimmter. Da aber alle drei Adjektive sehr suggestiv sind und sie bei verschiedenen Lesern verschiedene Reaktionen hervorrufen, wird der Text durch den Versuch, immer genauer zu werden, nur noch unbestimmter.

Der Vorgang des Lesens ist für die Rezeptionstheorie immer dynamisch, eine komplexe Bewegung, die sich in der Zeit entfaltet. Das literarische Werk selbst existiert nur als das, was der polnische Theoretiker Roman Ingarden ›eine Schicht schematisierter Ansichten‹ nennt oder allgemeinen Hinweisen, die der Leser konkretisieren muß. Damit er das tun kann, wird der Leser oder die Leserin ein gewisses Vorverständnis, einen verschwommenen Hintergrund von Annahmen und Erwartungen an den Text herantragen, innerhalb derer die verschiedenen Elemente des Werkes beurteilt werden. Im Verlauf des Lesevorgangs werden diese Erwartungen selbst durch das soeben Erfahrene wieder modifiziert, und der hermeneutische Zirkel – vom Teil zum Ganzen und wieder zurück zum Teil – beginnt sich zu drehen. Beim Versuch, einen einheitlichen Sinn aus dem Text zu konstruieren, wird der Leser/die Leserin einige Elemente auswählen und sie in ein konsistentes Ganzes formen, indem einige ausgeschlossen und andere in den Vordergrund geschoben und bestimmte Einzelheiten in bestimmter Weise konkretisiert werden. Er oder sie wird versuchen, verschiedene Sichtweisen innerhalb eines Werkes zusammenzuhalten oder von Perspektive zu Perspektive zu wechseln, um eine ungestörte Illusion aufzubauen. Was wir auf der ersten Seite erfahren haben, verblaßt und wird im Gedächtnis ›verkürzt‹ aufgezeichnet, vielleicht um von dem, was wir später erfahren, radikal umbewertet zu werden. Lesen ist keine lineare Vorwärtsbewegung, kein rein additiver Vorgang: unsere anfänglichen Erwartungen erzeugen einen Referenzrahmen, innerhalb dessen alles Nachfolgende interpretiert wird, aber das jeweils Folgende kann unser ursprüngliches Verständnis rückwirkend verändern, einige seiner Aspekte betonen, andere in den Hintergrund drängen. Beim Weiterlesen verwerfen wir Annahmen, revidieren Überzeugungen, erstellen immer komplexere Verbindungen und Erwartungen; jeder Satz eröffnet einen Horizont, der vom nächsten bestätigt, in Frage gestellt oder verworfen wird. Wir lesen gleichzeitig rückwärts und vorwärts, sagen voraus und rekapitulieren, sind uns vielleicht anderer möglicher Realisierungen des Textes bewußt, denen unsere Lesart negativ gegenübersteht. Diese ganze komplizierte Tätigkeit wird darüber hinaus auf vielen Ebenen gleichzeitig ausgeführt, denn der Text hat ›Vordergründe‹ und ›Hintergründe‹, verschiedene Erzählperspektiven und alternative Bedeutungsschichten, zwischen denen wir uns ständig hin- und herbewegen.

Wolfgang Iser von der sogenannten Konstanzer Schule der Rezeptionsästhetik, dessen Theorien ich im großen und ganzen referiert habe, spricht in seinem Buch *Der Akt des Lesens* (1976) von den ›Strategien‹, die Texte zur Anwendung bringen, und den ›Repertoires‹ an bekannten Themen und Anspielungen, die sie enthalten. Um überhaupt lesen zu können, müssen wir mit den literarischen Techniken und Konventionen vertraut sein, die ein bestimmtes Werk verwendet; wir müssen seine ›Codes‹ einigermaßen verstehen, womit die Regeln gemeint sind, die systematisch die Art seiner Bedeutungsbildung beherrschen. Rufen wir uns nochmals das Hinweisschild aus der U-Bahn in Erinnerung, von dem in der Einleitung die Rede war: »Hunde müssen auf der Rolltreppe getragen werden«. Um diese Anweisung zu verstehen, muß ich beträchtlich mehr tun, als die einzelnen Wörter einfach nacheinander zu lesen. Ich muß beispielsweise wissen, daß diese Wörter zu dem gehören, was man einen ›referentiellen Code‹ nennen könnte – daß das Schild nicht nur ein Stück sprachliche Verzierung zur Unterhaltung der Fahrgäste darstellt, sondern sich auf das Verhalten von wirklichen Hunden und Fahrgästen auf wirklichen Rolltreppen beziehen soll. Ich muß meine allgemeinen Kenntnisse mobilisieren, um zu erkennen, daß das Schild von einer Autorität hier angebracht wurde und daß diese Autorität die Macht hat, Verstöße zu bestrafen, daß ich als ein Mitglied der Gesellschaft implizit angesprochen bin – nichts davon ist in den Wörtern selbst offensichtlich erkennbar. Mit anderen Worten muß ich, um dieses Schild richtig zu verstehen, auf gewisse soziale Codes und Kontexte bezug nehmen. Aber ich muß diese auch mit bestimmten Codes und Konventionen des Lesens in Zusammenhang bringen – Konventionen, die mir sagen, daß mit ›Rolltreppe‹ *diese* Rolltreppe und nicht irgendeine in Paraguay gemeint ist, daß ›müssen getragen werden‹ bedeutet ›müssen jetzt getragen werden‹, etc. Ich muß erkennen, daß es die ›Gattung‹ des Schildes als solche unwahrscheinlich macht, daß die in der Einleitung erwähnte Zweideutigkeit wirklich ›intendiert‹ ist. Es ist nicht leicht, an dieser Stelle zwischen ›sozialen‹ und ›literarischen‹ Codes zu unterscheiden: die Konkretisierung von ›Rolltreppe‹ als ›diese Rolltreppe‹ und die Übernahme einer Lesekonvention, die Zweideutigkeit beseitigt, hängt selbst von einem ganzen Netz sozialer Kenntnisse ab.

Ich verstehe dieses Schild also, indem ich es gemäß gewisser Codes interpretiere, die mir angemessen scheinen; aber für Iser ist das nicht alles, was beim Lesen von Literatur vor sich geht. Wenn zwischen den Codes, die literarische Werke beherrschen und jenen, die wir anwenden, um sie zu interpretieren, eine vollkommene Entsprechung bestünde, wäre die gesamte Literatur so wenig anregend wie das U-Bahn-Schild. Das wirksamste literarische Werk ist für Iser das, das den Leser/die Leserin zu einer neuen kritischen Wachsamkeit gegenüber seinen oder ihren gewohnheitsmäßigen Codes und Erwartungen zwingt. Das Werk befragt und verändert die impliziten Überzeugungen, mit denen wir ihm begegnen, ›verunsichert‹ unsere Wahrnehmungsgewohnheiten und zwingt uns so, sie zum ersten Mal als das zu erkennen, was sie sind. Ein wertvolles literarisches Werk bestärkt unsere vorgegebenen Wahrnehmungen nicht, sondern stört oder überschreitet die normativen Sichtweisen und lehrt uns so neue Codes des Verstehens. Hier besteht eine Parallele zum russischen Formalismus: im Lesevorgang werden unsere konventionellen Annahmen ›verfremdet‹ und bis zu dem Punkt objektiviert, an dem wir sie kritisch betrachten und somit revidieren können. Wenn wir den Text mit unseren Lesestrategien modifizieren, so modifiziert er gleichzeitig auch uns: wie die Gegenstände eines wissenschaftlichen Experiments kann der Text uns auf unsere ›Fragen‹ eine unvorhersehbare ›Antwort‹ geben. Für einen Literaturwissenschaftler wie Iser liegt der alleinige Sinn des Lesens darin, daß es uns zu einem tieferen Selbstverständnis führt, als Katalysator für eine kritischere Sicht unserer eigenen Identität fungiert. Es ist so, als ob das, was wir beim Durcharbeiten eines Buches gelesen haben, wir selbst sind.

Isers Rezeptionstheorie basiert in Wirklichkeit auf einer liberalen humanistischen Ideologie: dem Glauben, daß wir beim Lesen flexibel und offen sein sollten, bereit, unsere Überzeugungen in Frage zu stellen und zuzulassen, daß sie verändert werden. Hinter dieser Auffassung steht der Einfluß der Gadamerschen Hermeneutik und ihr Vertrauen auf jene reichere Selbsterkenntnis, die aus der Begegnung mit dem Unvertrauten resultiert. Aber Isers Liberalismus ist weniger liberal, als es auf den ersten Blick den Anschein hat. Ihm zufolge ist ein/e Leser/in mit starkem ideologischen Engagement höchstwahrscheinlich ein/e unzulängliche/r Leser/in, da er oder sie für die verändernde Kraft des literarischen Werkes wahrscheinlich weniger offen ist. Damit wird zugleich gesagt, daß wir, um durch den Text eine Veränderung zu erfahren, von vornherein möglichst nur provisorische Überzeugungen unterhalten sollten. Der einzige gute Leser müßte bereits *zuvor* ein Liberaler sein: der Lesevorgang bringt eine Art von menschlichem Subjekt hervor, das er zugleich voraussetzt. Das Ganze ist auch in anderer Hinsicht paradox: denn wenn wir überhaupt nur locker an unseren Überzeugungen festhalten, dann ist es auch nicht besonders bedeutsam, daß sie vom Text in Frage gestellt und unterlaufen werden. Mit anderen Worten passiert nicht sehr viel. Der Leser/die Leserin wird nicht so sehr radikal verunsichert, sondern erhält sich einfach als ein noch gründlicher liberales Subjekt zurück. Alles am lesenden Subjekt wird im Akt des Lesens in Frage gestellt, außer die Art von (liberalem) Subjekt, die vorliegt: diese ideologischen Grenzen können auf keinen Fall kritisiert werden, da sonst das ganze Modell zusammenbrechen würde. So gesehen sind der Pluralismus und die Offenheit des Lesevorgangs deshalb zulässig, weil sie eine bestimmte Art geschlossener Einheit voraussetzen, die immer unverrückt bleibt: die Einheit des lesenden Subjekts, die nur gestört und überschritten wird, um umso vollkommener zu sich selbst zurückzukehren. Wie bei Gadamer können wir in fremdes Territorium ausschwärmen, weil wir insgeheim immer zu Hause sind. Der von Literatur am tiefsten betroffene Lesertyp ist derjenige, der schon mit den ›richtigen‹ Fähigkeiten und Reaktionen ausgestattet ist, Erfahrung in der Anwendung bestimmter kritischer Verfahren und im Erkennen literarischer Konventionen besitzt; aber dies ist genau der Lesertypus, der am wenigsten betroffen werden muß. Solch ein Leser ist von Anfang an ›verändert‹ und allein aus diesem Grund ist er bereit, eine weitere Veränderung zu riskieren. Um Literatur ›effektiv‹ zu lesen, muß man bestimmte kritische Fähigkeiten anwenden, Fähigkeiten, die immer problematisch zu definieren sind; aber es sind genau diese Fähigkeiten, die ›Literatur‹ nicht in Frage stellen kann, weil sie in ihrer Existenz selbst von ihnen abhängt. Was man als ›literarisches‹ Werk definiert, hängt immer eng mit dem zusammen, was man als ›angemessenes‹ kritisches Verfahren ansieht: ein ›literarisches‹ Werk ist mehr oder weniger das, was mit solchen Untersuchungsmethoden nutzbringend erhellt werden kann. Aber in diesem Fall ist der hermeneutische Zirkel eher ein Teufelskreis: was man aus einem Werk herausbekommt, hängt weitgehend davon ab, was man überhaupt hineintut, und da bleibt für irgendwelche tiefverankerten ›Herausforderungen‹ des Lesers wenig Raum. Iser scheint diesen Teufelskreis umgehen zu wollen, indem er die Fähigkeit der Literatur betont, die Codes des Lesers zu durchbrechen und umzuwandeln; damit wird aber bereits, wie ich dargelegt habe, stillschweigend ein bestimmter Lesertyp angenommen, der durch das Lesen erst hervorgebracht werden sollte. Die Geschlossenheit des Kreislaufs zwischen Leser/in und Werk spiegelt die Geschlossenheit der akademischen Institution ›Literatur‹ wider, an die sich nur bestimmte Arten von Texten und Leser zu wenden brauchen.

Hinter der scheinbaren Offenheit eines großen Teils der Rezeptionstheorie verbirgt sich heimlich das Dogma vom einheitlichen Selbst und vom geschlossenen Text. Roman Ingarden geht in seinem Buch *Das literarische Kunstwerk* (1931) dogmatisch davon aus, daß literarische Werke organische Einheiten bilden, und das Ausfüllen ihrer ›Unbestimmtheitsstellen‹ durch den Leser/die Leserin hat den Sinn, diese Harmonie zu vollenden. Der Leser muß die verschiedenen Segmente und Schichten des Werkes auf ›richtige‹ Weise miteinander verbinden, ziemlich in der Art jener Bilderbücher, die man den Anweisungen des Herstellers entsprechend ausmalt. Für Ingarden kommt der Text mit Unbestimmtheitsstellen fertig ausgestattet daher, und der Leser muß ihn nun ›korrekt‹ konkretisieren. Das schränkt die Aktivität des Lesers beträchtlich ein, reduziert ihn manchmal zu wenig mehr als einem literarischen Handlanger, der herumwerkelt und die gelegentlichen Unbestimmtheitsstellen ausfüllt. Iser ist da ein viel liberalerer Arbeitgeber, der dem Leser ein größeres Maß an Mitarbeit am Text zugesteht: Es steht den verschiedenen Lesern frei, das Werk auf unterschiedliche Weisen zu aktualisieren, und es gibt keine einzelne korrekte Interpretation, die das semantische Potential des Textes erschöpfen könnte. Diese Großzügigkeit wird aber von einer strikten Anweisung modifiziert: der Leser muß den Text so konstruieren, daß er in sich *konsistent* ist. Isers Modell des Lesens ist zutiefst funktionalistisch: die Teile müssen dazu gebracht werden, sich kohärent in das Ganze einzupassen. Hinter dieser willkürlichen Annahme verbirgt sich in Wirklichkeit der Einfluß der Gestaltpsychologie und deren Bemühen, einzelne Wahrnehmungen in ein sinnvolles Ganzes zu integrieren. Die moderne Kritik ist allerdings so tief von diesem Vorurteil durchdrungen, daß seine einfache Wahrnehmung als das, was es ist, Schwierigkeiten bereitet: als eine doktrinäre Vorliebe, die nicht weniger bestreitbar und streitbar ist als jede andere. Es besteht überhaupt keine Notwendigkeit, anzunehmen, daß literarische Werke ein harmonisches Ganzes formen oder formen sollten, und viele suggestiven Spannungen und Bedeutungszusammenstöße müssen von der literarischen Kritik ganz klar ›bearbeitet‹ werden, um sie dazu zu bringen. Iser erkennt, daß Ingarden in seiner Sicht von Texten um einiges zu ›organologisch‹ ist, und er schätzt die modernistischen, vielschichtigen Werke teilweise deshalb so, weil sie uns unsere eigene Arbeit bei der Interpretation bewußter machen. Aber gleichzeitig ist die ›Offenheit‹ des Werks etwas, was allmählich beseitigt werden soll, indem der Leser/die Leserin eine Arbeitshypothese erstellt, die den größten Teil der Werkelemente berücksichtigt und ihre Konsistenz belegt.

Die Leerstellen in den Texten spornen uns nur an, sie zu beseitigen und durch eine feste Bedeutung zu ersetzen. Sie müssen, in Isers entlarvend autoritärer Terminologie, ›normalisiert‹, gezähmt und einer festen Sinnstruktur unterworfen werden. Der Leser scheint genauso damit beschäftigt zu sein, den Text zu bekämpfen, wie ihn zu interpretieren, und ringt darum, das anarchisch ›polysemantische‹ Potential des Textes in einen handlichen Rahmen zu pressen. Ziemlich offen spricht Iser davon, dieses polysemantische Potential auf irgendeine Art von Ordnung zu ›reduzieren‹ – eine eigenartige Sprechweise für einen pluralistischen Kritiker, könnte man meinen. Bevor diese Ordnung nicht hergestellt ist, ist das einheitliche Lesersubjekt gefährdet, unfähig, in der ›selbst-korrektiven‹ Therapie des Lesens als wohlausgewogene Ganzheit zu sich selbst zurückzukehren.

Es lohnt sich immer, jede Literaturtheorie mit dieser einen Frage zu prüfen: Wie kommt sie mit James Joyces *Finnegans Wake* zurecht? In Isers Fall lautet die Antwort: nicht allzu gut. Zugegebenermaßen behandelt er den *Ulysses* von Joyce; aber sein Hauptinteresse betrifft die realistische Literatur ab dem 18. Jahrhundert, und da gibt es Möglichkeiten, den *Ulysses* in dieses Modell einzupassen. Würde Isers Meinung, daß die wertvollsten literarischen Werke die allgemeingültigen Codes stören und übertreten, auch für die ursprünglichen Leser von Homer, Dante und Spenser gelten? Ist dies nicht vielmehr die typische Sichtweise eines modernen europäischen Liberalen, für den ›Denksysteme‹ notwendigerweise eher negativ als positiv besetzt sind, und der deshalb eher nach der Art von Kunst Ausschau hält, die diese zu unterminieren scheint? Hat nicht ein Großteil der ›wertvollen‹ Literatur gerade die akzeptierten Codes ihrer Zeit eher bestätigt als gestört? Die Macht der Kunst primär im Negativen festzumachen – der Übertretung und Verfremdung – beinhaltet bei Iser wie bei den Formalisten eine entschiedene Haltung gegenüber den sozialen und kulturellen Systemen der eigenen Epoche: eine Haltung, die sich im modernen Liberalismus dazu steigert, alle Denksysteme als solche für verdächtig zu halten. Daß er das tun kann, ist ein beredtes Zeugnis für die Vergeßlichkeit des Liberalismus in bezug auf ein ganz bestimmtes Denksystem: das, welches seine eigene Position untermauert.

Um die Grenzen von Isers liberalem Humanismus zu erfassen, können wir ihn kurz einem anderen Rezeptionstheoretiker, dem französischen Kritiker Roland Barthes, gegenüberstellen. Barthes' Ansatz in *Die Lust am Text* (1973/dt. 1974) ist von dem Isers so verschieden, wie man es sich überhaupt nur vorstellen kann – der Unterschied, stereotyp gesprochen, zwischen einem französischen Hedonisten und einem deutschen Rationalisten. Während Iser sich auf realistische Werke konzentriert, bietet Barthes eine völlig andere Beschreibung des Leseakts, indem er modernistische Texte aufgreift, die jede feste Bedeutung in ein freies Spiel der Wörter auflösen, die repressive Denksysteme durch ein endloses Gleiten und Treiben von Sprache zu zerstören versuchen. Solche Texte verlangen weniger eine ›Hermeneutik‹ als eine ›Erotik‹: da es unmöglich wird, sie auf eine bestimmte Bedeutung festzulegen, schwelgt der Leser einfach im quälend-verlockenden Treiben der Zeichen, im provozierenden Aufblitzen der Bedeutungen, die nur an die Oberfläche kommen, um gleich wieder hinabzutauchen. In diesem überschwenglichen Tanz der Sprache gefangen, sich an der Materialität der Wörter selbst ergötzend, kennt der Leser weniger die absichtsvolle Lust, die darin liegt, ein kohärentes System aufzubauen und die einzelnen Textelemente geschickt zusammenzubinden, um ein einheitliches Selbst aufzubauen, als vielmehr den masochistischen Reiz des Gefühls, daß dieses Selbst zusammenbricht, durch das verschlungene Gewebe des Textes selbst zerstreut wird. Lesen gehört weniger ins Labor als ins Boudoir. Weit davon entfernt, den Leser/die Leserin in einer letztendlichen Erneuerung des Selbst, das der Akt des Lesens in Frage gestellt hatte, sich selbst zurückzugeben, sprengt der modernistische Text seine oder ihre festgefügte kulturelle Identität in einer *jouissance* (Wollust), die für Barthes sowohl die Glückseligkeit des Lesers als auch den sexuellen Orgasmus bedeutet.

Wie wahrscheinlich bereits von allen vermutet, hat auch Barthes' Theorie durchaus ihre Probleme. Dieser selbstgenießerische avantgardistische Hedonismus hat in einer Welt, in der andere nicht nur an Büchern, sondern auch an Nahrung Mangel leiden, etwas Beunruhigendes an sich. Wenn uns Iser ein streng ›normatives‹ Modell anbietet, das das unbegrenzte Potential der Sprache zügelt, so präsentiert uns Barthes eine private, asoziale, im Grunde anarchische Erfahrung, die vielleicht nichts anderes als die Kehrseite von Isers Ansatz darstellt. Beide Kritiker verraten ein liberales Unbehagen an systematischem Denken: auf unterschiedliche Weise ignorieren beide die Verankerung des Lesers im historischen Prozeß. Denn natürlich treffen Leser nicht im Vakuum auf Texte: alle Leser befinden sich in einer bestimmten sozialen und historischen Lage, und wie sie literarische Werke interpretieren, wird von dieser Tatsache stark beeinflußt. Iser ist sich der sozialen Dimension des Lesens bewußt, zieht es aber vor, sich vorwiegend auf die ›ästhetischen‹ Aspekte zu konzentrieren; ein mehr historisch ausgerichteter Vertreter der Konstanzer Schule ist Hans Robert Jauß, der in Gadamerscher Manier versucht, dem literarischen Werk einen Platz innerhalb seines ›historischen‹ Horizonts zuzuweisen, im Kontext der kulturellen Bedeutungen, innerhalb derer es entstand, und dann die wechselnden Beziehungen zwischen diesem Horizont und den sich ändernden ›Horizonten‹ seiner historischen Leser untersucht. Das Ziel seiner Arbeit ist, eine neue Art von Literaturgeschichte zu schreiben – eine, die nicht Autoren, Einflüsse und literarische Trends in den Mittelpunkt stellt, sondern Literatur, wie sie durch die verschiedenen Momente der historischen ›Rezeption‹ definiert und interpretiert wird. Dabei bleiben die literarischen Werke keineswegs konstant, während sich die Interpretationen ändern: Texte und literarische Traditionen selbst werden entsprechend den verschiedenen historischen ›Horizonten‹, innerhalb derer sie rezipiert werden, aktiv verändert.

Eine detaillierte historische Studie der literarischen Rezeption ist Jean-Paul Sartres *Was ist Literatur?* (1948/dt. 1950). Sartres Buch macht klar, daß die Rezeption eines Werks nie nur einfach ein ›äußerliches‹ Faktum, eine nebensächliche Angelegenheit von Rezensionen und Verkaufszahlen darstellt. Sie ist eine konstitutive Dimension des Werks selbst. Jeder literarische Text ist im Hinblick auf seine potentielle Leserschaft geschrieben und schließt das Bild derjenigen mit ein, *für* die er geschrieben wurde: jedes Werk enthält in sich verschlüsselt das, was Iser den ›impliziten Leser‹ nennt, gibt in jeder seiner Gesten zu verstehen, welche Art von Rezipienten es erwartet. In der Literatur ist wie in jeder anderen Produktionsart die ›Konsumtion‹ Teil des Produktionsprozesses selbst. Wenn ein Roman mit dem Satz anfängt: »Jack taumelte mit roter Nase aus der Kneipe«, impliziert er bereits einen Leser, der gute Sprachkenntnisse hat, der weiß, was eine Kneipe ist, der das kulturelle Wissen über den Zusammenhang zwischen Alkohol und Gesichtsröte hat. Nicht nur, daß ein Schriftsteller ›eine Leserschaft braucht‹: die von ihm benutzte Sprache nimmt bereits implizit einen Ausschnitt aus der Menge der möglichen Leserschaften vor, und in dieser Hinsicht hat er notwendigerweise wenig Wahlmöglichkeiten. Vielleicht hat ein Schriftsteller überhaupt keinen besonderen Leser vor Augen, ihm mag vollkommen gleichgültig sein, wer sein Werk liest, aber schon im Akt des Schreibens ist als innere Textstruktur ein bestimmter Lesertyp miteingeschlossen. Selbst wenn ich mit mir selber spreche, wären meine Äußerungen überhaupt keine Äußerungen, wenn sie nicht, und zwar mehr als ich selbst, einen potentiellen Hörer antizipierten. Sartres Studie setzt also mit der Frage ein: »Für wen schreibt man?«, aber aus einer eher historischen als ›existentialistischen‹ Perspektive. Sie verfolgt das Schicksal des französischen Schriftstellers seit dem 17. Jahrhundert, in dem der ›klassische‹ Stil eine feste Übereinkunft oder einen gemeinsamen Rahmen von

Grundannahmen signalisierte, die der Autor mit seiner Leserschaft teilte, bis zu der tief verwurzelten Befangenheit der Literatur des 19. Jahrhunderts, die sich unausweichlich an die von ihr verachtete Bourgeoisie richtete. Die Studie endet mit dem Dilemma des zeitgenössischen ›engagierten‹ Schriftstellers, der seine Werke weder an die Bourgeoisie, noch an die Arbeiterklasse, noch an irgendeinen mythischen ›Menschen im allgemeinen‹ richten kann.

Die Rezeptionstheorie nach Art von Jauß und Iser scheint ein wichtiges epistemologisches Problem aufzuwerfen. Wenn man den ›Text an sich‹ als eine Art Skelett betrachtet, als eine ›Schicht schematisierter Ansichten‹, die nur darauf warten, von verschiedenen Lesern auf unterschiedliche Arten konkretisiert zu werden, wie kann man diese Schemata dann überhaupt diskutieren, ohne sie bereits konkretisiert zu haben? Wenn man vom ›Text an sich‹ spricht und ihn als Norm und Maßstab für einzelne seiner Interpretationen betrachtet, hat man es dann jemals mit etwas anderem als mit der eigenen Konkretisierung zu tun? Beansprucht der Kritiker irgendein gottähnliches Wissen über den ›Text an sich‹, das dem einfachen Leser/der einfachen Leserin verwehrt ist, der/die sich mit seiner oder ihrer notwendigerweise bruchstückhaften und parteilichen Konstruktion des Textes begnügen muß? Mit anderen Worten haben wir hier eine neue Variante des alten Problems, wie man wissen kann, ob das Licht im Kühlschrank aus ist, wenn die Tür zu ist. Roman Ingarden bedenkt diese Schwierigkeit, kann aber keine angemessene Lösung vorlegen; Iser gesteht dem Leser ein beachtliches Maß an Freiheit zu, aber so frei, den Text einfach nach Lust und Laune zu interpretieren, sind wir nicht. Denn eine Interpretation muß *diesen* und nicht irgendeinen anderen Text betreffen, sie muß in gewissem Sinn vom Text selbst logisch erzwungen werden. Anders ausgedrückt bestimmt der Text in gewissem Maße die Reaktion der Leser auf ihn; andernfalls würde die Kritik in totale Anarchie verfallen. *Bleak House* von Charles Dickens wäre nichts weiter als Millionen verschiedener, oft widersprüchlicher Lesarten des Romans, und der ›Text an sich‹ würde als ein Art rätselhaftes X herausfallen. Was wäre, wenn das literarische Werk nicht eine feste Struktur darstellen würde, die gewisse Unbestimmtheitsstellen enthielte, sondern wenn alles im Text unbestimmt, abhängig von der Art und Weise wäre, wie der Leser oder die Leserin ihn zu konstruieren gewillt ist? Mit welchem Recht könnten wir dann noch von der Interpretation des ›selben‹ Werkes sprechen?

Nicht alle Rezeptionstheoretiker geraten hierdurch in Verlegenheit. Der amerikanische Kritiker Stanley Fish hat keine Probleme, zu akzeptieren, daß es im Zweifelsfall kein ›objektives‹ literarisches Werk gibt, das da auf dem Seminartisch liegt. *Bleak House* besteht einfach aus einer Sammlung aller Bearbeitungen des Romans, die es schon gibt oder die es noch geben wird. Der wirkliche Autor ist der Leser: unbefriedigt von der bloßen Iserschen Teilhaberschaft am literarischen Unternehmen, haben die Leser die Bosse nun gestürzt und sich selbst an die Macht gebracht. Lesen dreht sich für Fish nicht um die Entdeckung der Textbedeutung, sondern um einen Prozeß der Erfahrung dessen, was der Text mit einem *macht*. Fish hat einen pragmatischen Sprachbegriff: eine Inversion, zum Beispiel, erzeugt vielleicht ein Gefühl von Überraschung oder Desorientierung in uns, und Kritik ist nicht mehr, als der Bericht und ›die Analyse der sich an zeitlich aufeinanderfolgenden Wörtern auf der Seite entwickelnden Reaktionen des Lesers‹. Was der Text mit uns ›macht‹, hängt eigentlich mehr davon ab, was wir mit ihm machen, von unserer Interpretation; der Gegenstand der kritischen Aufmerksamkeit ist die Struktur der Leseerfahrung, nicht irgendeine ›objektive‹ Struktur, die im Werk selbst gefunden werden kann. Alles im Text – seine Grammatik, seine Bedeutung, seine formalen Einheiten – ist ein Ergebnis der Interpretation, auf keinen Fall ›als Faktum‹ gegeben; und das führt zu der hinterhältigen Frage, was Fish eigentlich zu interpretieren glaubt, wenn er liest. Seine erfrischend offene Antwort darauf ist, daß er es nicht weiß, daß er aber auch nicht glaubt, daß irgend jemand anderes es weiß.

In Wirklichkeit schützt sich Fish mit viel Umsicht vor der hermeneutischen Anarchie, in die seine Theorie zu führen scheint. Um zu vermeiden, daß sich der Text in tausende miteinander konkurrierende Lesarten auflöst, appelliert er an bestimmte ›Interpretationsstrategien‹, die die Leser gemeinsam haben und die ihre individuellen Reaktionen bestimmen. Nicht jede beliebige Leserreaktion reicht aus: die Leser, um die es geht, sind ›informierte‹ oder ›erfahrene‹ Leser, die in den akademischen Institutionen herangezogen wurden und deren Reaktionen sich dadurch höchstwahrscheinlich keineswegs als zu weit voneinander abweichend erweisen werden, um jegliche vernünftige Debatte zu verhindern. Er beharrt jedoch darauf, daß nichts, überhaupt nichts ›im‹ Werk selber ist – daß die ganze Vorstellung davon, daß Bedeutung irgendwie der Sprache des Textes ›immanent‹ sei und nur darauf wartet, durch die Interpretation des Lesers herausgeholt zu werden, eine objektivistische Illusion ist. Für ihn ist Iser dieser Illusion zum Opfer gefallen.

Die Auseinandersetzung zwischen Fish und Iser ist bis zu einem gewissen Grad ein Streit um Wörter. Fish hat durchaus recht mit seiner Behauptung, daß nichts, weder in der Literatur noch in der Welt als Ganzes, ›vorgegeben‹ oder ›festgelegt‹ ist, wenn damit ›uninterpretiert‹ gemeint ist. Es gibt keine ›nackten‹ Tatsachen, unabhängig von menschlichen Bedeutungen; es gibt keine Tatsachen, von denen wir nicht wissen. Aber dies ist nicht die notwendige oder auch nur übliche Bedeutung von ›vorgegeben‹: nur wenige Wissenschaftstheoretiker würden heute bestreiten, daß das Datenmaterial im Laboratorium das Ergebnis von Interpretationen ist, nur eben nicht im selben Sinne, wie die Darwinsche Evolutionstheorie eine Interpretation ist. Es gibt einen Unterschied zwischen wissenschaftlichen Hypothesen und wissenschaftlichem Datenmaterial, obwohl beide unbezweifelbar ›Interpretationen‹ darstellen, und der unüberbrückbare Abgrund, den sich ein Großteil der traditionellen Wissenschaftstheorie zwischen beiden vorgestellt hat, ist sicherlich eine Illusion (vgl. M. Hesse). Man kann sagen, daß die Wahrnehmung von zehn schwarzen Zeichen als das Wort ›Nachtigall‹ eine Interpretation ist, oder daß die Wahrnehmung von etwas als schwarz, zehnfach oder als Wort eine Interpretation darstellt, und man hätte recht damit; aber unter den meisten Umständen hätte man Unrecht, wenn man die Zeichen als ›Nachtgespenst‹ lesen würde. Eine Interpretation, der alle mehr oder weniger zustimmen würden, ist eine Möglichkeit, eine Tatsache zu definieren. Es ist weniger leicht zu zeigen, daß Interpretationen von Keats' ›Ode an eine Nachtigall‹ falsch sind. Interpretationen in diesem letzteren, weiteren Sinn stoßen normalerweise auf etwas, was die Wissenschaftstheorie ›theoretische Unbestimmtheit‹ nennt, was bedeutet, daß eine Reihe von Daten durch mehr als eine Theorie erklärt werden kann. Bei der Entscheidung, ob die zehn von mir erwähnten Zeichen das Wort ›Nachtigall‹ oder ›Nachtgespenst‹ bilden, scheint dies nicht der Fall zu sein.

Die Tatsache, daß diese zehn Zeichen eine bestimmte Art von Vogel bezeichnen, ist recht willkürlich, und hängt von sprachlichen und historischen Konventionen ab. Wenn die deutsche Sprache sich anders entwickelt hätte, könnte das anders sein; oder es mag eine mir unbekannte Sprache geben, in der sie ›dichotomisch‹ bedeuten. Es könnte irgendeine Kultur geben, die diese Zeichen überhaupt nicht als Druckbuchstaben wahrnehmen würde, sondern sie als schwarze Teilchen ansehen würden, die immanent schon im weißen Paper vorhanden waren und nun herausgekommen sind. Diese Kultur könnte auch ein von unserem abweichendes Zahlensystem haben und die Zeichen nicht als zehn, sondern als drei plus eine unbestimmte Zahl zählen. In ihrer Schreibweise gäbe es die Unterscheidung zwischen den Wörtern für ›Nachtigall‹ und ›Nachtgespenst‹ vielleicht wirklich nicht. Und immer so weiter: denn es gibt nichts göttlich Gegebenes oder unveränderlich Festes in der Sprache, wie der Umstand, daß das deutsche Wort ›Nachtigall‹ mehr als eine Bedeutung hat, bereits nahelegt. Aber die Interpretation dieser Zeichen ist eine von Zwängen begleitete Angelegenheit, weil die Menschen in ihrer sozialen Praxis der Kommunikation diese Zeichen oft auf eine bestimmte Art gebrauchen, und diese sozialen Gebrauchsweisen *sind* die verschiedenen Bedeutungen des Wortes. Wenn ich dieses Wort in einem literarischen Text identifiziere, fällt diese soziale Praxis nicht einfach weg. Nachdem ich es gelesen habe, kann ich sehr wohl das Gefühl bekommen, daß das Wort nun etwas ganz anderes bedeutet, daß es aufgrund des veränderten Bedeutungskontextes, in den es sich eingefügt, eher ›dichotomisch‹ als eine Vogelart bezeichnet. Aber das Erkennen des Wortes bezieht zunächst ein bestimmtes Wissen um seine soziale Verwendung mit ein.

Die Behauptung, daß wir dem literarischen Text jede uns genehme Bedeutung geben können, ist in einer Hinsicht gerechtfertigt. Was könnte uns auch daran hindern? Es gibt buchstäblich unendlich viele Kontexte, die wir für seine Wörter erfinden könnten, um sie etwas anderes bedeuten zu lassen. Auf der anderen Seite ist diese Idee eine reine Phantasievorstellung derer, die zuviel Zeit in Seminaren verbracht haben. Denn solche Texte gehören zur Sprache als Ganzes und haben verwickelte Beziehungen zu anderen sprachlichen Praxisfeldern, wie sehr sie diese auch unterlaufen und verletzen mögen; und die Sprache ist nicht wirklich etwas, womit wir tun und lassen können, was uns beliebt. Wenn ich das Wort ›Nachtigall‹ nicht lesen kann, ohne mir vorzustellen, welche Wonne es wäre, sich aus der Großstadt in die trostspendende Natur zurückzuziehen, dann hat das Wort für mich oder über mich eine bestimmte Macht, die nicht weggezaubert wird, wenn ich in einem Gedicht darauf stoße. Dies ist mitgemeint, wenn man sagt, daß literarische Werke uns zu bestimmten Interpretationen zwingen oder daß ihre Bedeutungen ihnen in einem gewissen Grad

›immanent‹ sind. Die Sprache ist ein Feld sozialer Kräfte, die uns bis in unser Innerstes formen, und es ist eine akademische Verblendung, das Werk als Spielfeld der unendlichen Möglichkeiten zu verstehen, das ihr entkommt.

Nichtsdestotrotz *ist* das Interpretieren eines Gedichtes in einer wichtigen Hinsicht freier als die Deutung eines Hinweisschildes in der U-Bahn. Denn im letzteren Fall ist die Sprache Teil einer praktischen Situation, die bestimmte Lesarten des Texts ausschließen und andere legitimieren kann. Wie wir gesehen haben, ist dies keineswegs ein absoluter Zwang, aber ein bedeutender. Im Fall der literarischen Werke gibt es manchmal auch eine praktische Situation, die bestimmte Lesarten ausschließt und andere fördert, eine, die als ›Lehren‹ bekannt ist. Es sind die akademischen Institutionen mit ihrem Vorrat an gesellschaftlich legitimierten Lesarten, die als Zwang fungieren. Solche lizensierten Lesarten sind selbstverständlich niemals ›natürlich‹ und auch nicht nur einfach ›akademisch‹: sie beziehen sich auf dominierende Bewertungs- und Interpretationsweisen in einer Gesellschaft als Ganzes. Diese sind auch dann wirksam, wenn ich im Zug einen Unterhaltungsroman lese, und nicht nur bei der Lektüre eines Gedichts im Seminar an der Universität. Aber das Lesen eines Romans bleibt vom Lesen eines Verkehrsschilds verschieden, weil der Leser oder die Leserin nicht schon über einen fertigen Kontext verfügt, der die Sprache verständlich macht. Ein Roman, der mit dem Satz einsetzt: »Lok rannte, so schnell er konnte«, fordert den Leser implizit auf: »Ich lade dich ein, dir einen Kontext vorzustellen, in dem dieser Satz Sinn ergibt« (vgl. van Dijk). Der Roman wird diesen Kontext allmählich erstellen, oder, wenn man das vorzieht, der Leser wird ihn für den Roman konstruieren. Selbst hier ist das keine Sache vollkommener interpretatorischer Freiheit: wenn ich die deutsche Sprache benutze, bestimmen die sozialen Verwendungsweisen von Wörtern wie ›rannte‹ meine Suche nach geeigneten Bedeutungskontexten. Aber ich werde nicht so eingeengt, wie ich es bei dem Schild »Kein Ausgang« bin; und dies ist ein Grund, weshalb es häufig grundlegende Meinungsverschiedenheiten über die Bedeutung der Sprache gibt, die als ›literarisch‹ behandelt wird.

Am Anfang dieses Buches habe ich die Vorstellung, daß ›Literatur‹ ein unveränderlicher Gegenstand sei, in Frage gestellt. Ich habe behauptet, daß literarische Wertungen beträchtlich weniger verbürgt sind, als einige Leute manchmal denken. Nun haben wir gesehen, daß das literarische Werk selbst viel schwieriger festzumachen ist, als wir oft annehmen. Ein Nagel, an dem man seine feste Bedeutung aufhängen kann, ist die Intention des Autors/der Autorin: einige Probleme dieser Taktik haben wir bei der Besprechung von E. D. Hirsch gesehen. Ein anderer Nagel ist Stanley Fishs Plädoyer für eine allen gemeinsame ›Interpretationsstrategie‹, eine Art allgemeine Kompetenz, über die Leser, zumindest die akademischen, mit großer Wahrscheinlichkeit verfügen. Daß es eine akademische Institution gibt, die machtvoll entscheidet, welche der Lesarten als allgemein zulässig gelten können, ist sicherlich richtig: und die ›literarische Institution‹ schließt sowohl die Verleger, die Herausgeber und Rezensenten als auch den akademischen Bereich mit ein. Aber innerhalb dieser Institution kann es einen *Widerstreit* der Interpretationen geben, für den Fishs Modell keine Erklärung zu bieten scheint – ein Widerstreit nicht nur über diese oder jene Lesart von Hölderlin, sondern einer, der um die Kategorien, Konventionen und Strategien der Interpretation selbst geführt wird. Wahrscheinlich würden nur wenige Dozenten oder Rezensenten eine Darstellung Hölderlins oder Becketts einzig deshalb verurteilen, weil sie von ihrer eigenen abweicht. Die meisten von ihnen würden jedoch eine solche Darstellung ächten, weil sie ihnen ›un-literarisch‹ erschiene – weil sie die etablierten Grenzen und Vorgehensweisen der Literaturkritik und Literaturwissenschaft übertreten hätte. Normalerweise ist keine bestimmte Lesart vorgeschrieben, solange nur alles ›literaturwissenschaftlich‹ bleibt, und was als solches gilt, wird von der literarischen Institution entschieden. Daher ist der Liberalismus der literarischen Institutionen, wie auch der Wolfgang Isers, seinen eigenen konstitutiven Grenzen gegenüber im allgemeinen blind.

Manche Literaturstudenten und -kritiker wird die Vorstellung irritieren, daß der literarische Text nicht eine einzige ›richtige‹ Bedeutung hat, aber dies sind wahrscheinlich nicht viele. Sie werden vermutlich eher von der Vorstellung begeistert sein, daß die Bedeutungen eines Textes nicht wie ein Weisheitszahn im Zahnfleisch verborgen liegen und geduldig darauf warten, herausgezogen zu werden, sondern daß dem Leser/der Leserin eine aktive Rolle in diesem Prozeß zukommt. Auch würden sich heutzutage nicht viele an der Vorstellung stören, daß der Leser nicht als eine Art jungfräuliches Wesen, frei und unbefleckt von vorangegangenen sozialen und literarischen Verwicklungen, an den Text herantritt, als erhabener, unvoreingenommener Geist, ein leeres Blatt, auf das der Text seine eigenen

Einschreibungen überträgt. Die meisten von uns erkennen an, daß kein Leseakt unschuldig oder voraussetzungslos ist. Aber nur wenige gehen der vollen Implikation dieser Leserschuld nach. Ein Thema dieses Buches war bisher, daß es so etwas wie eine rein ›literarische‹ Reaktion nicht gibt: alle Reaktionen, nicht zuletzt die auf die literarische *Form*, auf die Aspekte des Werks, die manchmal eifersüchtig für das ›Ästhetische‹ reserviert werden, werden von der sozialen und historischen Art von Individuen, die wir sind, völlig überdeckt. In der bisherigen Darstellung verschiedener Literaturtheorien habe ich zu zeigen versucht, daß es hier immer um sehr viel mehr geht als nur um Ansichten über Literatur – was all diese Theorien belebt und erhält, sind mehr oder weniger festgelegte Lesarten der gesellschaftlichen Wirklichkeit. *Diese* Interpretationen sind es, die im echten Sinne schuldig sind, von Matthew Arnolds gönnerhaften Versuchen, die Arbeiterklasse zu befrieden, bis zum Nazismus eines Heideggers. Mit der literarischen Institution zu brechen, heißt nicht nur, eine neue Beckettinterpretation anzubieten; es bedeutet mit genau der Art, wie die Literatur, die Literaturwissenschaft und die sie tragenden sozialen Werte definiert werden, Schluß zu machen.

Das 20. Jahrhundert hatte in seiner literaturtheoretischen Rüstung noch einen weiteren riesigen Nagel, mit dem das literarische Werk ein für alle Mal festzumachen war. Dieser Nagel nannte sich Strukturalismus, und er soll nun untersucht werden.

3. New Criticism, Strukturalismus und Semiotik

Der amerikanische New Criticism stand von den späten 30er Jahren bis in die 50er Jahre in Blüte. Nach allgemeiner Ansicht umfaßt der New Criticism sowohl die Werke von T. S. Eliot, I. A. Richards und vielleicht auch Q. D. und F. R. Leavis und William Empson als auch die einer Anzahl führender amerikanischer Literaturkritiker, unter ihnen John Crowe Ransom, W. K. Wimsatt, Cleanth Brooks, Allen Tate, Monroe Beardsley und R. P. Blackmur. Auffallenderweise hatte die amerikanische Bewegung ihre Wurzeln im wirtschaftlich rückständigen Süden – in der Region, in der Herkunft und Erziehung traditionell eine besondere Rolle spielten, dort wo auch der junge T. S. Eliot einen ersten Blick auf die ›organische‹ Gesellschaft erhascht hatte. In der Ära des amerikanischen New Criticism durchlief der Süden eine wirklich rasante Industrialisierung und wurde von den kapitalistischen Monopolfirmen aus dem Norden überschwemmt; aber ›traditionelle‹ Intellektuelle des Südens wie z. B. John Crowe Ransom, der dem New Criticism seinen Namen gab, konnten in ihm noch immer eine ›ästhetische‹ Alternative zum sterilen wissenschaftlichen Rationalismus des Nordens sehen. Wie T. S. Eliot durch die industrielle Invasion geistig heimatlos geworden, fand Ransom in den 20er Jahren zunächst in der literarischen Bewegung der sogenannten ›Flüchtlinge‹ und in den 30er Jahren in der rechten Politik der ›Agrarierbewegung‹ Zuflucht. Die Ideologie des New Criticism begann sich herauszukristallisieren: es war der wissenschaftliche Rationalismus, der das ›ästhetische Leben‹ des alten Südens verwüstete und dem menschlichen Erleben seine sinnliche Besonderheit raubte, und nur in der Literatur lag eine mögliche Lösung. Anders als die wissenschaftliche Bearbeitung respektierte die poetische die sinnliche Ganzheit ihres Objektes: sie war keine Sache der rationalen Erkenntnis, sondern eine Gefühls-Angelegenheit, die uns in eine im Grunde religiöse Verbindung mit dem ›Weltkörper‹ brachte. Durch die Kunst konnten wir eine uns entfremdete Welt in all ihrer reichen Vielfalt wiederfinden. Als eine von ihrem Wesen her kontemplative Daseinsform würde uns die Literatur nicht auf den Gedanken bringen, die Welt zu verändern, sondern uns lehren, sie als das zu ehren, was sie ist, und uns ihr mit unvoreingenommener Demut zu nähern.

Mit anderen Worten war der New Criticism die Ideologie einer entwurzelten, in die Defensive gedrängten Intelligenzija, die in der Literatur das neu erfand, was sie in der Realität nicht finden konnte. Die Poesie war eine neue Religion, ein nostalgischer Zufluchtsort vor der Entfremdung im Industriekapitalismus. Das Gedicht selbst war für eine rationale Erfassung ebenso unzugänglich wie Gott der Allmächtige selbst: es existierte als ein in sich selbst geschlossenes Objekt, auf mysteriöse Weise vollkommen in seiner Einzigartigkeit. Ein Gedicht war etwas, was nicht paraphrasiert, nicht in irgendeiner anderen Sprache als seiner eigenen ausgedrückt werden konnte: jedes seiner Teile war mit den anderen zu einer komplexen organischen Einheit verwoben, deren Verletzung eine Art Blasphemie darstellen würde. Für den amerikanischen New Criticism wie für I. A. Richards wurde der literarische Text mit Begriffen erfaßt, die man ›funktionalistisch‹ nennen könnte: genauso wie die amerikanische funktionalistische Soziologie ein ›konfliktfreies‹ Gesellschaftsmodell entwarf, in dem sich jedes Element jedem anderen ›anpaßte‹, so beseitigte das Gedicht im symmetrischen Zusammenspiel seiner verschiedenen Merkmale alle Spannungen, Unregelmäßigkeiten und Widersprüche. ›Kohärenz‹ und ›Integration‹ waren die Schlüsselbegriffe; aber wenn das Gedicht beim Leser auch eine bestimmte ideologische Haltung gegenüber der Welt hervorrufen sollte – grob gesagt eine kontemplativ-zustimmende –, konnte die Betonung der inneren Kohärenz nicht soweit gehen, daß das Gedicht vollkommen von der Wirklichkeit abgeschnitten wurde und auf wunderbare Weise um seine eigene, autonome Existenz kreiste. Deshalb war es notwendig, die Betonung der inneren Einheit des Textes mit einem Beharren darauf zu verbinden, daß eine solche Einheit in gewisser Weise mit der Welt ›korrespondiert‹. Der New Criticism vermied also mit anderen Worten ganz knapp, ein reinrassiger Formalismus zu werden, indem er ihn auf unbeholfene Weise durch eine Art Empirizismus abschwächte, – den Glauben, daß der Diskurs eines Gedichts die Realität irgendwie in sich ›enthielt‹.

Wenn das Gedicht wirklich zum Selbstzweck werden sollte, mußte der New Criticism es sowohl vom Autor als auch vom Leser abtrennen. I. A. Richards hatte naiv angenommen, daß ein Gedicht nicht mehr als ein transparentes Medium war, durch das wir psychologische Vorgänge im Autor beobachten konnten: Lesen hieß einfach die psychische Verfassung des Autors in unserem eigenen Denken wieder zu beleben. Die Mehrheit der traditionellen Literaturkritik vertritt diese Ansicht auch tatsächlich in der einen oder anderen Form. Große Literatur ist das Werk großer Geister, und ihr Wert liegt hauptsächlich darin, uns vertrauten Zugang zu ihren Seelen zu verschaffen. Eine solche Einstellung bringt mehrere Probleme mit sich. Zunächst reduziert sie die gesamte Literatur auf eine verdeckte Form von Autobiographie: wir lesen literarische Werke nicht als literarische Werke, sondern einfach nur als Möglichkeit, jemanden sozusagen aus zweiter Hand kennenzulernen. Weiterhin folgt aus einer solchen Ansicht, daß in literarischen Werken tatsächlich der Geist eines Autors zum ›Ausdruck‹ kommt, was kein besonders hilfreicher Ansatz für die Diskussion von *Rotkäppchen* oder bestimmter hochstilisierter höfischer Liebeslyrik zu sein scheint. Und selbst wenn ich bei der Lektüre von *Hamlet* Zugang zu Shakespeares Geist finde, was nützt dies, wenn der Text von *Hamlet* das einzige ist, was mir von seinem Geist zugänglich ist? Warum kann ich stattdessen nicht einfach sagen, ich lese *Hamlet*, da es außer dem Stück selbst keine weiteren Belege für sein Denken gibt? Unterschied sich das, was er im Sinne hatte, von dem, was er schrieb, und woher sollen wir das wissen? Wußte er selbst, was er sagen wollte? Sind Schriftsteller immer Herr über ihre Bedeutungen?

Der New Criticism brach kühn mit der Theorie der großen Geister und insistierte darauf, daß die Absichten eines Autors/einer Autorin, selbst wenn sie rekonstruiert werden könnten, für die Interpretation seines oder ihres Texts irrelevant wären. Auch dürften die emotionalen Reaktionen einzelner Leser/innen nicht mit der Bedeutung eines Gedichts verwechselt werden: das Gedicht bedeutete, was es bedeutete, ungeachtet der Wirkungsabsichten des Autors oder der subjektiven Gefühle, die der Leser daraus bezog (Wimsatt/Beardsley, »The Intentional Fallacy« und »The Affective Fallacy«, in: *The Verbal Icon*). Die Bedeutung war öffentlich und objektiv, der Sprache des literarischen Textes immanent und war keine Sache irgendeines mutmaßlichen geisterhaften Impulses im Kopf eines längst verstorbenen Autors oder der willkürlichen, persönlichen Bedeutung, die ein Leser den Worten zuschreiben mochte. Es sollte festgehalten werden, daß die Haltung des New Criticism zu diesen Fragen eng mit seinem Bestreben verbunden war, das

Gedicht in ein autarkes Objekt, so solide und faßlich wie eine Urne oder eine Ikone, zu verwandeln. Das Gedicht wurde mehr zu einer räumlichen Gestalt als zu einem Vorgang in der Zeit. Die Rettung des Textes von Autor und Leser ging Hand in Hand mit seiner Loslösung aus dem sozialen oder historischen Kontext. Natürlich mußte man wissen, was die Wörter des Gedichts für seine ursprünglichen Leser bedeutet hätten, aber diese ziemlich technische Art historischen Wissens war die einzig zulässige. Literatur war eine Lösung für soziale Probleme und nicht ein Teil davon; das Gedicht mußte von den Trümmern der Geschichte befreit und in eine erhabene Sphäre darüber erhoben werden.

Tatsächlich hat der New Criticism das Gedicht in einen Fetisch verwandelt. Hatte I. A. Richards den Text ›entmaterialisiert‹ und ihn auf ein durchsichtiges Fenster zur Psyche des Dichters reduziert, so ›rematerialisierte‹ ihn der amerikanische New Criticism ganz gehörig und machte ihn zu etwas, was weniger ein Bedeutungsprozeß als vielmehr etwas mit vier Ecken und einer Klinkerfassade zu sein schien. Die Ironie liegt darin, daß gerade die soziale Ordnung, gegen die solche Lyrik protestierte, voller solcher ›Verdinglichungen‹ war, die Menschen, Vorgänge und Institutionen in ›Dinge‹ verwandelte. Im New Criticism wurde das Gedicht, wie das Symbol in der Romantik, mit einer absoluten, mystischen Autorität ausgestattet, die keine rationale Auseinandersetzung zuließ. Wie die meisten bislang untersuchten Literaturtheorien war der New Criticism im Grunde ein reiner Irrationalismus, und zwar einer, der eng mit religiösen Dogmen (einige der führenden Literaturkritiker des New Criticism waren Christen) und mit der rechten ›Blut-und-Boden‹-Politik der Agrarierbewegung verbunden war. Damit soll jedoch nicht angedeutet werden, daß der New Criticism einer kritischen Analyse feindlich gegenüberstand. Während einige frühere Romantiker dazu neigten, sich in respektvollem Schweigen tief vor dem unergründlichen Geheimnis des Textes zu verbeugen, kultivierten die ›Neuen Kritiker‹ mit voller Absicht die härtesten und nüchternsten Methoden der kritischen Analyse. Der gleiche Impuls, der sie dazu brachte, auf dem ›objektiven‹ Status des Werkes zu bestehen, veranlaßte sie auch, ein streng ›objektives‹ Verfahren der Analyse voranzutreiben. Die für den New Criticism typische Bearbeitung eines Gedichts bietet eine stringente Untersuchung seiner verschiedenen ›Spannungen‹, ›Paradoxa‹ und ›Ambivalenzen‹ und zeigt, wie diese durch seine solide Struktur gelöst und integriert werden.

Wenn die Lyrik die neue organische Gesellschaft selbst sein sollte, die endgültige Antwort auf die Wissenschaft, den Materialismus und den Niedergang des ›ästhetischen‹, sklavenhalterischen Südens, dann konnte sie doch kaum einem kritischen Impressionismus oder einem aufgeweichten Individualismus überlassen werden.

Darüber hinaus kam der New Criticism in den Jahren auf, in denen die Literaturkritik in Nordamerika darum kämpfte, als eine ›professionelle‹, respektable akademische Disziplin ernstgenommen zu werden. Sein Inventar kritischer Verfahrensweisen stellte eine Möglichkeit dar, die harten Naturwissenschaften in einer Gesellschaft, in der diese Art Wissenschaft das vorherrschende Kriterium für Erkenntnis überhaupt darstellte, mit ihren eigenen Waffen zu bekämpfen. Nachdem sie ihre Existenz als humanistische Ergänzung oder Alternative zur technokratischen Gesellschaft begonnen hatte, fand sich die Bewegung dabei wieder, genau diese Technokratie in ihren eigenen Methoden zu reproduzieren. Der Rebell hatte sich in das Bild seines Herrn integriert und wurde im Laufe der 40er Jahre und 50er Jahre recht schnell vom akademischen Establishment vereinnahmt. Es dauerte nicht lange, und der New Criticism schien die natürlichste Sache der literaturkritischen Welt; es war wirklich schwierig, sich vorzustellen, daß es jemals etwas anderes gegeben haben könnte. Der lange Marsch von Nashville, Tennessee, der Heimat der ›Flüchtlinge‹, zu den Prestige-Universitäten der Ostküste war geschafft.

Es gab mindestens zwei gute Gründe, weshalb der New Criticism in den akademischen Institutionen gut absorbiert wurde. Erstens stellte er eine bequeme pädagogische Methode dar, um mit der wachsenden Zahl von Studenten fertig zu werden. Ein kurzes Gedicht auszuteilen, um den Studenten die Augen zu öffnen, war weniger mühsam, als ein Seminar zu den großen Romanen der Weltliteratur anzubieten. Zweitens erwies sich die Auffassung des New Criticism von einem Gedicht als einem empfindlichen Gleichgewicht zwischen einander widersprechenden Haltungen, als einer unparteiischen Versöhnung von gegensätzlichen Kräften, für die skeptischen Intellektuellen als äußerst attraktiv, die in den aufeinanderprallenden Dogmen des Kalten Krieges die Orientierung verloren hatten. Lyrik nach der Methode des New Criticism zu lesen bedeutet, nicht Stellung nehmen zu müssen: die Lyrik lehrte absolute Unvoreingenommenheit, eine heitere, spekulative, makellos unparteiische Zurückweisung von allem Speziellen im besonderen.

Sie führte weniger zur Auflehnung gegen den McCarthyismus oder zum Eintreten für die Bürgerrechte als vielmehr dazu, solche Spannungen als rein parteilich und ohne Zweifel durch ihr entsprechendes Gegenteil irgendwo anders auf der Welt harmonisch ausgewogen zu erleben. Mit anderen Worten wurde er so zum Rezept für politische Trägheit und damit für die Unterwerfung unter den politischen Status quo. Natürlich gab es Grenzen für diesen gütigen Pluralismus: mit den Worten von Cleanth Brooks war das Gedicht eine »Vereinigung von Haltungen in einer Hierarchie, deren Ordnung von einer übergeordneten Haltung bestimmt wurde« (*The Well Wrought Urn*, S. 189). Pluralismus war vollkommen in Ordnung, solange er die hierarchische Ordnung nicht störte; die verschiedenen Zufälligkeiten in der Gedichtstruktur konnten genossen werden, solange sichergestellt war, daß seine übergeordnete Struktur intakt blieb. Gegensätze konnten toleriert werden, solange sie zu guter Letzt harmonisch vereint werden konnten. Die Grenzen des New Criticism waren im wesentlichen die der liberalen Demokratie: nach John Crowe Ransom war das Gedicht »sozusagen wie ein demokratischer Staat, der den Zweck eines Staates erfüllt, ohne die Persönlichkeit seiner Bürger zu opfern« (*The New Criticism*, S. 54). Es wäre interessant zu erfahren, was die Sklaven der Südstaaten mit dieser Erklärung angefangen hätten.

Die Leser und Leserinnen werden bemerkt haben, daß in den Werken der zuletzt besprochenen Kritiker ›Literatur‹ unmerklich in ›Lyrik‹ überging. Der New Criticism und I. A. Richards befaßten sich nahezu ausschließlich mit Gedichten; T. S. Eliot schließt auch das Drama mit ein, nicht aber den Roman; F. R. Leavis beschäftigt sich mit dem Roman, untersucht ihn aber unter der Rubrik ›dramatisches Gedicht‹ – d. h. als alles andere denn als Roman. Tatsächlich rücken die meisten Literaturtheorien unbewußt eine bestimmte literarische Gattung in den Vordergrund und leiten ihre allgemeinen Aussagen davon ab. Es wäre interessant, diesen Prozeß durch die Geschichte der Literaturtheorie hindurch zu verfolgen und festzustellen, welche spezifische literarische Form jeweils als Paradigma gewählt wurde. Im Fall der modernen Literaturtheorie ist die Hinwendung zur Lyrik von besonderer Bedeutung. Denn Lyrik ist von allen literarischen Gattungen diejenige, die sich am offensichtlichsten vor der Geschichte verschließt, die, in der die Sensibilität in ihrer reinsten, am wenigsten gesellschaftlich verunreinigsten Form gelebt werden kann. Es wäre schwierig, *Tristram Shandy* oder *Krieg und Frieden* als straff durchorganisierte

Strukturen aus symbolischen Ambivalenzen zu begreifen. Sogar innerhalb der Lyrik waren die eben untersuchten Kritiker indessen auffällig wenig an dem interessiert, was man einfachheitshalber ›Gedanken‹ nennen könnte. T. S. Eliots Literaturkritik zeigt einen bemerkenswerten Mangel an Interesse daran, was literarische Werke eigentlich *aussagen*: seine Aufmerksamkeit ist nahezu ausschließlich auf die sprachlichen Eigenheiten, die Empfindungsweisen und die Beziehung zwischen Sprache und Erfahrung beschränkt. Ein ›Klassiker‹ ist für Eliot ein Werk, das aus einer Struktur allgemeiner Überzeugungen entspringt, aber welche Überzeugungen dies sind, ist weniger wichtig als die Tatsache, daß sie von allen geteilt werden. Sich mit Überzeugungen aufzuhalten, bedeutet für Richards wiederum ein echtes Hindernis für die literarische Würdigung: die intensiven Gefühle, die wir beim Lesen eines Gedichtes empfinden, mögen sich ja wie Überzeugungen anfühlen, aber dies ist nur ein weiterer Pseudo-Zustand. Nur F. R. Leavis entkommt diesem Fomalismus mit seiner Auffassung, daß die komplexe formale Einheit eines Werkes und ›seine ehrerbietige Offenheit gegenüber dem Leben‹ Facetten eines einzigen Prozesses sind. In der Praxis tendieren seine Arbeiten jedoch dazu, sich in die ›formale‹ Lyrikanalyse und die ›moralische‹ Kritik der erzählenden Gattung zu spalten.

Wie bereits erwähnt, wird der englische Kritiker William Empson manchmal zum New Criticism gezählt; tatsächlich ist es aber viel interessanter, ihn als einen erbarmungslosen Kritiker der Hauptdoktrinen desselben zu lesen. Was Empson als Vertreter des New Criticism erscheinen läßt, ist sein haarspalterischer Untersuchungsstil, der atemberaubende Scharfsinn, mit dem er immer feinere Nuancen der literarischen Bedeutung zu enthüllen vermag, aber dies alles im Dienste eines altmodischen Rationalismus, der der symbolistischen Esoterik eines Eliot oder Brooks zutiefst abhold war. In seinen wichtigsten Werken *Seven Types of Ambiguity* (1930), *Some Versions of Pastoral* (1935), *The Structure of Complex Words* (1951) und *Milton's God* (1961) verpaßt Empson dieser glühenden Frömmigkeit die kalte Dusche des englischen ›common sense‹, was sich schon in seinem absichtlich platten, unaufdringlichen, leichten und umgangssprachlichen Stil bemerkbar macht. Während der New Criticism den Text vom rationalen Diskurs und vom sozialen Kontext abschneidet, besteht Empson unverschämterweise darauf, Lyrik als eine Untergattung der ›normalen‹ Sprache zu behandeln, die sich rational paraphrasieren läßt, ein Äußerungstyp, der mit unserer normalen Sprech- und Handlungsweise zusammenhängt. Er ist ein unerschrockener ›Intentionalist‹, der miteinbezieht, was der Autor höchstwahrscheinlich meinte, und dies aufs großzügigste, anständigste und sehr englisch interpretiert. Weit davon entfernt, ein undurchsichtiges, verschlossenes Objekt zu sein, ist das Kunstwerk für Empson offen: es zu verstehen bedeutet nicht, die Strukturen der inneren sprachlichen Kohärenz zu erforschen, sondern vielmehr den allgemeinen Kontext zu erfassen, in dem die Wörter in der Gesellschaft verwendet werden, und solche Kontexte neigen immer mit großer Wahrscheinlichkeit dazu, nicht genau bestimmbar zu sein. Es ist interessant, die berühmten Mehrdeutigkeiten von Empson mit dem ›Paradoxon‹, der ›Ironie‹ und der ›Ambivalenz‹ des New Criticism zu vergleichen. Die letzteren Begriffe suggerieren die geschickte Vereinigung zweier gegensätzlicher, aber komplementärer Bedeutungen: im New Criticism ist das Gedicht eine festvertäute Struktur solcher Antithesen, die unser Bedürfnis nach Einheitlichkeit aber nie ernsthaft bedrohen, da sie immer in eine geschlossene Einheit aufgelöst werden können. Andererseits können die Ambiguitäten von Empson jedoch nie endgültig festgelegt werden: sie verweisen auf die Stellen, an denen die Sprache des Gedichts ins Stocken gerät, abschweift oder über sich hinaus weist, voller fruchtbarer Hinweise auf ein potentiell unerschöpfliches Bedeutungsumfeld. Während der Leser durch eine geschlossene Struktur von Ambivalenzen ausgegrenzt und auf passive Bewunderung beschränkt wird, fordert ihn ›Ambiguität‹ zu aktiver Teilnahme auf: eine Ambiguität, wie sie Empson definiert, ist »jede noch so geringfügige sprachliche Nuance, die Raum läßt für verschiedene Auffassungen derselben Textstelle« (*Seven Types of Ambiguity*, S. 1). Die Ambiguität wird durch die Leserreaktion hergestellt, und diese Reaktion hängt von mehr als nur dem Gedicht allein ab. Für I. A. Richards und den New Criticism ist die Bedeutung eines poetischen Wortes radikal ›kontextuell‹: sie ist eine Funktion der inneren sprachlichen Struktur. Für Empson trägt der Leser unvermeidbar ganze soziale Diskurskontexte, sinnstiftende, stillschweigende Annahmen an das Werk heran, die der Text in Frage stellen kann, mit denen er aber auch im Einklang steht. Empsons Poetik ist liberal, sozial und demokratisch. In all ihrer verwirrenden Eigenartigkeit entspricht sie wahrscheinlich eher den Sympathien und Erwartungen eines/r normalen Lesers/in als den technokratischen Methoden eines berufsmäßigen Literaturkritikers.

Wie alle Vertreter des englischen ›common sense‹ unterliegt auch Empson ernstzunehmenden Beschränkungen. Er ist ein Rationalist der Aufklärung alter Schule, dessen Vertrauen auf Anständigkeit, Vernunft, allgemeine menschliche Teilnahme und die allgemeine Natur des Menschen ebenso einnehmen wie mißtrauisch machen. Empson ist mit der ständigen selbstkritischen Erforschung der Kluft zwischen seiner eigenen intellektuellen Feinsinnigkeit und der einfachen allgemeinen menschlichen Natur befaßt: als ›pastoral‹ wird die Literaturgattung definiert, in der beide heiter nebeneinanderstehen können, obgleich niemals ohne sich ihrer Unvereinbarkeit angespannt und ironisch bewußt zu sein. Aber die Ironie Empsons und der von ihm favorisierten Form der Pastorale ist auch ein Anzeichen für einen tiefergehenden Widerspruch. Sie markiert das Dilemma des liberal eingestellten Intellektuellen der 20er und 30er Jahre, der sich des ungeheueren Ungleichgewichts zwischen einer nun hochspezialisierten literarischen Intelligenz und dem ›universellen‹ Anliegen der Literatur bewußt war, mit der sie sich befaßte. Ein derart verstörtes, ambiges Bewußtsein, das sich des Widerstreits zwischen der Verfolgung immer feinerer poetischer Nuancen und der wirtschaftlichen Depression bewußt ist, kann diese Verstrickung nur durch den Glauben an eine ›allgemeine Vernunft‹ lösen, die in Wirklichkeit weniger allgemein und viel mehr gesellschaftsabhängig sein kann, als es den Anschein hat. Die Pastorale entspricht nicht genau der organischen Gesellschaft Empsons: es ist vielmehr das Lockere und die Ungereimtheit der Form und nicht so sehr irgendeine ›vitale Einheit‹, die ihn anzieht, die ironische Gegenüberstellung von Adligen und Bauern, von Gebildeten und Einfachen. Aber nichtsdestotrotz stattet ihn die Pastorale mit einer Art imaginärer Lösung dringender historischer Probleme aus: das Problem der Beziehung des Intellektuellen zur ›allgemeinen Menschheit‹, der Beziehung zwischen tolerantem intellektuellen Skeptizismus und fordernderen Überzeugungen und der gesellschaftlichen Relevanz einer berufsmäßigen Literaturkritik für eine krisengeschüttelte Gesellschaft.

Empson sieht, daß die Bedeutungen eines literarischen Textes immer in gewisser Weise promiskuös sind und nie auf eine letztendliche Interpretation reduziert werden können; im Widerspruch zwischen seiner ›Ambiguität‹ und der ›Ambivalenz‹ des New Criticism finden wir eine Art von frühem Vorläufer der Debatte zwischen Strukturalisten und Poststrukturalisten, die noch zu behandeln sein wird. Gelegentlich wird in Empsons

Bemühen um die Intention des Autors auch ein gewisser Anklang an das Werk des deutschen Philosophen Edmund Husserl gesehen (Norris, S. 99, 100).

Als die nordamerikanische Gesellschaft sich über die 50er Jahre hinaus weiterentwickelte und in ihrer Denkweise immer stärker von Naturwissenschaft und Management geprägt wurde, schien eine ambitioniertere Form kritischer Technokratie als der New Criticism erforderlich. Er hatte seinen Zweck durchaus erfüllt, aber er war in gewissem Sinne zu bescheiden und auch zu speziell, um sich als strenge akademische Disziplin qualifizieren zu können. In seiner geradezu besessenen Konzentration auf den isolierten literarischen Text und seiner feinfühlig gepflegten Sensibilität hatte er die Tendenz entwickelt, eher strukturelle Aspekte der Literatur außer acht zu lassen. Was war aus der Literatur*geschichte* geworden? Gebraucht wurde eine Literaturtheorie, die einerseits den Hang des New Criticism zum *Formalismus* und seine verbissene Sichtweise von Literatur als einem ästhetischen Gegenstand und nicht als einer gesellschaftlichen Praxis bewahrte, während sie andererseits aus all dem etwas wesentlich Systematischeres und ›Wissenschaftlicheres‹ machte: Die Lösung erschien 1957 in Gestalt der mächtigen ›Totalisierung‹ aller literarischen Gattungen in der *Anatomy of Criticism* des Kanadiers Northrop Frye.

Frye war der Überzeugung, daß die Literaturkritik ein klägliches, unwissenschaftliches Durcheinander bildete, das fein säuberlich aufgeräumt werden mußte. Sie bestand aus subjektiven Werturteilen und eitlem Geschwätz und brauchte dringend die ordnende Kraft eines objektiven Systems. Dies war nach Fryes Ansicht deshalb möglich, weil die Literatur selbst ein solches System bildete. In Wirklichkeit war sie nicht einfach eine willkürliche Anordnung von über die Geschichte verstreuten Schriften; wenn man sie genau untersuchte, konnte man feststellen, daß sie bestimmten objektiven Gesetzen folgte, und die Literaturkritik konnte ihrerseits einen systematischen Charakter annehmen, indem sie diese Gesetze formulierte. Diese bestanden aus den verschiedenen Formen, Archetypen, Mythen und Gattungen, welche die Struktur aller literarischen Werke bildeten. Die gesamte Literatur wurzelte in den vier ›Erzählkategorien‹: der komischen, der romantischen, der tragischen und der ironischen, die man in ihrer jeweiligen Entsprechung zu den vier *mythoi* von Frühling, Sommer, Herbst und Winter sehen konnte. Auf diese Weise wurde es möglich, eine Theorie der literarischen Form zu entwerfen, wobei der Held im Mythos durch seine Art, in der Romanze durch seinen Rang über anderen steht, in den gehobenen Formen Tragödie und Epos andere, nicht aber seine Umgebung vom Rang her überragt, in den »niederen« Formen Komödie und Realismus uns allen gleichgestellt ist und in Satire und Ironie schließlich unter uns steht. Tragödie und Komödie können in hohe, niedere und ironische untergliedert werden; die Tragödie handelt von der menschlichen Isolation, die Komödie von der menschlichen Integration. Drei wiederkehrende Muster der Symbolik werden deutlich: das apokalyptische, das dämonische und das der Analogie. Das ganze System kann dann als zyklische Theorie der Literaturgeschichte in Bewegung gesetzt werden: die Literatur bewegt sich vom Mythos zur Ironie, um dann zum Mythos zurückzukehren, und 1957 befanden wie uns offensichtlich irgendwo in einer ironischen Phase mit deutlichen Anzeichen einer unmittelbar bevorstehenden Rückkehr zur mythischen.

Um sein literarisches System, das hier vielleicht etwas grob wiedergegeben wurde, zu etablieren, mußte Frye zuallererst die Werturteile beiseite räumen, die ja ohnehin nur subjektives Geschwafel sind. Wenn wir Literatur analysieren, sprechen wir von Literatur; wenn wir Literatur bewerten, sprechen wir von uns selbst. Ferner mußte das System sämtliche Geschichte außer der eigentlichen Literaturgeschichte verbannen: literarische Werke entstehen aus anderen literarischen Werken und nicht aus irgendwelchem anderen Material außerhalb des literarischen Systems. Der Vorteil von Fryes Theorie besteht somit darin, daß die Literatur ganz im Sinne des New Criticism von Geschichte unbefleckt bleibt, da sie als geschlossenes ökologisches Recycling von Texten gesehen wird; aber anders als der New Criticism findet sie in der Literatur eine *Ersatz*-Geschichte, weltumfassend und kollektiven Strukturen unterworfen wie die Geschichte selbst. Die Formen und Mythen der Literatur sind geschichtsüberschreitend und lassen damit die Geschichte in immer Gleiches oder in eine Serie sich wiederholender Variationen derselben Themen zusammenfallen. Damit das System überleben kann, muß es rigoros geschlossen bleiben: nichts darf von außen eindringen, da sonst seine Kategorien in Unordnung geraten könnten. Aus diesem Grund verlangt Fryes »wissenschaftlicher« Ansatz einen Formalismus reinster Form, noch strikter als der des New Criticism. Die Vertreter des New Criticism räumten immerhin ein, daß Literatur in einem gewissen, wichtigen Sinne erkenntnisbezogen sei, eine Art Weltwissen vermittle; Frye bestand darauf, daß Literatur eine »autonome verbale Struktur« darstelle, die von jeglichem Bezug auf irgendetwas außerhalb ihrer selbst völlig abgeschnitten sei, ein versiegeltes und nach innen gerichtetes Reich, das »Leben und Wirklichkeit in einem System verbaler Relationen enthält« (*Anatomy of Criticism*, S. 122). Das einzige, was das System jemals tut, ist, das Kartenspiel seiner symbolischen Einheiten neu zu mischen, wobei sich ihre Relationen untereinander, nicht aber ihr Verhältnis zur äußeren Realität verändert. Literatur hat nichts mit Realitätskenntnis zu tun, sondern stellt eine Art kollektiven utopischen Traumes dar, der seit den Anfängen der Geschichte andauert, einen Ausdruck jener fundamentalen menschlichen Bedürfnisse, die am Ausgangspunkt der Zivilisation selbst stehen, in ihr indessen niemals voll befriedigt werden können. Literatur darf nicht als Ausdruck des Ichs individueller Autoren gesehen werden, die ja nicht mehr sind als Funktionen dieses universellen Systems: sie wurzelt im kollektiven Subjekt der menschlichen Rasse selbst, und deshalb enthält sie auch »Archetypen« oder Figuren von universeller Bedeutung.

Fryes Werk betont die utopischen Wurzeln der Literatur deshalb so, weil es von einer tiefen Furcht vor der wirklichen sozialen Welt geprägt ist, einem Widerwillen gegen die reale Geschichte. In der Literatur, und nur dort, kann man die schäbigen »Äußerlichkeiten« der referentiellen Sprache abschütteln und ein geistiges Zuhause finden. Die *mythoi* der Theorie sind bezeichnenderweise prä-urbane Bilder von den Zyklen der Natur, nostalgische Erinnerungen an eine Zeit vor der Industrialisierung. Die reale Geschichte ist für Frye Fessel und Beschränkung, und der einzige Ort, wo wir frei sein können, bleibt die Literatur. Die Frage, was für eine Art von Geschichte wir wohl durchleben, damit eine solche Theorie auch nur im entferntesten überzeugen kann, ist es wert, gestellt zu werden.

Das Schöne an diesem Ansatz ist, daß er einen extremen Ästhetizismus mit den wirksamen Klassifikationen einer »Wissenschaftlichkeit« verbindet und solchermaßen die Literatur als eine imaginäre Alternative zur modernen Gesellschaft aufrechterhält, während er zugleich der Literaturkritik unter den Bedingungen eben dieser Gesellschaft zur Anerkennung verhilft. Er entfaltet einen bilderstürmerischen Eifer gegen literarisches Geschwafel und steckt jedes einzelne Werk mit der Effizienz eines Computers in das ihm zugeteilte mythologische Schubfach, vermengt das Ganze aber mit der romantischsten aller Sehnsüchte. In einer Hinsicht ist er verächtlich »anti-humanistisch«, indem er das individuelle menschliche Subjekt an den Rand drängt und das kollektive literarische System in den Mittelpunkt stellt; andererseits aber handelt es sich um das Werk eines engagierten Christen und Humanisten (Frye ist Geistlicher), für den die Dynamik, die Literatur und Gesellschaft in Bewegung hält – das menschliche Begehren –, letztlich nur im Reich Gottes seine Erfüllung finden wird.

Wie einige andere Literaturkritiker, von denen bereits die Rede war, bietet Frye die Literatur als eine Art Ersatzreligion an. Die Literatur wird zu einem wichtigen Linderungsmittel für das Versagen der religiösen Ideologie und versorgt uns mit den verschiedensten Mythen, die wir im gesellschaftlichen Leben brauchen. In *The Critical Path* (1971) stellt Frye die konservativen »Mythen der Beteiligung« den liberalen »Mythen der Freiheit« gegenüber und fordert die Herstellung eines Gleichgewichts zwischen den beiden: die autoritären Tendenzen des Konservativismus müssen durch die Mythen der Freiheit ausgeglichen werden, während ein konservativer Ordnungssinn die Tendenz des Liberalismus zu sozialer Verantwortungslosigkeit mildern muß. Worauf das mächtige mythologische System von Homer bis zum Reich Gottes schließlich hinausläuft, ist, kurz gesagt, eine Position irgendwo zwischen liberalem Republikaner und konservativem Demokraten. Der einzige Irrtum, so teilte Frye uns mit, ist der des Revolutionärs, der die Mythen der Freiheit naiv als historisch erreichbare Ziele fehlinterpretiert. Der Revolutionär ist einfach nur ein schlechter Kritiker, der den Mythos für die Wirklichkeit hält, so wie etwa ein Kind eine Schauspielerin für eine echte Märchenprinzessin halten mag. Es ist bemerkenswert, daß die Literatur, wie sehr sie auch von allen niederen Sorgen des Alltags entfernt ist, uns am Ende doch mehr oder weniger sagen kann, wie wir wählen sollen. Frye steht in der liberalen humanistischen Tradition Matthew Arnolds (1822 – 1888) und wünscht sich, wie er sagt, »eine klassenlose, freie und gebildete Gesellschaft«. Was er, wie vor ihm Arnold, mit »klassenlos« meint, läuft auf eine Gesellschaft hinaus, die seinen eigenen Mittelklasse-Werten umfassend zustimmt.

Fryes Werk könnte als »strukturalistisch« im weitesten Sinne bezeichnet werden, und bezeichnenderweise entstand es zur gleichen Zeit, zu der sich in Europa der »klassische« Strukturalismus ausbreitete. Wie schon der Name andeutet, befaßt sich der Strukturalismus mit Strukturen, genauer mit der Untersuchung der allgemeinen Gesetze, denen sie folgen. Wie Frye neigt er dazu, individuelle Phänomene auf bloße Beispielfälle für diese Gesetze zu *reduzieren*. Aber der eigentliche Strukturalismus enthält eine für ihn kennzeichnende Doktrin, die bei Frye nicht zu finden ist: die Überzeugung, daß die individuellen Einheiten eines Systems ihre Bedeutung nur kraft ihrer Relationen zueinander gewinnen. Dies ist keine Folge der einfachen Überzeugung, daß man die Dinge »strukturell« betrachten muß. Man kann ein Gedicht als »Struktur« untersuchen und dabei trotzdem jedes seiner Elemente als etwas behandeln, was auch für sich genommen mehr oder minder bedeutungsvoll ist. Vielleicht enthält das Gedicht eine bildliche Darstellung der Sonne und des Mondes, und man hätte Interesse daran, herauszufinden, wie diese beiden Bilder zusammenwirken, um eine Struktur zu erzeugen. Den Mitgliedsausweis des Strukturalismus bekommt man indessen erst, wenn man behauptet, daß die Bedeutung des einzelnen Bildes vollkommen von seiner Relation zum jeweils anderen abhängig ist. Die Bilder haben keine »eigentliche« Bedeutung, sondern eine »relationale«. Man braucht den Rahmen des Gedichtes nicht zu verlassen und auf sein Wissen über Sonnen und Monde zurückzugreifen; die Bilder erklären und definieren sich gegenseitig.

Ich will versuchen, dies an einem einfachen Beispiel zu verdeutlichen. Nehmen wir an, wir hätten eine Geschichte zu analysieren, in der ein Junge nach einem Streit mit dem Vater sein Zuhause verläßt, sich in der Mittagshitze auf den Weg in den Wald macht und in eine tiefe Grube fällt. Der Vater sucht nach seinem Sohn, sieht auch in der Grube nach, kann ihn aber wegen der Dunkelheit nicht sehen. In diesem Augenblick ist die Sonne an einem Punkt genau über den beiden angelangt, scheint mit ihren Strahlen bis auf den Grund der Grube und macht es dem Vater so möglich, sein Kind zu retten. Nach einer glücklichen Versöhnung kehren die beiden zusammen nach Hause zurück.

Dies ist vielleicht keine besonders fesselnde Erzählung, aber sie hat den Vorteil, einfach zu sein. Es ist klar, daß sie auf alle möglichen Arten interpretiert werden könnte. Ein psychoanalytischer Literaturkritiker könnte deutliche Hinweise auf den Ödipus-Komplex darin finden und aufzeigen, daß der Sturz in die Grube eine Strafe ist, die sich das Kind wegen des Bruchs mit dem Vater unbewußt wünscht, vielleicht eine Art symbolischer Kastration, oder aber eine symbolische Rückkehr in den Mutterschoß. Ein humanistischer Kritiker könnte sie als eine eindringliche Dramatisierung der Schwierigkeiten lesen, die implizit in allen menschlichen Beziehungen enthalten sind. Wieder ein anderer Kritiker könnte sie für ein erweitertes, ziemlich sinnloses Wortspiel mit den Wörtern ›Sohn‹/›Sonne‹ halten. Ein

Strukturalist würde indessen die Geschichte in einem Diagramm schematisieren. Die erste bedeutungstragende Sequenz, ›Junge streitet mit Vater‹, könnte in ›unten rebelliert gegen oben‹ übersetzt werden. Der Weg des Jungen durch den Wald stellt eine Bewegung auf der horizontalen Achse dar und könnte als ›Mitte‹ etikettiert werden. Der Sturz in die Grube, die sich ja unter der Oberfläche befindet, bedeutet wiederum ›unten‹, und der Stand der Sonne im Zenit ›oben‹. Indem sie in der Grube scheint, hat sich die Sonne in einem gewissen Sinne nach ›unten‹ hinabbegeben und damit die erste Sequenz der Erzählung umgekehrt, in der sich ›unten‹ gegen ›oben‹ erhoben hat. Die Versöhnung zwischen Vater und Sohn stellt das Gleichgewicht zwischen ›unten‹ und ›oben‹ wieder her, und der gemeinsame Weg nach Hause, der abermals ›Mitte‹ bedeutet, kennzeichnet dieses Erreichen eines akzeptablen Mittelzustandes. Mit stolzgeschwellter Brust ordnet der Strukturalist seine Lineale neu und greift nach der nächsten Geschichte.

Das Bemerkenswerte an dieser Art von Analyse ist, daß sie wie der Formalismus den eigentlichen *Inhalt* der Geschichte ausklammert und sich völlig auf die Form konzentriert. Man könnte Vater und Sohn, Sonne und Grube durch völlig andere Elemente ersetzen – Mutter und Tochter, Vogel und Maulwurf – und hätte immer noch *dieselbe* Geschichte vor sich. Solange die Struktur der *Beziehungen* zwischen den Einheiten erhalten bleibt, spielt es keine Rolle, welche einzelnen Elemente man einsetzt. Dies trifft für die psychoanalytische oder die humanistische Lesart des Textes nicht zu, die davon abhängen, daß alle diese Elemente eine *intrinsische* Bedeutung haben, für deren Verständnis wir bei unserem Wissen um die Welt außerhalb des Textes Zuflucht nehmen müssen. Natürlich ist die Sonne in einem bestimmten Sinne in jedem Fall oben und die Grube unten, und in dieser Hinsicht spielt der jeweils gewählte ›Inhalt‹ durchaus eine Rolle; aber wenn wir eine Erzählstruktur nehmen, die einen ›Vermittler‹ zwischen zwei Einheiten erfordert, so kann diese Funktion von allem möglichen, vom Heuschreck bis zum Wasserfall, erfüllt werden.

Die Beziehungen zwischen den verschiedenen Einheiten können die des Parallelismus, der Opposition, der Inversion, der Äquivalenz etc. sein; solange die Struktur der inneren Beziehungen erhalten bleibt, sind die einzelnen Einheiten austauschbar. Noch drei weitere Anmerkungen können zu dieser Methode gemacht werden. Zum einen spielt es für den Strukturalismus keine Rolle, daß diese Geschichte wohl kaum ein

Beispiel für große Literatur darstellt. Die Methode bleibt dem kulturellen Wert ihres Objektes gegenüber völlig gleichgültig: von *Krieg und Frieden* bis zum *Krieg der Sterne* ist ihr alles recht; sie ist analytisch und nicht wertend. Zum zweiten stellt der Strukturalismus einen kalkulierten Angriff auf den sogenannten gesunden Menschenverstand dar. Er weist die ›offensichtliche‹ Bedeutung einer Geschichte zurück und versucht statt dessen, gewisse ›Tiefenstrukturen‹ herauszuarbeiten, die an der Oberfläche nicht erkennbar sind. Er nimmt den Text nicht bei seinem Nennwert, sondern ›ent-stellt‹ ihn zu einem völlig andersartigen Gegenstand. Zum dritten: wenn die spezifischen Inhalte eines Textes austauschbar sind, kann man in einem bestimmten Sinne sagen, daß der ›Inhalt‹ des Textes seine Struktur ist. Dies ist gleichbedeutend mit der Behauptung, daß die Erzählung in gewisser Hinsicht von sich selber handelt: ihr ›Thema‹ sind ihre eigenen internen Beziehungen, ihre eigenen Formen der Sinngebung.

Als ein Versuch, die Methoden und Erkenntnisse des Begründers der modernen strukturellen Linguistik, Ferdinand de Saussure, auf die Literatur zu übertragen, kam der literarische Strukturalismus in den 60er Jahren zur Blüte. Da inzwischen viele populärwissenschaftliche Darstellungen von Saussures epochemachenden *Grundfragen der Allgemeinen Sprachwissenschaft* (1916) erhältlich sind, werde ich hier nur einige seiner zentralen Positionen skizzieren. Saussure sah die Sprache als ein System von Zeichen an, das ›synchronisch‹ – das heißt als ein vollständiges System zu einem gegebenen Zeitpunkt – und nicht so sehr ›diachronisch‹, in seiner historischen Entwicklung, untersucht werden sollte. Jedes Zeichen muß als die Verbindung aus einem ›Bezeichnenden‹ (einem Lautbild oder seiner graphischen Entsprechung) und einem ›Bezeichneten‹ (einer Vorstellung oder Bedeutung) gesehen werden. Die vier schwarzen Chiffren H-U-N-D bilden ein Bezeichnendes, die in einem deutschen Kopf das Bezeichnete ›Hund‹ aufrufen. Die Beziehung zwischen Bezeichnendem und Bezeichnetem ist willkürlich gewählt; außer der kulturellen und historischen Übereinkunft gibt es keinen eigentlichen Grund, warum diese vier Chiffren ›Hund‹ bedeuten sollten: man halte das französische *chien* dagegen. Die Beziehung zwischen dem Zeichen als Ganzes und dem, worauf es sich bezieht (was Saussure die ›Sache‹ nennt, das reale, haarige, vierbeinige Geschöpf), ist daher also willkürlich. Jedes Zeichen innerhalb des Systems gewinnt seine Bedeutung nur kraft seiner Verschiedenheit von anderen.

›Hund‹ hat nicht schon ›in sich selbst‹ eine Bedeutung, sondern weil es eben nicht ›Mund‹, ›rund‹ oder ›Hand‹ lautet. Es spielt keine Rolle, in welcher Weise sich das Bezeichnende verändert, solange es seine Verschiedenheit von allen anderen Bezeichnenden behält; es kann ganz unterschiedlich ausgesprochen werden, solange dieser Unterschied erhalten bleibt. »Alles [. . .] läuft darauf hinaus«, schreibt Saussure, »daß es in der Sprache nur Verschiedenheiten gibt«: die Bedeutung ist dem Zeichen nicht auf geheimnisvolle Weise immanent, sondern sie ist funktional, das Ergebnis seiner Verschiedenheit von anderen Zeichen. Endlich glaubte Saussure, daß sich die Linguistik in einem hoffnungslosen Durcheinander verlieren würde, wenn sie sich mit der aktuellen Rede – er nennt sie *parole* – befassen wollte. Sein Interesse war nicht, zu untersuchen, was die Menschen tatsächlich sagen; er beschäftigte sich mit der objektiven Struktur der Zeichen, die ihre Rede überhaupt erst möglich machte und die er *langue* nannte. Auch befaßte sich Saussure nicht mit den realen Objekten, über die die Menschen sprechen: um die Sprache erfolgreich untersuchen zu können, müssen die Referenten der Zeichen, also die Sachen, auf die sie sich jeweils beziehen, ausgeklammert werden.

Strukturalismus im weiteren Sinne stellt einen Versuch dar, diese linguistische Theorie auf Objekte und Tätigkeiten außerhalb der eigentlichen Sprache zu übertragen. Man kann einen Mythos, einen Ringkampf, das Verwandtschaftssystem eines Stammes, eine Speisekarte oder auch ein Ölgemälde als ein System von Zeichen auffassen, und eine strukturalistische Analyse wird versuchen, die zugrundeliegende Serie von Gesetzmäßigkeiten herauszuarbeiten, nach denen sich diese Zeichen zu Bedeutungen zusammenfügen. Sie wird das, was durch die Zeichen eigentlich ›ausgesagt‹ wird, weitgehend außer Acht lassen, und sich statt dessen auf die innere Beziehung der Zeichen zueinander konzentrieren. Strukturalismus ist, wie Fredric Jameson es ausgedrückt hat, ein Versuch, »alles unter linguistischen Gesichtspunkten noch einmal neu zu durchdenken.« (*The Prison-House of Language*, S. vii) Er ist ein Symptom für die Tatsache, daß die Sprache mit ihren Problemen, Geheimnissen und Implikationen sowohl zum Paradigma als auch zur Obsession des intellektuellen Lebens im 20. Jahrhundert geworden ist.

Saussures linguistische Sichtweise beeinflußte den russischen Formalismus, obgleich der Formalismus selber nicht wirklich ein Strukturalismus ist. Zwar sieht er literarische Texte ›strukturell‹ und stellt die Berücksichtigung des Referenten zugunsten der Untersuchung des Zeichens selbst zurück, aber er hat kein besonderes Interesse an der Bedeutung als Ergebnis von Verschiedenheiten und in den meisten seiner Werke auch nicht an den ›Tiefen‹-Gesetzen und -Strukturen, die literarischen Texten zugrundeliegen. Dennoch war es einer der russischen Formalisten – der Linguist Roman Jakobson –, der die wichtigsten Verbindungen zwischen dem Formalismus und dem zeitgenössischen Strukturalismus herstellte. Jakobson stand an der Spitze des Moskauer Linguistischen Kreises, einer 1915 gegründeten Gruppe von Formalisten. 1920 siedelte er nach Prag über, wo er zu einem der Haupttheoretiker des tschechischen Strukturalismus wurde. Der Prager Linguistische Kreis wurde 1926 gegründet und bestand bis zum Ausbruch des 2. Weltkrieges. Später emigrierte Jakobson abermals, diesmal in die Vereinigten Staaten, wo er während des 2. Weltkrieges mit den französischen Anthropologen Claude Lévi-Strauss zusammentraf. Es entstand eine intellektuelle Beziehung, aus der sich ein großer Teil des modernen Strukturalismus entwickeln sollte.

Jakobsons Einfluß findet sich überall im Formalismus, im tschechischen Strukturalismus und in der modernen Linguistik. Was er insbesondere zur Poetik, die er als Teilgebiet der Linguistik betrachtete, beitrug, war der Gedanke, daß das ›Poetische‹ vor allem anderen darin bestand, daß Sprache in eine bestimmte, sich ihrer selbst bewußte Beziehung zu sich selbst gesetzt wurde. Die poetische Funktion der Sprache ›richtet das Augenmerk auf die Spürbarkeit der Zeichen‹ und lenkt die Aufmerksamkeit eher auf ihre materiellen Eigenschaften, als daß sie die Zeichen einfach als kommunikatives Spielgeld verwendet. Im ›Poetischen‹ ist das Zeichen von seinem Objekt getrennt: die normale Beziehung zwischen Zeichen und Referenten ist gestört, und dadurch wird dem Zeichen eine gewisse Unabhängigkeit als eigenständiges Wertobjekt zuteil. An jeder Kommunikation sind für Jakobson sechs Komponenten beteiligt: ein Sender, ein Empfänger, eine Botschaft, die zwischen ihnen vermittelt wird, ein gemeinsamer Code, der die Botschaft verstehbar macht, ein ›Kontakt‹ oder ein physisches Kommunikationsmedium und ein ›Kontext‹, auf den sich die Botschaft bezieht. In einem gegebenen Kommunikationsakt kann jeweils eine einzelne dieser Komponenten dominieren: vom Standpunkt des Senders aus gesehen ist die Sprache ›emotiv‹ und drückt eine subjektive Befindlichkeit aus; vom Standpunkt des Empfängers aus ist sie ›konativ‹ oder zielt auf ein Ergebnis; wenn die Kommunikation den Kontext betrifft, ist sie ›referentiell‹, wenn sie auf den Code selbst Bezug nimmt, ist sie ›metasprachlich‹ (etwa wenn zwei Personen darüber sprechen, ob sie einander verstehen), und Kommunikation, die den Kontakt selbst zum Ziel hat, ist ›phatisch‹ (z. B. ›Na, jetzt sitzen wir ja endlich zusammen und plauschen‹). Die ›poetische‹ Funktion überwiegt dann, wenn sich die Kommunikation auf die Botschaft konzentriert – wenn die Worte selbst und nicht, was in welcher Situation von wem und zu welchem Zweck gesagt wird, im Vordergrund unserer Aufmerksamkeit stehen (Jakobson, in: Sebeok).

Jakobson legt großen Wert auf die Unterscheidung zwischen Metapher und Metonymie, die schon bei Saussure angelegt ist. In der Metapher wird ein Zeichen durch ein anderes *ersetzt*, dem es in irgendeiner Weise ähnlich ist: ›Leidenschaft‹ wird zu ›Flamme‹. In der Metonymie ist ein Zeichen mit einem anderen *assoziiert:* ›Tragfläche‹ ist mit ›Flugzeug‹ assoziiert, weil sie einen Teil desselben bildet, und ›Himmel‹ mit ›Flugzeug‹ infolge der räumlichen Nähe. Wir können Metaphern bilden, da wir über eine Serie von ›äquivalenten‹ Zeichen verfügen. ›Leidenschaft‹, ›Flamme‹, ›Liebe‹, etc. Wenn wir sprechen oder schreiben, wählen wir aus einem Bereich möglicher Äquivalente einzelne Zeichen aus und verbinden sie dann zu Sätzen. In der Lyrik richten wir unsere Aufmerksamkeit indessen nicht nur beim Vorgang der Wortwahl, sondern gerade auch bei dem der Wort*verbindung* auf die ›Äquivalenzen‹: wir reihen Wörter aneinander, die semantisch, rhythmisch, phonetisch oder auf eine andere Weise äquivalent sind. In seiner berühmten Definition kann Jakobson daher sagen: »Die poetische Funktion projiziert das Prinzip der Äquivalenz von der Achse der Selektion auf die Achse der Kombination.« (in: Sebeok, S. 358). Anders ausgedrückt bedeutet das, daß im Poetischen »die Äquivalenz zum konstitutiven Verfahren der Sequenz erhoben wird«. Worte werden nicht einfach um der von ihnen ausgedrückten Gedanken willen aneinandergereiht, wie dies in der normalen Rede der Fall ist, sondern im Hinblick auf Muster von Ähnlichkeit, Opposition, Parallelismus etc., die durch ihren Klang, ihre Bedeutung, ihren Rhythmus und ihre Konnotation geschaffen werden. Einige literarische Formen – so etwa die Prosa des Realismus – neigen eher zur Metonymie und verbinden Zeichen durch ihre Assoziationen miteinander; andere, wie die romantische und die symbolistische Lyrik, sind hochmetaphorisch (Jakobson/Halle, *Grundlagen der Sprache*).

Die Prager Lingustische Schule – Jakobson, Jan Mukařovský, Felix Vodička und andere – repräsentiert eine Art Übergangsstadium vom Formalismus zum modernen Strukturalismus. Sie arbeitete die Gedanken des Formalismus weiter aus, systematisierte sie aber stärker im Rahmen der Saussureschen Lingustik. Gedichte galten als ›funktionale Strukturen‹, in denen Bezeichnetes und Bezeichnendes einem einzelnen, komplexen System von Relationen unterliegen. Diese Zeichen mußten innerhalb ihres Gültigkeitsbereiches und nicht als Widerspiegelungen einer externen Realität untersucht werden: Saussures nachdrückliche Betonung des Umstandes, daß die Beziehungen zwischen Zeichen und Referent, Wort und Sache willkürlich sind, erwies sich als hilfreich, um den Text aus seiner Umgebung zu lösen und ihn zu einem autonomen Objekt zu erheben. Dennoch stand das literarische Werk durch die formalistische ›Verfremdungs‹-Konzeption noch in Beziehung zur realen Welt: Kunst verfremdet und untergräbt konventionelle Zeichensysteme und zwingt uns, unsere Aufmerksamkeit auf den materiellen Prozeß der Sprache selbst zu richten, wodurch sie uns zu neuen Wahrnehmungen befähigt. Indem wir Sprache nicht mehr als etwas Selbstverständliches ansehen, verändern wir gleichzeitig unser Bewußtsein. In stärkerem Maße als die Formalisten bestanden die tschechischen Strukturalisten indesssen auf der strukturellen Einheit des Werkes: seine Elemente mußten als Funktionen eines dynamischen Ganzen begriffen werden, wobei eine bestimmte Textebene (in der Terminologie der Prager Schule die ›dominante‹) jeweils einen entscheidenden Einfluß auf alle anderen ausübt, die sie ›deformiert‹ oder in ihren eigenen Geltungsbereich hinüberzieht.

Bis jetzt mag es so klingen, als seien die Prager Strukturalisten nicht viel mehr als eine wissenschaftliche Version des New Criticism, und in dieser Vermutung steckt auch durchaus ein Körnchen Wahrheit. Aber auch wenn das Kunstwerk als geschlossenes System gesehen wird: was als Kunstwerk gilt, hängt von sozialen und historischen Bedingungen ab. Nach Jan Mukařovský wird ein Kunstwerk nur vor einem allgemeineren Hintergund von Bedeutungssystemen als solches wahrgenommen, nur als eine systematische ›Abweichung‹ von der linguistischen Norm; wenn sich dieser Hintergrund verändert, verändert sich entsprechend auch die Interpretation und Bewertung des Werkes bis zu einem Punkt, an dem es möglicherweise gar nicht mehr als Kunstwerk wahrgenommen wird. Es gibt nichts, so argumentiert Mukařovský in »Die ästhetische Funktion, die ästhetische Norm und der ästhetische Wert als soziale Fakten« (1936, dt. 1970), was eine ästhetische Funktion besitzt, die von Raum, Zeit oder der urteilenden Person unabhängig wäre, und es gibt auch nichts, was nicht unter den geeigneten Bedingungen eine solche Funktion annehmen könnte. Mukařovský unterscheidet zwischen dem ›materiellen Artefact‹, also dem realen Buch, Bild oder der Skulptur selbst, und dem ›ästhetischen Objekt‹, das nur als menschliche Interpretation des realen Gegenstandes existiert.

Mit dem Werk der Prager Schule verschmilzt der Begriff ›Strukturalismus‹ mehr oder weniger mit dem Wort ›Semiotik‹. ›Semiotik‹ oder auch ›Semiologie‹ bezeichnet die systematische Untersuchung von Zeichen; und genau dies ist es auch, was der literarische Strukturalismus in Wirklichkeit tut. Das Wort ›Strukturalismus‹ selbst verweist auf eine Untersuchungs*methode*, die auf eine ganze Reihe von Objekten, von Fußballspielen bis zu ökonomischen Produktionsweisen, angewendet werden kann; ›Semiotik‹ bezeichnet eher ein spezielles Untersuchungs*gebiet*, nämlich das Gebiet von Systemen, die in einem alltäglichen Sinne als Zeichen angesehen würden: Gedichte, Vogelrufe, Verkehrsampeln, Krankheitssymptome etc. Aber die beiden Begriffe überschneiden sich, zumal der Strukturalismus Dinge als Zeichensysteme betrachtet, die normalerweise nicht als solche angesehen werden – die Verwandtschaftsbeziehungen von Stammesgemeinschaften zum Beispiel –, während die Semiotik sich gewöhnlich strukturalistischer Methoden bedient.

Der amerikanische Begründer der Semiotik, der Philosoph Ch. S. Pierce, unterscheidet drei grundlegende Arten von Zeichen. Zum einen gibt es das ›ikonische‹ Zeichen, das in irgendeiner Weise dem Objekt ähnlich ist, für das es steht (zum Beispiel die Fotografie eines Menschen); ferner das ›indexikalische‹ Zeichen, das in irgendeiner Weise mit dem verbunden ist, wofür es Zeichen ist (Rauch mit Feuer, rote Flecken mit Masern), und schließlich das ›symbolische‹ Zeichen, das wie das Saussurresche nur willkürlich oder konventionell mit seinem Referenten verbunden ist. Die Semiotik greift diese und viele andere Klassifikationen auf: sie unterscheidet zwischen ›Denotation‹ (das, wofür ein Zeichen steht) und ›Konnotation‹ (andere Zeichen, die mit ihm assoziiert sind); zwischen den verschiedenen Codes (den regelgelenkten Strukturen, die Bedeutung hervorbringen) und den durch sie vermittelten Botschaften; zwischen dem ›Paradigma‹ (einer ganzen Klasse von Zeichen, von denen eines das andere ersetzen kann) und dem ›Syntagma‹ (in dem die Zeichen in einer ›Kette‹ miteinander verknüpft sind). Die Semiotik spricht von ›Metasprachen‹, in denen ein Zeichensystem ein anderes Zeichensystem bezeichnet (eine solche Beziehung liegt beispielsweise zwischen Literatur und Literaturwissenschaft vor), von ›Polysemenen‹, die mehr als eine Bedeutung haben, und von vielen anderen technischen Begriffen. Um zu sehen, wie diese Art Analyse in der Praxis aussieht, wollen wir uns kurz mit dem Werk des führenden sowjetischen Semiotikers aus der sogenannten Schule von Tartu, Jurij Lotman, befassen.

In seinen Werken *Die Struktur literarischer Texte* (1973) und *Die Analyse des poetischen Textes* (1972) betrachtet Lotman den poetischen Text als ein vielschichtiges System, in dem die Bedeutung vollkommen kontextabhängig ist und durch Serien von Ähnlichkeiten und Oppositionen determiniert wird. Unterschiede und Parallelitäten im Text sind ihrerseits relative Begriffe und können nur in ihrem Verhältnis zueinander wahrgenommen werden. In der Lyrik wird das, was bezeichnet wird, vom Wesen des Bezeichnenden bestimmt, von den Laut- und Rhythmusmustern, die durch die Chiffren auf dem Papier entstehen. Ein poetischer Text ist ›semantisch gesättigt‹, in ihm ist mehr ›Information‹ verdichtet als in jedem anderen Diskurs; aber während für die moderne Kommunikationstheorie im allgemeinen ein Zuwachs an ›Information‹ zu einem Minus an ›Kommunikation‹ führt (da ich nicht all die Informationen, die man mir so kondensiert verabreicht, verarbeiten kann), gilt dies nicht für die Lyrik mit ihrer einzigartigen Form der internen Organisation. Lyrik enthält nur ein Minimum an ›Redundanz‹ – also nur ein Minimum jener Zeichen, die in einem Diskurs enthalten sind, um die Kommunikation zu erleichtern, und nicht so sehr, um Information zu vermitteln – und ist dennoch in der Lage, eine reichhaltigere Serie von Botschaften zu übermitteln als jede andere Form von Sprache. Gedichte sind dann schlecht, wenn sie nicht genügend Information enthalten, denn, so Lotman, ›Information ist Schönheit‹. Jeder literarische Text besteht aus einer Anzahl von ›Systemen‹ (einem lexikalischen, graphischen, metrischen, phonologischen etc.) und bezieht seine Wirkung aus dem ständigen Aufeinanderprallen und den Spannungen zwischen diesen Systemen. Jedes dieser Systeme repräsentiert letztendlich eine ›Norm‹, von der die anderen abweichen, erstellt einen Code von Erwartungen, die von den anderen durchbrochen werden. So schafft etwa das Metrum ein bestimmtes Muster, das von der Syntax des Gedichtes zerstükkelt und verletzt werden kann. Auf diese Weise ›verfremdet‹ jedes einzelne System des Textes die jeweils anderen, bricht ihre Regeln auf und belebt sie durch Abwechslung neu. Unsere Wahrnehmung beispielsweise der grammatischen Struktur des Gedichtes kann uns seine Bedeutung stärker bewußt machen. Gerade in dem Augenblick, in dem eine der Strukturen des Gedichts Gefahr läuft, zu vorhersagbar zu werden, wird sie von einer anderen aufgebrochen und damit zugleich zu neuem Leben erweckt. Wenn zwei Wörter wegen ihres ähnlichen Klanges oder auf Grund ihrer Stellung im metrischen System miteinander verbunden sind, so ruft dies eine um so größere Aufmerksamkeit für ihren Bedeutungsunterschied hervor. Das literarische Werk bereichert und verändert die bloße lexikalische Bedeutung ständig, indem es durch den Zusammenprall und die Verdichtung seiner verschiedenen ›Ebenen‹ neue Bedeutungen generiert. Und da zwei völlig beliebige Wörter stets auf der Grundlage irgendwelcher einander entsprechender Merkmale miteinander verglichen werden können, ist diese Möglichkeit mehr oder minder unbegrenzt. Jedes Wort im Text ist durch eine ganze Reihe formaler Strukturen mit mehreren anderen Wörtern verbunden; damit ist seine Bedeutung immer ›überdeterminiert‹, immer das Ergebnis mehrerer verschiedener Determinanten, die zusammenwirken. Ein einzelnes Wort kann mit einem der anderen durch Assonanz, mit einem zweiten durch syntaktische Gleichwertigkeit, mit einem dritten durch morphologischen Parallelismus etc. verbunden sein. So hat jedes Zeichen an mehreren verschiedenen ›paradigmatischen Schemata‹ oder Systemen gleichzeitig teil, und diese Komplexität wird durch die ›syntagmatischen‹ Ketten der Verbindung noch weiter erhöht, durch die eher ›lateralen‹ als ›vertikalen‹ Strukturen, in denen das Zeichen seinen Platz hat.

Der poetische Text ist für Lotman somit ein ›System von Systemen‹, eine Relation von Relationen. Er ist die komplizierteste vorstellbare Diskursform; er verdichtet auf kleinstem Raum mehrere Systeme, deren jedes seine eigenen Spannungen, Parallelismen, Wiederholungen und Oppositionen beinhaltet, und von denen jedes ständig alle anderen modifiziert. Tatsächlich kann ein Gedicht nie gelesen, sondern nur wieder-gelesen werden, da einige seiner Strukturen nur im Rückblick wahrgenommen werden können. Die Lyrik aktiviert die gesamte Kraft des Bezeichnenden, zwingt das Wort unter dem hohen Druck der umgebenden Wörter zu äußerster Anstrengung und zugleich dazu, sein gesamtes Potential zu entfalten. Was auch immer es ist, was wir im Text wahrnehmen, wir nehmen es nur durch Kontrast und Verschiedenheit wahr: ein Element, das keine Verschiedenheitsbeziehungen zu einem anderen besäße, bliebe unsichtbar. Sogar die *Abwesenheit* bestimmter Merkmale kann eine Bedeutung herstellen: wenn die Codes, die das Werk schafft, bei uns die Erwartung eines Rhythmus oder eines Happy-Ends hervorrufen, das dann nicht eintritt, so kann dieses ›Minusverfahren‹, wie Lotman es nennt, eine ebenso wirksame Bedeutungseinheit sein wie jede andere. Tatsächlich weckt und enttäuscht das literarische Werk in einem komplexen Wechselspiel von Regel und Zufall, Normen und Abweichungen, Schablonen und Verfremdungen immer wieder unsere Erwartungen.

Trotz dieses einzigartigen verbalen Reichtums ist Lotman nicht der Ansicht, daß Poesie oder Literatur anhand ihrer inhärenten sprachlichen Eigenschaften interpretiert werden könnten. Die Bedeutung eines Textes ist nicht einfach eine textimmanente Angelegenheit, sondern sie ist zugleich Bestandteil der Beziehung des Textes zu umfassenderen Bedeutungssystemen, zu anderen Texten, Codes oder Normen in der Literatur wie in der Gesellschaft als Gesamtheit. Auch steht seine Bedeutung im Verhältnis zum ›Erwartungshorizont‹ des Lesers: Lotman hat die Lehren der Rezeptionstheorie sehr wohl beherzigt. Die Leser/innen sind es, die mittels bestimmter ›Rezeptionscodes‹, die ihnen zur Verfügung stehen, ein Element im Werk als ›Verfahren‹ identifizieren; das Verfahren ist nicht einfach ein interner Wesenszug, sondern einer, der durch einen speziellen Code und auf einem gegebenen Texthintergrund wahrgenommen wird. Was für den einen ein poetisches Verfahren ist, mag für den anderen alltäglicher Sprachgebrauch sein.

Aus all dem wird deutlich, daß die Literaturwissenschaft seit jenen Tagen, da wenig mehr von uns verlangt wurde, als vor der Schönheit der Bildersprache zu erbeben, einen weiten Weg zurückgelegt hat. Tatsächlich repräsentiert die Semiotik eine Literaturkritik, die durch die strukturelle Linguistik umgeformt und in ein genaueres und weniger impressionistisches Unterfangen verwandelt wurde, das, wie Lotmans Werk bezeugt, für den Reichtum von Form und Sprache eher mehr denn weniger empfänglich ist als die meisten traditionellen Formen der Literaturwissenschaft. Aber wenn der Strukturalismus die Analyse der Lyrik verändert hat, so hat er auch die Analyse der erzählenden Gattung revolutioniert. Tatsächlich hat er eine ganz neue literaturwissenschaftliche Disziplin – die Narratologie – geschaffen, deren einflußreichste Vertreter der Litauer A. J. Greimas, der Bulgare Tzvetan Todorov und die französischen Literaturwissenschaftler Gérard Genette, Claude Bremond und Roland Barthes sind. Die moderne strukturalistische Analyse der Erzählung nahm mit den mythologischen Pionierarbeiten des französischen strukturalistischen Anthropologen Claude Lévi-Strauss ihren Anfang, der scheinbar verschiedene Mythen als Variationen einer Anzahl grundlegender Themen ansah. Unter der Oberfläche der immensen Heterogenität der Mythen gibt es für ihn bestimmte universelle Strukturen, auf die jeder einzelne Mythos zurückgeführt werden kann. Mythen sind eine Art Sprache; sie können in einzelne Einheiten (›Mytheme‹) aufgelöst werden, die ähnlich den grundlegenden lautlichen Einheiten der Sprache (›Phoneme‹) nur dann eine Bedeutung annehmen, wenn sie in bestimmter Weise miteinander kombiniert werden. Die Regeln, nach denen solche Kombinationen erfolgen, können dann als eine Art Grammatik angesehen werden, als ein Beziehungssystem unter der Oberfläche der Erzählung, das die eigentliche ›Bedeutung‹ des Mythos hervorbringt. Diese Relationen sind für Lévi-Strauss dem menschlichen Denken selbst inhärent, so daß die Untersuchung eines konkreten Mythos weniger einem Blick auf seinen erzählerischen Gehalt als vielmehr auf die universellen Operationen gleichkommt, durch die er strukturiert wird. Um diese mentalen Operationen, also etwa die Erstellung binärer Oppositionen, geht es im Grunde im Mythos: die Mythen bilden Denkmuster, Wege zur Klassifikation und Organisation der Wirklichkeit; dies, und nicht so sehr die Nacherzählung einer bestimmten Geschichte, ist ihr Zweck. Nach Lévi-Strauss kann dasselbe von totemischen und Verwandtschafts-Beziehungen gesagt werden, die nicht so sehr soziale und religiöse Institutionen als vielmehr kommunikative Netze darstellen, Codes, welche die Übermittlung von ›Botschaften‹ ermöglichen. Der Geist, der all dies denkt, ist nicht der des individuellen Subjekts: Mythen denken sich selbst, durch die Menschen, und nicht umgekehrt. Sie haben ihren Ursprung nicht in einem bestimmten einzelnen Bewußtsein, und sie haben auch kein bestimmtes Ziel. Eines der Ergebnisse des Strukturalismus ist damit die ›Dezentrierung‹ des individuellen Subjekts, das nicht länger als Quelle und Endpunkt der Bedeutung angesehen werden kann. Die Existenz der Mythen ist quasi-objektiv und kollektiv, sie entfalten ihre ›konkrete Logik‹ unter äußerster Mißachtung der Launen des individuellen Denkens und reduzieren das individuelle Bewußtsein zu einer bloßen Funktion ihrer selbst.

Die Narratologie überträgt dieses Modell jenseits des ungeschriebenen ›Textes‹ der Stammesmythologie auf andere Arten von Geschichten. Der russische Formalist Vladimir Propp hatte mit seiner *Morphologie des Märchens* (1928/dt. 1975), in der er sämtliche Volksmärchen kurzerhand auf sieben ›Handlungskreise‹ und einunddreißig festgelegte Elemente oder ›Funktionen‹ reduziert, bereits einen vielversprechenden Anfang gemacht. Jedes einzelne Märchen verbindet einfach auf bestimmte Weise diese ›Handlungskreise‹ (den Helden, den Helfer, den Gegenspieler, die gesuchte Gestalt etc.). So drastisch ökonomisch dieses Modell auch war, es konnte doch noch weiter reduziert werden. A. J. Greimas' *Strukturaler Semantik* (1966/dt. 1971), der Propps Schema immer noch zu empirisch ist, gelingt es, dessen Darstellung durch das Konzept des ›Aktanten‹, der weder eine spezifische Erzählform noch eine Person, sondern eine strukturelle Einheit ist, noch weiter zu abstrahieren. Die sechs Aktanten Subjekt und Objekt, Adressant und Adressat, Adjuvant und Opponent fassen Propps verschiedene Handlungskreise zusammen und bringen sie elegant auf einen noch einfacheren Nenner. Tzvetan Todorov versucht eine ähnlich gelagerte ›grammatische‹ Analyse von Boccaccios *Dekameron*, in der die Personen als Substantive, ihre Eigenschaften als Adjektive und ihre Handlungen als Verben aufgefaßt werden. Jede einzelne Geschichte des *Dekameron* kann dann als eine Art ausgedehnter Satz gelesen werden, der diese Elemente in jeweils unterschiedlicher Weise verbindet. Das Werk handelt schließlich von seiner eigenen quasi-linguistischen Struktur, ganz so, wie für den Strukturalismus jedes literarische Werk, indem es dem Anschein nach eine äußere Wirklichkeit beschreibt, einen heimlichen Seitenblick auf seine eigenen Konstruktionsprozesse wirft. Am Ende durchdenkt der Strukturalismus nicht nur alles noch einmal neu, indem er es als Sprache ansieht; er durchdenkt alles so, als sei stets die Sprache der eigentliche Gegenstand.

Um unseren Überblick über die Narratologie abzurunden, wollen wir schließlich noch einen Blick auf das Werk Gérard Genettes werfen. In seinem *Discours du récit* (1972) unterteilt Genette die Erzählung in ›récit‹, womit er die Ereignisfolge im Text meint, in ›histoire‹, die Reihenfolge, in der die Ereignisse nach dem, was wir aus dem Text erschließen können, ›wirklich‹ stattfanden, und in ›narration‹, wobei letzteres den Akt des Erzählens selbst betrifft. Die beiden ersten Kategorien entsprechen der klassischen Unterscheidung des russischen Formalismus zwischen ›Plot‹ und ›Story‹ (oder ›Fabel‹ und ›Geschichte‹): ein Kriminalroman beginnt gewöhnlich mit der Entdeckung einer Leiche und verfolgt dann die Spuren zurück bis zu dem Punkt, an dem schließlich die Umstände des Mordes offenbar werden: dieser Plot kehrt die Story oder die wirkliche Chronologie der Ereignisse um. Genette unterscheidet fünf zentrale Kategorien der narrativen Analyse. Der Begriff ›Ordnung‹ bezieht sich auf die zeitliche Anordnung der Erzählung, die beispielsweise mit Prolepse (Antizipation), Analepse (Rückblende) oder Anachronie arbeitet, was sich wiederum auf die Uneinheitlichkeit von Story und Plot bezieht. Mit ›Dauer‹ wird bezeichnet, wie die Erzählung etwa Episoden ausläßt, sie ausdehnt, zusammenfaßt oder einen Augenblick innehält etc. ›Frequenz‹ beinhaltet Fragen wie die, ob ein Ereignis einmal in der Story stattfand und auch einmal erzählt wird, ob es einmal stattfand, aber mehrfach erzählt wird, sich mehrfach ereignete und mehrfach erzählt wird oder sich mehrfach ereignete und nur einmal erzählt wird. Die Kategorie ›Modus‹ kann in ›Distanz‹ und ›Perspektive‹ unterteilt werden. Distanz betrifft die Beziehung der Erzählung zu ihrem eigenen Stoff: handelt es sich darum, daß die Story nur nacherzählt werden soll (›Diagese‹), oder soll sie nachgebildet werden (›Mimesis‹), wird in direkter, indirekter oder ›erlebter‹ Rede erzählt? Bei der ›Perspektive‹ handelt es sich um das, was man traditionell auch als ›point of view‹ (›Erzählstandpunkt‹) bezeichnen könnte, und auch sie kann verschieden unterteilt werden: vielleicht weiß der Erzähler mehr als seine Figuren, oder auch weniger, oder aber er bewegt sich mit ihnen auf derselben Ebene; die Erzählung kann ›unfokussiert‹ sein, indem sie von einem allwissenden Erzähler berichtet wird, der außerhalb der Handlung steht; oder sie kann ›intern fokussiert‹ sein, wenn sie von einer Figur aus einer festen Position oder aus verschiedenen Positionen oder auch aus der Perspektive mehrerer Figuren erzählt wird. Auch die Form der ›externen Fokussierung‹ ist möglich, bei welcher der Erzähler weniger weiß als die Figuren. Schließlich gibt es noch die Kategorie der ›Stimme‹, die den Erzählvorgang selbst betrifft, was für einen Erzähler und Zuhörer er impliziert. Hier gibt es eine Vielzahl möglicher Kombinationen von ›Erzählzeit‹ und ›erzählter Zeit‹, vom Vorgang des Erzählens der Geschichte und den Ereignissen, die erzählt werden: man kann von den Ereignissen bevor, nach oder (wie im Briefroman) während sie stattfinden, berichten. Der Erzähler kann ›heterodiegetisch‹ sein (d.h. in seiner eigenen Erzählung nicht vorkommen), ›homodiegetisch‹ (innerhalb der Erzählung stehend wie bei Ich-Erzählungen) oder ›autodiegetisch‹ (wenn er nicht nur in der Erzählung vorkommt, sondern zugleich auch die Hauptperson ist). Dies sind nur einige von Genettes Klassifikationen; aber sie lenken unsere Aufmerksamkeit auf einen zentralen Aspekt des Diskurses: auf den Unterschied zwischen dem *Erzählen* – dem Akt und Vorgang des Erzählens einer Geschichte – und der *Erzählung,* also dem, was eigentlich erzählt wird. Wenn ich eine Geschichte über mich selbst erzähle, etwa in einer Autobiographie, so scheint das ›Ich‹, das die Geschichte erzählt, in einer Hinsicht mit dem ›Ich‹ identisch, das ich beschreibe, während es in anderer Hinsicht von ihm verschieden ist. Wir werden noch sehen, welche interessanten Implikationen dieses Paradoxon über die eigentliche Literatur hinaus hat.

Welches sind die Errungenschaften des Strukturalismus? Zunächst stellt er eine unbarmherzige *Entmystifizierung* der Literatur dar. Nach Greimas und Genette ist es schwieriger, die Degen in Zeile drei klirren zu hören oder nach der Lektüre von T.S. Eliots *The Hollow Man* das Gefühl zu haben, daß man jetzt genau wisse, wie man sich als Vogelscheuche fühlt. Das vage subjektive Geplauder wurde durch eine Literaturkritik zu größerer Strenge und Klarheit geführt, die erkannte, daß das literarische Werk wie jedes andere sprachliche Produkt ein *Konstrukt* ist, dessen Mechanismen wie die Gegenstände jeder anderen Wissenschaftsrichtung analysiert und klassifiziert werden können. Das romantische Vorurteil, daß ein Gedicht gleich einer Person ein lebendiges Wesen beherberge, eine Seele, die man schon aus Gründen der Höflichkeit nicht zu behelligen habe, wurde unsanft als ein Stück versteckter Theologie, als eine abergläubische Furcht vor vernunftbestimmten Untersuchungen entlarvt, die aus der Literatur einen Fetisch machte und nur die Autorität einer ›von Natur aus‹ feinfühligen Elite von Kritikern festschrieb. Darüber hinaus stellte die strukturalistische Methode implizit den Anspruch der Literatur in Frage, eine einzigartige Diskursform zu sein: da Tiefenstrukturen sowohl bei Simmel als auch bei Hölderlin ausgegraben werden konnten, und zwar zweifellos dieselben, war es nicht mehr so einfach, der Literatur einen schon ontologisch privilegierten Status zuzuschreiben. Mit dem Aufkommen des Strukturalismus schien die Welt der großen Ästheten und humanistischen Literaturgelehrten im Europa des 20. Jahrhunderts – die Welt eines Croce,

Curtius, Auerbach, Spitzer und Wellek – zu einer Welt zu werden, deren Zeit abgelaufen war. Diese Männer mit ihrer herausragenden Gelehrsamkeit, ihrer schöpferischen Einsicht und ihren Anspielungen kosmopolitischen Umfangs wurden aus historischer Sicht plötzlich zu Koryphäen eines hohen europäischen Humanismus, der dem Aufruhr und der Feuersbrunst in der Mitte des 20. Jahrhunderts vorausging. Es schien klar, daß eine so reiche Kultur nicht neu erdacht werden konnte – daß es nur die Wahl gab, entweder davon zu lernen und weiter fortzuschreiten oder aber sich voller Nostalgie an ihre Überreste in unserer Zeit zu klammern und dabei die ›moderne Welt‹ anzuprangern, in der das Taschenbuch den Untergang der hohen Kultur bedeutet und in der es keine Hausangestellten mehr gibt, die den Eingang gegen Eindringlinge abschirmen, während man sich zum Lesen zurückzieht.

Die nachdrückliche Betonung der ›Konstruiertheit‹ menschlicher Sinngebung stellte einen großen Fortschritt dar. Der Sinn war weder eine persönliche Erfahrung noch ein von Gott geweihtes Ereignis: er war das Ergebnis bestimmter Bedeutungssysteme, die von allen geteilt wurden. Der zuversichtliche kleinbügerliche Glaube daran, daß das isolierte Individuum Quelle und Ursprung allen Sinnes sei, mußte einen schweren Schlag hinnehmen: die Sprache ging dem Individuum voraus und war viel weniger sein Produkt, als daß das Individuum umgekehrt ein Produkt der Sprache war. Sinn war nichts ›Natürliches‹, keine Frage von Anschauung und Erkenntnis oder etwas auf ewig Festgelegtes; die Art, wie man seine Welt interpretiert, war eine Funktion der Sprachen, die man zur Verfügung hatte, und an diesen war offensichtlich nichts unveränderlich. Sinn war nichts, was allen Menschen überall intuitiv gemeinsam war und was sie dann in ihren verschiedenen Sprachen und Schriften zum Ausdruck brachten: welchen Sinn man ausdrücken konnte, hing in erster Linie davon ab, an welcher Sprache oder Schrift man teilhatte. Hier lagen die Wurzeln einer sozialen und historischen Bedeutungstheorie, deren Implikationen sich tief in das zeitgenössische Denken eingraben sollten. Es war nicht mehr länger möglich, die Wirklichkeit einfach als etwas ›da draußen‹, als eine feststehende Ordnung der Dinge zu sehen, die von der Sprache nur widergespiegelt wurde. Wenn man von dieser letzteren Annahme ausging, dann gab es eine natürliche Verbindung zwischen Wort und Sache, ein vorgegebenes Netz von Entsprechungen zwischen den beiden Bereichen. Unsere Sprache zeigte uns klar und deutlich, wie die Welt beschaffen war, und daran war kein Zweifel möglich. Diese rationalistische oder empirische Sprachauffassung überstand den Zugriff des Strukturalismus nicht unbeschadet: denn wenn, wie Saussure dargelegt hatte, die Beziehung zwischen einem Zeichen und seinem Referenten eine willkürliche war, wie konnte dann irgendeine ›Entsprechungstheorie‹ der Erkenntnis Bestand haben? Die Wirklichkeit wurde nicht von der Sprache widergespiegelt, sondern erst durch sie *hervorgebracht*: sie war nur eine besondere Art, die Welt einzuteilen, und stand in tiefer Abhängigkeit von den Zeichensystemen, über die wir verfügten – oder genauer, die über uns verfügten. Damit entstand der Verdacht, daß der Strukturalismus nur deshalb kein Empirismus war, weil er einfach eine weitere Form des philosophischen Idealismus darstellte – und daß seine Sichtweise der Wirklichkeit als eines im Grunde sprachlichen Produktes nur die neueste Version der klassischen idealistischen Doktrin war, daß das Sein vom Bewußtsein konstituiert werde.

Der Strukturalismus stieß mit seiner Vernachlässigung des Individuums, seinem klinischen Zugriff auf die Mysterien der Literatur und seiner klaren Unvereinbarkeit mit dem sogenannten gesunden Menschenverstand beim literarischen Establishment auf heftigste Ablehnung. Die Tatsache, daß der Strukturalismus gegen den gesunden Menschenverstand verstößt, spricht eigentlich von Anfang an zu seinen Gunsten. Der gesunde Menschenverstand geht davon aus, daß Dinge im allgemeinen nur eine Bedeutung haben und daß diese Bedeutung gewöhnlich offensichtlich ist, direkt von den Objekten ablesbar, denen wir begegnen. Die Welt ist im großen und ganzen so, wie wir sie wahrnehmen, und unsere Art der Wahrnehmung ist eine natürliche, selbstverständliche. Wir wissen, daß die Sonne sich um die Erde bewegt, weil wir sie schließlich dabei beobachten können. Zu verschiedenen Zeiten war es ein Gebot des gesunden Menschenverstandes, Hexen zu verbrennen, Pferdediebe zu hängen und Juden aus Angst vor Ansteckung mit tödlichen Krankheiten aus dem Weg zu gehen; aber diese Feststellung selbst gehört nicht zum gesunden Menschenverstand, da dieser sich für historisch unveränderlich hält. Denker, die einwandten, daß die scheinbar offensichtliche Bedeutung nicht notwendigerweise die wahre sein muß, zogen sich gewöhnlich den Zorn ihrer Mitmenschen zu: auf Kopernikus folgte Marx, der behauptete, daß sich der wahre Sinn sozialer Prozesse ›hinter dem Rücken‹ des handelnden Individuums vollziehe, und nach Marx behauptete Freud, daß die wahren Bedeutungen unserer

Worte und Handlungen dem Bewußtsein nicht zugänglich seien. Der Strukturalismus ist ein moderner Erbe dieser Überzeugung, daß die Wirklichkeit und unsere Wahrnehmung von ihr nicht direkt miteinander zusammenhängen; solchermaßen bedroht er die ideologische Sicherheit derer, die sich eine Kontrolle über die Welt wünschen, eine Welt, die ihre eindeutige Bedeutung offen zeigt und sie ihnen im makellosen Spiegel ihrer Sprache überläßt. Er untergräbt den Empirizismus der literarischen Humanisten – den Glauben, daß das am meisten ›Reale‹ das Erfahrene ist und daß die Heimat dieser reichen, tiefgründigen, umfassenden Erfahrung die Literatur selbst ist. Wie schon Freud enthüllt er die schockierende Wahrheit, daß sogar noch unsere intimsten Erfahrungen das Ergebnis einer Struktur sind.

Ich habe gesagt, daß der Strukturalismus den Keim einer sozialen und historischen Theorie der Bedeutung in sich trug; aber dieser Keim blieb, alles in allem, unfruchtbar. Zwar konnten die Zeichensysteme, die das Leben des Individuums bestimmten, als kulturelle Variablen angesehen werden; die Tiefengesetze, die das Funktionieren dieser Systeme steuerten, hingegen nicht. Für die ›härtesten‹ Formen des Strukturalismus waren sie nämlich universell; sie waren in ein kollektives Denken eingebettet, das weit über die Grenzen der einzelnen Kultur hinausging und von dem Lévi-Strauss vermutete, daß es seine Wurzeln in der Struktur des menschlichen Gehirns selbst habe. Mit einem Wort, der Strukturalismus war haarsträubend ahistorisch: die Gesetze des Denkens, die herauszuarbeiten er in Anspruch nahm – Parallelismen, Oppositionen, Inversionen und alles übrige – bewegten sich auf einer Ebene der Allgemeingültigkeit, die von den konkreten Verschiedenheiten der Geschichte der Menschheit völlig abgehoben war. Von dieser olympischen Höhe aus betrachtet, sah alles Denken ziemlich gleich aus. Nachdem er die Regelsysteme an der Basis eines literarischen Textes charakterisiert hatte, blieb dem Strukturalisten nur noch, sich zurückzulehnen und zu überlegen, was er wohl als nächstes tun könnte. Die Frage nach der Beziehung des Werkes zu der in ihm beschriebenen Wirklichkeit, zu seinen Entstehungsbedingungen oder zu den realen Lesern, die sich damit beschäftigten, stellte sich nicht, da solche Realitäten bei der Begründung des Strukturalismus ja gerade ausgeklammert worden waren. Um das Wesen der Sprache zu enthüllen, mußte Saussure, wie wir gesehen haben, ja zuallererst unterdrücken oder vergessen, wovon in ihr die Rede war: der Referent oder das reale, vom Zeichen denotierte Objekt wurde einstweilen seiner Stellung enthoben, um so die Struktur des Zeichens selbst besser untersuchen zu können. Es ist bemerkenswert, wie sehr dieses Vorgehen demjenigen Husserls gleicht, der das reale Objekt ausklammert, um so einen besseren Zugriff auf die Art, wie es vom menschlichen Geist erfahren wird, zu erlangen. Strukturalismus und Phänomenologie, so sehr sie sich auch in zentralen Punkten unterscheiden, wurzeln beide in dem ironischen Akt, die reale Welt auszuschließen, um so unser Bewußtsein von ihr um so deutlicher erhellen zum können. Für jeden, der davon überzeugt ist, daß Bewußtsein in einem wichtigen Sinne *praktisch* ist, untrennbar mit unserer Art des Handelns und damit der Realität verbunden, führt eine solche Vorgehensweise notwendigerweise zur Selbstzerstörung, etwa so, als töte man einen Menschen, um den Blutkreislauf besser untersuchen zu können.

Aber es ging nicht nur darum, etwas so allgemeines wie ›die Welt‹ auszugrenzen: es ging um die Frage, wie man in einer bestimmten Art von Welt, in der Gewißheit schwer zu erreichen schien, einen Anhaltspunkt für Gewißheit finden konnte. Die Vorlesungen, aus denen F. de Saussures *Grundfragen der Allgemeinen Sprachwissenschaft* bestehen, wurden zwischen 1907 und 1911 im Herzen Europas gehalten, am Rande eines historischen Zusammenbruchs, den Saussure selbst nicht mehr erleben sollte. Dies waren exakt dieselben Jahre, in denen Edmund Husserl in einem europäischen Geisteszentrum unweit Saussures Genf die Hauptthesen der Phänomenologie formulierte. Ungefähr zur selben Zeit oder etwas später entwickelten die wichtigsten Schriftsteller der englischen Literatur des 20. Jahrhunderts – Yeats, Eliot, Pound, Lawrence, Joyce – ihre eigenen geschlossenen Symbolsysteme, in denen die ›Tradition‹, die Theosophie, das männliche und das weibliche Prinzip, Mittelalter und Mythologie die Ecksteine vollständiger ›synchronischer‹ Strukturen bildeten, erschöpfender Modelle für die Kontrolle und Erklärung der historischen Realität. Saussure selbst mußte die Existenz eines ›kollektiven Bewußtseins‹ voraussetzen, das dem System der *langue* zugrundelag. Die Flucht der wichtigsten englischen Schriftsteller vor der zeitgenössischen Geschichte in den Schutz des Mythos ist unschwer zu erkennen; in einem Lehrbuch der strukturalistischen Lingustik oder in einer esoterischen philosophischen Abhandlung liegt sie nicht ganz so offen zutage.

Wo man sie vielleicht noch etwas deutlicher sehen kann, ist in der strukturalistischen Verlegenheit angesichts des Problems des historischen Wandels. Saussure sah die Entwicklung der Sprache als eine Folge aneinandergereihter synchronischer Systeme, so ähnlich wie jener Vatikansprecher, der meinte, ob die bevorstehende Erklärung des Papstes zur Frage der Geburtenkontrolle nun die vorangegangenen Lehren stützen werde oder nicht, die Kirche würde nichtsdestotrotz von einem Zustand der Gewißheit in den nächsten übergehen. Für Saussure war der historische Wandel etwas, was die einzelnen Elemente einer Sprache befiel und nur auf diese indirekte Weise das Ganze betreffen konnte: die Sprache als Ganzes würde sich neu formieren, um diese Störungen unterzubringen, etwa wie jemand, der lernen muß, mit einem Holzbein zu leben. Hinter diesem linguistischen Modell liegt eine ganz bestimmte Sichtweise der menschlichen Gesellschaft: jede Veränderung ist eine Störung und ein Ungleichgewicht in einem im Grunde konfliktfreien System, das einen Augenblick lang aus dem Tritt gerät, dann sein Gleichgewicht wiederfindet und die Veränderung in seine Schrittfolge mit aufnimmt. Der Sprachwandel scheint für Saussure eine Angelegenheit des Zufalls zu sein: er vollzieht sich ›blind‹, und es bleibt den späteren Formalisten überlassen, zu erklären, wie der Wandel selbst systematisch erfaßt werden könnte. Jakobson und sein Kollege Jurij Tynjanov sahen die Literaturgeschichte selbst als ein System, in dem zu einem gegebenen Zeitpunkt bestimmte Formen und Gattungen ›dominant‹ waren, während andere einen untergeordneten Platz einnahmen. Die literarische Entwicklung fand über Umschichtungen innerhalb dieses Systems statt, so daß eine zuvor dominante Form zu einer untergeordneten wurde und umgekehrt. Die Dynamik dieses Prozesses lag in der ›Verfremdung‹: wenn eine dominante literarische Form abgestanden und ›unwahrnehmbar‹ geworden war – wenn zum Beispiel einige ihrer Verfahren von einem Sub-Genre wie etwa dem populären Journalismus übernommen worden waren und so ihre Verschiedenheit von solchen Formen des Schreibens verwischt wurde – dann würde eine bisher untergeordnete Form aufsteigen, um die Situation zu ›verfremden‹. Historischer Wandel war eine Angelegenheit gradueller Neuausrichtungen feststehender Elemente innerhalb des Systems: nichts verschwand jemals, es veränderte nur seine Gestalt, indem es seine Relationen zu den anderen Elementen veränderte. Die Geschichte dieses Systems, so erläutern Jakobson und Tynjanov, ist selbst ein System: die Diachronie kann synchronisch untersucht werden. Die Gesellschaft selbst besteht aus einer ganzen Reihe von Systemen (oder ›Serien‹, wie die Formalisten sie nannten), deren jedes von seinen eigenen inneren Gesetzen beherrscht wird und sich in relativer Autonomie aus allen anderen herausbildet. Es gibt indessen ›Korrelationen‹ zwischen den verschiedenen Serien: zu jeder gegebenen Zeit trifft die literarische Serie auf mehrere mögliche Wege, denen sie in ihrer Entwicklung folgen kann, aber die Wahl des tatsächlich befolgten Weges ist ein Ergebnis der Korrelationen zwischen dem literarischen System selbst und anderen historischen Serien. Dieser Erklärungsvorschlag wurde nicht von allen späteren Strukturalisten übernommen: in ihrem entschieden ›synchronischen‹ Zugriff auf das Untersuchungsobjekt wurde der historische Wandel mitunter so unerklärlich wie das romantische Symbol.

Der Strukturalismus brach in vieler Hinsicht mit der konventionellen Literaturkritik, während er ihr andererseits in vieler Hinsicht verpflichtet blieb. Seine Fixierung auf die Sprache führte, wie wir gesehen haben, zu radikalen Schlußfolgerungen, aber sie war gleichzeitig eine altbekannte fixe Idee von Akademikern. War die Sprache wirklich alles? Was war mit Arbeit, Sexualität, politischer Macht? Mochten diese Formen der Realität auch unentwirrbar mit dem Diskurs verknüpft sein, so konnten sie doch nicht völlig auf ihn reduziert werden. Welche politischen Bedingungen bestimmten ihrerseits, daß die Sprache selbst so extrem in den Vordergrund gestellt wurde? War die strukturalistische Sichtweise eines literarischen Textes als eines geschlossenen Systems wirklich so sehr verschieden von seiner Behandlung als isoliertes Objekt durch den New Criticism? Was war aus der Auffassung von Literatur als einer sozialen *Praxis* geworden, als einer *Produktionsform,* die sich nicht notwendig im Produkt selbst erschöpfte? Der Strukturalismus konnte dieses Produkt sezieren, aber er weigerte sich, die materiellen Bedingungen seiner Herstellung zu ergründen, da dies einer Kapitulation gegenüber dem Mythos eines ›Ursprungs‹ gleichkommen könnte. Auch machten sich wenige Strukturalisten Gedanken darüber, wie das Produkt tatsächlich rezipiert wurde – darüber, was beim Lesen literarischer Werke wirklich passiert, welche Rolle solche Werke in der Gesamtheit der sozialen Beziehungen spielen. War nicht darüber hinaus die strukturalistische Betonung der *integrierten* Natur eines Zeichensystems eine neue Version des Werkes als ›organischer Einheit‹? Lévi-Strauss sprach von Mythen als von imaginären Lösungen für reale gesellschaftliche Widersprüche; Jurij Lotman benutzte das Bild der Kybernetik, um zu zeigen, wie das Gedicht eine komplexe organische Einheit bildete; die Prager Schule entwikkelte eine ›funktionalistische‹ Sichtweise des Werkes, in der alle Teile unerbittlich zum Wohle des Ganzen zusammenwirkten. Die traditionelle Kritik hatte das literarische Werk manchmal auf wenig mehr als ein Fenster zur Psyche des Autors reduziert; der Strukturalismus schien ein Fenster zum universellen Denken daraus zu machen. Die ›Materialität‹ des Textes selbst, seine detaillierten sprachlichen Prozesse liefen Gefahr, aufgelöst zu werden: die ›Oberfläche‹ eines Textes war wenig mehr als die gehorsame Widerspiegelung seiner verborgenen Tiefen. Was Lenin einst die ›Wirklichkeit der Erscheinungsformen‹ nannte, lief Gefahr, übersehen zu werden: alle ›Oberflächen‹-Merkmale des Werkes konnten auf eine ›Essenz‹ zurückgeführt werden, eine einzige zentrale Bedeutung, die sich sämtlichen Aspekten des Werkes mitteilte, und diese Essenz war nicht mehr länger die Seele des Schriftstellers oder der Heilige Geist, sondern die ›Tiefenstruktur‹ selbst. Der Text war in Wirklichkeit einfach eine ›Kopie‹ dieser Tiefenstruktur, und die strukturalistische Interpretation war eine Kopie dieser Kopie. Wenn schließlich die traditionellen Literaturkritiker eine geistige Elite bildeten, so schienen die Strukturalisten eine wissenschaftliche Elite zu formen, ausgestattet mit einem vom ›gewöhnlichen‹ Leser weit entfernten esoterischen Wissen.

In dem Augenblick, in dem der Strukturalismus das reale Objekt ausklammerte, klammerte er das menschliche Subjekt aus. Tatsächlich ist es diese Doppelbewegung, die das strukturalistische Unterfangen kennzeichnet. Weder verweist das Werk auf ein Objekt, noch ist es der Ausdruck eines individuellen Subjektes; beide sind ausgeschlossen, und was bleibt, ist ein Regelsystem, das freischwebend zwischen ihnen in der Luft hängt. Dieses System hat sein eigenes unabhängiges Leben und wird sich dem Wink und Ruf individueller Intentionen nicht beugen. Daß der Strukturalismus mit dem individuellen Subjekt Probleme hat, ist noch sehr vorsichtig ausgedrückt. Dieses Subjekt wurde erfolgreich liquidiert, auf die Funktion einer unpersönlichen Struktur reduziert. Anders ausgedrückt: das neue Subjekt war in Wirklichkeit *das System selbst*, das mit allen Eigenschaften des traditionellen Individuums (Autonomie, Selbststeuerung, Einheit etc.) ausgestattet schien. Der Strukturalismus ist ›anti-humanistisch‹, was nicht bedeutet, daß seine Befürworter kleinen Kindern ihren Lutscher wegnehmen, sondern daß sie den Mythos vom Anfangs- und Endpunkt der Bedeutung in der ›Erfahrung‹ des Individuums ablehnen. Für die humanistische

Tradition ist Bedeutung etwas, was ich erschaffe oder was wir gemeinsam erschaffen; aber wie könnten wir Bedeutung herstellen, wenn es die Regeln, die sie beherrschen, nicht schon gäbe? Wie weit wir auch zurückgehen, wie sehr wir auch dem Ursprung der Bedeutung nachjagen, wir werden immer eine Struktur finden, die schon vorhanden ist. Diese Struktur kann nicht einfach nur das *Ergebnis* des Sprechens sein, denn wie hätten wir ohne sie zusammenhängend sprechen können? Wir können das ›erste Zeichen‹, mit dem alles anfing, nie finden, da, wie Saussure klarmacht, ein Zeichen stets ein anderes voraussetzt, von dem es sich unterscheidet, und dieses dann wieder ein anderes. Wenn die Sprache jemals ›geboren‹ wurde, so spekuliert Lévi-Strauss, dann muß sie ›auf einen Schlag‹ geboren worden sein. Wie die Leserin oder der Leser sich erinnern werden, geht Roman Jakobsons Kommunikationsmodell von einem Sprecher aus, der die Quelle der übermittelten Botschaft ist; aber woher kam dieser Sprecher? Um eine Botschaft überhaupt übermitteln zu können, muß er schon von der Sprache erreicht und konstituiert worden sein. Am Anfang war das Wort.

Diese Sichtweise der Sprache ist ein wertvoller Fortschritt gegenüber der Ansicht, sie sei einfach der ›Ausdruck‹ eines individuellen Denkens. Aber man stößt dabei auch auf außerordentlich große Schwierigkeiten. Denn auch wenn die Sprache damit, daß man sie als individuellen Ausdruck versteht, nicht gerade am besten erfaßt sein mag, so schließt sie doch in bestimmter Weise menschliche Subjekte und deren Intentionen fraglos mit ein, und dies ist es, was das strukturalistische Weltbild außer acht läßt. Wir wollen für einen Augenblick auf die zuvor skizzierte Situation zurückkommen, in der ich Sie bitte, die Tür zu schließen, während ein Sturm durch den Raum tost. Ich hatte an der Stelle gesagt, daß die Bedeutung von jeglicher privaten Absicht, die ich vielleicht habe, unabhängig sei – daß die Bedeutung sozusagen eine Funktion der Sprache selbst und weniger ein geistiger Vorgang bei mir sei. In einer bestimmten praktischen Situation scheinen die Worte einfach zu bedeuten, was sie eben bedeuten, unabhängig davon, was für eine exzentrische Bedeutung ich ihnen gerne beilegen würde. Aber was wäre, wenn ich Sie bäte, die Tür zu schließen, nachdem ich gerade zwanzig Minuten damit zugebracht habe, Sie an Ihren Stuhl zu fesseln? Was wäre, wenn die Tür bereits zu wäre, oder wenn es gar keine Tür gäbe? Dann könnten Sie mich sicherlich zu Recht fragen: ›Was soll das denn heißen?‹ Nicht, daß Sie die Bedeutung meiner *Worte* nicht verstehen würde; Sie verstehen die

Bedeutung meiner Worte nicht. Es würde Ihnen nichts nützen, Ihnen ein Wörterbuch in die Hand zu drücken. Die Frage ›Was soll das denn heißen?‹ ist in dieser Situation in der Tat die Frage nach den Intentionen des menschlichen Subjekts, und solange ich diese nicht verstehe, ist die Bitte, die Tür zu schließen, in einem ganz wichtigen Sinne ohne Bedeutung.

Die Frage nach meinen Intentionen ist indessen nicht notwendigerweise dem Versuch gleichzusetzen, in mein Denken einzudringen und die mentalen Prozesse, die dort ablaufen, zu beobachten. Man muß Intentionen nicht notwendigerweise so wie E.D. Hirsch sehen, als in ihrem Wesen private ›mentale Akte‹. In einer solchen Situation zu fragen: ›Was soll das denn heißen?‹ bedeutet im Grunde, nach den Ergebnissen zu fragen, die meine Sprache hervorzurufen versucht: es ist eine Art, die Situation selbst zu verstehen, und nicht ein Versuch, sich in geisterhafte Impulse unter meiner Schädeldecke einzuschalten. Das Verstehen meiner Intentionen ist das Begreifen meines Sprechens und Verhaltens in Relation zu einem signifikanten Kontext. Wenn wir die ›Intentionen‹ eines Stücks Sprache verstehen, dann interpretieren wir es als in einem bestimmten Sinne *gerichtet*, auf das Erzielen bestimmter Effekte hin zugeschnitten; und nichts von alledem kann außerhalb der praktischen Bedingungen, unter denen die Sprache funktioniert, begriffen werden. Es bedeutet, Sprache mehr als eine Praxis denn als Objekt zu sehen; und es gibt natürlich keine Praxis ohne menschliches Subjekt.

Diese Art, Sprache zu sehen, ist dem Strukturalismus, zumindest in seinen klassischen Ausprägungen, im großen und ganzen ziemlich fremd. Saussure war, wie schon erwähnt, nicht daran interessiert, was die Menschen tatsächlich sagten, sondern an der Struktur, die ihnen erlaubte, es zu sagen: er untersuchte eher die *langue* als die *parole* und betrachtete erstere als eine objektive soziale Tatsache und letztere als die zufällige, der Theorie unzugängliche Äußerung des Individuums. Aber hinter dieser Sprachsicht verbirgt sich bereits eine fragwürdige Konzeption der Beziehungen zwischen Individuum und Gesellschaft. Sie betrachtet das System als determiniert und das Individuum als frei; sie begreift den Druck und die Festlegung durch die Gesellschaft nicht so sehr als Kräfte, die in unserem Sprechen jeweils wirksam werden, sondern als eine monolithische Struktur, die irgendwie gegen uns aufragt. Sie setzt voraus, daß die *parole*, die individuelle Äußerung, wirklich individuell *ist* und nicht so sehr eine unausweichlich soziale und ›dialogische‹ Angelegenheit, die uns mit anderen Sprecher/inne/n und Hörer/inne/n in ein ganzes Feld gesellschaftlicher Werte und Zwecke verstrickt. Saussure entkleidet die Sprache da ihrer Gesellschaftlichkeit, wo sie am wichtigsten wäre: am Punkt der sprachlichen Produktion, beim wirklichen Sprechen, Schreiben, Hören und Lesen konkreter gesellschaftlicher Einzelwesen. Die Zwänge des Sprachsystems sind folgerichtig festgelegt und vorgegeben, Aspekte der *langue,* und nicht so sehr Kräfte, die wir in unserer realen Kommunikation hervorbringen, modifizieren und gestalten. Zu bemerken wäre auch, daß Saussures Modell des Individuums und der Gesellschaft wie viele klassischen bürgerlichen Modelle keine Zwischenbereiche kennt, keine Vermittlung zwischen den vereinzelten individuellen Sprechern und dem linguistischen System als Ganzem. Die Tatsache, daß jemand nicht nur ein ›Mitglied der Gesellschaft‹, sondern auch eine Frau, Betriebsrätin, katholisch, Mutter, Immigrantin und Mitglied der Friedensbewegung ist, wird einfach übergangen. Die sprachliche Folge hiervon – daß wir gleichzeitig an vielen verschiedenen ›Sprachen‹ teilhaben, von denen einige möglicherweise zueinander in Widerspruch stehen – wird ebenfalls ignoriert.

Die Bewegung vom Strukturalismus weg war teilweise, um einen Ausdruck des französischen Linguisten Emile Benveniste zu gebrauchen, zugleich auch eine Bewegung von der ›Sprache‹ zum ›Diskurs‹ (vgl. Benveniste). ›Sprache‹ ist Sprechen oder Schreiben aus einer objektiven Sicht betrachtet, eine Kette von Zeichen ohne ein Subjekt. ›Diskurs‹ meint die als *Äußerung* begriffene Sprache, unter Einbezug der sprechenden und schreibenden Subjekte und damit auch, zumindest potentiell, der Hörer/innen und Leser/innen. Dies ist nicht einfach eine Rückkehr zu den vorstrukturalistischen Zeiten, als wir noch glaubten, daß uns die Sprache in gleicher Weise persönlich zu eigen sei wie etwa unsere Augenbrauen; es ist kein Rückfall in das klassische Modell von Sprache als ›Übereinkunft‹, demzufolge Sprache nur eine Art Instrument darstellt, mit dessen Hilfe die in ihrem Wesen isolierten Individuen ihre vorsprachlichen Erfahrungen austauschen. Dies war tatsächlich eine ›Markt‹-Sichtweise der Sprache, eng mit der historischen Entwicklung des bürgerlichen Individuums verknüpft: die Bedeutung gehörte mir wie (m)eine Ware, und Sprache war nur eine Art Währung, die mir den Austausch meiner Bedeutungs-Ware mit einem anderen Individuum ermöglichte, das ebenfalls über Privatbesitz an Bedeutung verfügte. Auf der Grundlage dieser empiristischen Sprachtheorie war es schwer, zu erkennen, wie das, was da ausgetauscht wurde, der eigentliche Gegenstand sein konnte: wenn ich eine Vorstellung hatte, ein sprachliches Zeichen daran heftete und das ganze Paket jemand anderem zuwarf, der sich das Zeichen besah und sein eigenes sprachliches Ablage-System nach der entsprechenden Vorstellung durchforstete, wie konnte ich dann jemals wissen, ob er Zeichen und Vorstellung in derselben Weise wie ich einander zuordnete? Möglicherweise mißverstehen wir einander ständig und systematisch. Laurence Sterne schrieb einen Roman, *Tristram Shandy,* in dem er das komische Potential gerade dieses empiristischen Modells ausnutzte, nachdem es kurz zuvor in England zur philosophischen Standard-Sichtweise der Sprache geworden war. Die Rückkehr zu diesem traurigen Stadium, in dem wir Zeichen als Vorstellungen sahen, statt über Vorstellungen als eine spezifische Art der Handhabung von Zeichen zu sprechen, kam für die Kritiker des Strukturalismus nicht in Frage. Eine Theorie der Bedeutung, die das menschliche Subjekt hinauszudrängeln schien, war schlicht und einfach sehr merkwürdig. Das Engstirnige an den vorherigen Bedeutungstheorien war gewesen, daß die Intention der Sprechenden oder Schreibenden stets die oberste Instanz für die Interpretation darstellte. Um diesen Dogmatismus zu kontern, war es eigentlich nicht nötig, zu behaupten, daß es gar keine Intentionen gäbe: es bestand nur die Notwendigkeit, die Willkür der Behauptung, daß sie stets die den Diskurs *beherrschenden* Strukturen waren, aufzuzeigen.

1962 veröffentlichten Roman Jakobson und Claude Lévi-Strauss eine Analyse von Charles Baudelaires Gedicht *Les chats,* die zu so etwas wie einem Klassiker der praktischen Anwendung des hohen Strukturalismus geworden ist (in: Blumensath). Mit haarspalterischer Genauigkeit schälte der Essay eine Reihe von Äquivalenzen und Oppositionen aus der semantischen, syntaktischen und phonologischen Ebene des Gedichtes heraus, Äquivalenzen und Oppositionen, die sich bis hinunter zu den einzelnen Phonemen erstreckten. Aber wie Michael Riffaterre in seiner berühmten Erwiderung auf diese Interpretation gezeigt hat, wären einige der von Jakobson und Lévi-Strauss identifizierten Strukturen auch für den wachsamsten Leser einfach nicht wahrnehmbar (vgl. Ehrmann). Darüber hinaus zieht die Analyse den Lese*prozeß* nicht mit ein: sie erfaßt den Text synchronisch, als Objekt im Raum, und nicht so sehr als eine Bewegung in der Zeit. Eine besondere Bedeutung in einem Gedicht bringt uns gewöhnlich dazu, das, was wir bereits erfahren haben, rückwirkend neu zu betrachten; ein Wort oder Bild, das wiederholt wird, bedeutet schon auf Grund der einfachen Tatsache, daß es sich um eine Wiederholung handelt, nicht dasselbe wie beim ersten Mal. Nie findet genau dasselbe zweimal statt, und zwar einfach deshalb, weil es sich schon einmal ereignet hat. Der Essay über Baudelaire, so Riffaterre, übersieht ferner bestimmte zentrale Wortkonnotationen, die man nur erkennen kann, wenn man den Text selbst überschreitet und die kulturellen und sozialen Codes berücksichtigt, auf die er Bezug nimmt; und dieser Schritt wird den Autoren natürlich durch ihre strukturalistischen Grundannahmen verwehrt. Getreu der strukturalistischen Methode behandeln sie das Gedicht als ›Sprache‹; Riffaterre hat hingegen, indem er auf den Leseprozeß und die kulturelle Situation verweist, in der das Werk wahrgenommen wird, einen Schritt in Richtung auf seine Betrachtung als ›Diskurs‹ getan.

Einer der wichtigsten Kritiker der Saussureschen Linguistik war der russische Philosoph und Literaturtheoretiker Michail Bachtin, der 1929 eine wegweisende Untersuchung mit dem Titel *Marxismus und Sprachphilosophie* unter dem Namen seines Kollegen V. N. Vološinov veröffentlichte. Bachtin war auch weitgehend für die nach wie vor überzeugendste Kritik an den russischen Formalisten verantwortlich, die 1928 unter dem Namen Bachtin und P. N. Medvedev veröffentlichte Schrift *Die formale Methode in der Literaturwissenschaft*. Indem er Saussures ›objektivistische‹ Linguistik scharf zurückwies, aber auch die ›subjektivistischen‹ Alternativen kritisierte, lenkte Bachtin die Aufmerksamkeit vom abstrakten System der *langue* auf die konkreten Äußerungen der Individuen in spezifischen sozialen Kontexten. Die Sprache mußte als etwas inhärent ›Dialogisches‹ gesehen werden: sie konnte nur unter dem Aspekt ihrer unausweichlichen Ausrichtung auf einen jeweils anderen begriffen werden. Das Zeichen mußte als ein aktiver Bestandteil des Sprechens gesehen werden, dessen Bedeutung durch die veränderlichen gesellschaftlichen Färbungen, Wertungen und Konnotationen bestimmt wurde, die es unter jeweils spezifischen Gesellschaftsbedingungen in sich vereinigte, und nicht als eine feste Größe (wie ein Signal). Da solche Wertungen und Konnotationen sich ständig ändern, da die ›Sprachgemeinschaft‹ in Wirklichkeit eine *heterogene* Gesellschaft darstellt, die sich aus vielen widersprüchlichen Interessen zusammensetzt, war das Zeichen für Bachtin weniger ein neutrales Element in einer vorgegebenen Struktur als vielmehr ein Brennpunkt von Streit und Widerspruch. Es geht nicht einfach um die Frage: ›Was bedeutet ein Zeichen?‹, sondern um die Untersuchung seiner vielfältigen Geschichte, in der widerstreitende Gesellschaftsgruppen, Klassen, Individuen und Diskurse es sich aneignen und mit ihren eigenen Bedeutungen zu erfüllen suchen. Kurz, die Sprache ist ein ideologisches Streitfeld und kein monolithisches System; tatsächlich waren die Zeichen das eigentliche materielle Medium der Ideologie, da Werte oder Vorstellungen ohne sie nicht existieren konnten. Bachtin erkannte zwar etwas, was man die ›relative Autonomie‹ der Sprache nennen könnte, die Tatsache, daß sie nicht auf einen bloßen Widerschein gesellschaftlicher Interessen reduziert werden konnte; aber er bestand darauf, daß es keine Sprache gab, die nicht in festen gesellschaftlichen Beziehungen verankert war, und daß diese wiederum Teil eines umfassenderen politischen, ideologischen und ökonomischen Systems waren. Die Worte waren nicht so sehr in ihrer Bedeutung erstarrt als vielmehr ›multiakzentual‹: es handelte sich stets um die Worte eines bestimmten menschlichen Subjektes an ein anderes, und dieser praktische Kontext formte und verlagerte ihre Bedeutung. Da alle Zeichen als materiell – genauso materiell wie Körper oder Autos – gesehen wurden und da es ohne sie kein menschliches Bewußtsein gab, legte Bachtins Sprachtheorie darüber hinaus den Grundstein für eine materialistische Bewußtseinstheorie. Das menschliche Bewußtsein *war* der aktive, materielle, semiotische Verkehr des Subjekts mit anderen und nicht irgendein versiegeltes inneres Reich, das von diesen Beziehungen abgetrennt war; das Bewußtsein war wie die Sprache zugleich ›innerhalb‹ und ›außerhalb‹ des Subjektes. Sprache durfte nicht als ›Ausdruck‹, ›Widerspiegelung‹ oder abstraktes System angesehen werden, sondern als materielles Produktionsmittel, wobei der materielle Zeichenkörper durch einen Prozeß gesellschaftlicher Konflikte und Dialoge in Bedeutung verwandelt wurde.

Aus dieser radikal anti-strukturalistischen Perspektive sind in neuerer Zeit einige bedeutende Arbeiten hervorgegangen (Pêcheux, Fowler, Kress/Hodge, Halliday). Sie ist ferner mit einer Strömung der angelsächsischen Sprachphilosophie entfernt verwandt, die an so fremdartigen Begriffen wie ›Ideologie‹ alles andere als interessiert ist. Die Sprechakttheorie, als die diese Strömung bekannt ist, hat ihren Ausgangspunkt in den Untersuchungen des englischen Philosophen J.L. Austin, insbesondere in seiner scherzhaft mit *How to do things with words* (1962) betitelten Arbeit. Austin hatte bemerkt, daß nicht alles, was wir sagen, wirklich die Realität beschreibt; einiges davon ist ›performativ‹, d. h. es zielt darauf, eine Handlung hervorzurufen. Es gibt ferner ›illokutive‹ Sprechakte, die eine Handlung *im* Akt des Sprechens selbst darstellen: ›Ich verspreche, artig zu sein‹ oder ›Hiermit erkläre ich euch zu Mann und Frau‹. Dann gibt es auch ›perlokutive‹ Sprechakte, die *durch* das Sprechen ein Ergebnis erzielen: Ich kann jemand mit meinen Worten überzeugen, überreden oder einschüchtern. Interessanterweise räumte Austin schließlich ein, daß alles Sprechen im Grunde performativ ist: sogar faktische Aussagen oder ›konstatierendes‹ Sprechen stellen Akte des Informierens oder Affirmierens dar, und die Mitteilung einer Information ist genauso ›performativ‹ wie eine Schiffstaufe. Damit ›illokutive‹ Sprechakte Gültigkeit haben, müssen bestimmte Konventionen erfüllt sein: ich muß eine Person sein, die das Recht hat, die entsprechende Aussage zu machen, ich muß es ernst meinen, die Umstände müssen angemessen sein, das Verfahren muß korrekt durchgeführt werden usw. Ich kann keinen Dachs taufen, und vermutlich habe ich alles dadurch, daß ich kein Geistlicher bin, sowieso nur noch schlimmer gemacht. (Ich wähle hier das Bild der Taufe, weil Austins Diskussion der angemessenen Umstände, des korrekten Vorgehens und allem, was dazugehört, eine merkwürdige und nicht unbedeutende Ähnlichkeit mit theologischen Debatten über die Gültigkeit von Sakramenten hat.) Die Bedeutung, die all dies für die Literatur hat, wird deutlich, wenn wir uns klar machen, daß literarische Werke selbst als Sprechakte oder als eine Imitation von Sprechakten gesehen werden können. Literatur kann den Anschein erwecken, als beschreibe sie die Welt, und manchmal tut sie das auch wirklich, aber ihre eigentliche Funktion ist performativ: sie gebraucht Sprache innerhalb bestimmter Konventionen, um beim Leser bestimmte Wirkungen zu erzielen. Sie bewirkt etwas *im* Sprechen: sie selbst ist Sprache als eine Art materielle Praxis, Diskurs als soziale Handlung. Beim Betrachten ›konstatierender‹ Propositionen, Behauptungen mit Wahrheits- oder Unwahrheitsgehalt, neigen wir dazu, ihre Realität und Wirksamkeit als eigenständige Handlung zu vernachlässigen: die Literatur gibt uns dieses Gefühl der sprachlichen Performanz auf höchst anschauliche Weise zurück, denn ob das, was sie für existent erklärt, in Wirklichkeit existiert oder nicht, ist unwichtig.

Sowohl innerhalb der Sprechakttheorie selbst als auch bei ihrer Verwendung als Modell für Literatur ergeben sich gewisse Probleme. Es ist nicht sicher, ob eine solche Theorie es letztendlich vermeiden kann, das alte ›intendierende Subjekt‹ der Phänomenologie nicht durch die Hintertür wieder einzuführen, um einen Bezugspunkt zu haben, und ihre Beschäftigung mit Sprache erscheint auf ungesunde Weise juristisch, als die Frage danach, wer unter welchen Bedingungen was zu wem sagen darf. (vgl. Derrida ›Limited Inc.‹). Gegenstand von Austins Untersuchung ist, wie er selbst sagt, ›der totale Sprechakt in der totalen Sprechsituation‹; aber Bachtin zeigt, daß in solchen Akten und Situationen doch einiges mehr enthalten ist, als die Sprechakttheorie vermuten läßt. Auch ist es gefährlich, ›lebendige Sprechsituationen‹ als Modelle für Literatur zu benutzen. Denn literarische Texte sind selbstverständlich keine Sprechakte im wörtlichen Sinne: Flaubert spricht nicht wirklich mit mir. Wenn überhaupt, dann sind sie ›Pseudo‹-Sprechakte oder ›virtuelle‹ Sprechakte – Imitationen von Sprechakten – und wurden als solche von Austin selbst als ›leer‹ oder ›unvollständig‹ mehr oder weniger abgetan. Richard Ohmann benutzt dieses Charakteristikum literarischer Texte – daß sie Sprechakte imitieren oder darstellen, die nie wirklich stattgefunden haben – als Möglichkeit, ›Literatur‹ als solche zu definieren, obgleich dies keineswegs alles das abdeckt, was gewöhnlich unter Literatur verstanden wird. Den literarischen Diskurs unter dem Aspekt des menschlichen Subjekts zu sehen, bedeutet nicht in erster Linie, ihn unter dem Aspekt *realer* menschlicher Subjekte zu sehen: dem des realen historischen Autors, eines konkreten historischen Lesers usw. Kenntnisse hierüber mögen wichtig sein; aber ein literarisches Werk ist nicht wirklich ein ›lebendiger‹ Dialog oder Monolog. Es ist ein Stück Sprache, das von jeglicher festgelegten ›lebendigen‹ Beziehung losgelöst und damit den ›Wiedereinschreibungen‹ und den Neuinterpretationen vieler verschiedener Leser unterworfen ist. Das Werk selbst kann seine eigene künftige Interpretationsgeschichte nicht ›vorhersehen‹, kann diese Lesarten nicht kontrollieren und limitieren, wie wir das in face-to-face-Kommunikation tun können oder zumindest zu tun versuchen. Seine ›Anonymität‹ ist Teil seiner Struktur selbst und nicht nur ein zufälliges Unglück, das ihm widerfährt; und in diesem Sinne ist ›Autor‹ sein – ›Urheber‹ der eigenen Bedeutungen, mit ›Autorität‹ über sie – ein Mythos.

Dennoch kann man ein literarisches Werk als etwas betrachten, was das hervorbringt, was man ›Subjektpositionen‹ genannt hat. Homer hat nicht vorhergesehen, daß ich persönlich seine Epen lesen würde, aber seine Sprache bietet dem Leser auf Grund der Art, wie sie strukturiert ist, unausweichlich gewisse ›Positionen‹ an, bestimmte bevorzugte Stellungen, von denen aus interpretiert werden kann. Ein Gedicht verstehen bedeutet, seine Sprache als von einem bestimmten Spektrum von Positionen aus auf den Hörer hin ›orientiert‹ zu erfassen: beim Lesen entwickeln wir ein Gespür dafür, was für eine Art von Wirkungen diese Sprache zu erzielen sucht (›Intention‹), welche rhetorischen Mittel sie für angemessen hält, welche Annahmen den verschiedenen poetischen Strategien zugrundeliegen, die sie einsetzt, und welche Einstellung zur Wirklichkeit diese implizieren. Nichts davon muß mit den Intentionen, Einstellungen und Annahmen des realen historischen Autors zur Zeit des Schreibens identisch sein; das wird offensichtlich, wenn man versucht, William Blakes *Songs of Innocence and Experience* als einen ›Ausdruck‹ der Person William Blakes selbst zu lesen. Wir wissen möglicherweise nichts über einen Autor, oder ein Werk hat vielleicht mehrere Autoren (wer war der ›Autor‹ des Buches Jesaja, oder der von *Casablanca*?); oder man muß, um in einer bestimmten Gesellschaft überhaupt als Autor anerkannt zu werden, vielleicht von einer ganz bestimmten Position aus schreiben. Dryden hätte nicht in ›freien Versen‹ schreiben und gleichzeitig ein Dichter sein können. Diese Wirkungen, Voraussetzungen, Taktiken und Ausrichtungen eines Textes zu verstehen, bedeutet gerade, die ›Intention‹ des Werkes zu begreifen. Und solche Taktiken und Voraussetzungen hängen möglicherweise nicht jeweils miteinander zusammen: ein Text kann mehrere, miteinander konkurrierende oder zueinander in Widerspruch stehende ›Subjektpositionen‹ nahelegen, von denen aus er interpretiert werden kann. Wenn man Blakes *Tyger*-Gedicht liest, ist der Prozeß der Entwicklung einer Vorstellung darüber, woher die Sprache kommt und wohin sie zielt, vom Prozeß der Konstruktion einer ›Subjektposition‹ für uns als Leser nicht zu trennen. Was für eine Art von Leser implizieren der Ton des Gedichts, die rhetorischen Vorgehensweisen, seine Bilderwelt, seine Annahmen und Voraussetzungen? Wie will es von uns aufgenommen werden? Erweckt es den Anschein, es wolle wörtlich genommen werden und uns Leser dabei in einer bestimmten Erkenntnis- oder Zustimmungshaltung bestärken, oder lädt es uns dazu ein, eine kritische, distanzierte Haltung zu dem einzunehmen, was es uns vorsetzt? Mit anderen Worten: ist es ironisch oder satirisch? Oder, noch verwirrender, versucht der Text vielleicht, uns im Zweifel zwischen den beiden Möglichkeiten hängenzulassen, indem er eine Art Zustimmung bei uns hervorruft, die er zugleich zu unterminieren versucht?

Die Beziehung zwischen Sprache und menschlicher Subjektivität solchermaßen zu sehen, bedeutet, insofern mit den Strukturalisten übereinzustimmen, als man das vermeidet, was man den ›humanistischen‹ Trugschluß nennen könnte – die naive Vorstellung, daß ein literarischer Text einfach eine Art Transkription der lebenden Stimme eines realen Mannes oder einer realen Frau darstellt, die zu uns spricht. Eine solche Sichtweise der Literatur neigt dazu, ihr entscheidendes Merkmal – die Tatsache, daß sie *geschrieben* ist – irgendwie störend zu finden: der gedruckte Buchstabe, mit all seiner kalten Unpersönlichkeit, errichtet einen uneinnehmbaren Wall zwischen uns und dem Autor. Wenn wir nur direkt mit Cervantes sprechen könnten! Eine derartige Haltung ›entmaterialisiert‹ die Literatur, sucht ihre materielle Dichte als Sprache auf eine intime geistige Begegnung zwischen lebenden ›Menschen‹ zu reduzieren. Sie entspricht dem liberalen humanistischen Mißtrauen gegenüber allem, was nicht unmittelbar auf Zwischenmenschliches zurückgeführt werden kann, vom Feminismus bis zur maschinellen Produktion. Letztendlich hat sie kein Interesse daran, den literarischen Text überhaupt als *Text* zu betrachten. Aber wenn der Strukturalismus auch dem humanistischen Trugschluß entgangen ist, so tat er dies doch nur, um in die entgegengesetzte Falle zu gehen, nämlich die, die menschlichen Subjekte ganz abzuschaffen. Für die Strukturalisten war der ›ideale Leser‹ eines Werkes jemand, dem/der alle Codes zur Verfügung stehen, die es vollständig verständlich machen. Damit war der/die Leser/in lediglich eine Art Spiegelbild des Werkes – jemand, der/die es so verstehen würde, ›wie es ist‹. Ein/e ideale/r Leser/in müßte mit all den technischen Kenntnissen ausgestattet sein, die für die Entschlüsselung eines Werkes notwendig sind, müßte diese Kenntnisse fehlerfrei anwenden und von allen hinderlichen Vorbehalten frei sein. Wenn man dieses Modell konsequent bis zum äußersten führen würde, müßte er oder sie staatenlos, klassenlos, geschlechtlos, frei von ethnischen Eigenschaften und ohne einschränkende kulturelle Grundannahmen sein. Nun trifft man zwar nicht allzuoft auf Leser, die diese Voraussetzungen vollständig und zur völligen Zufriedenheit erfüllen, aber die Strukturalisten machten das Zugeständnis, daß der ideale Leser nicht auch noch so etwas Langweiliges tun müßte wie wirklich vorkommen. Die Vorstellung war nur eine bequeme heuristische (oder Forschungs-) Fiktion für die Bestimmung dessen, was notwendig wäre, um einen bestimmten Text ›richtig‹ zu lesen. Der Leser war mit anderen Worten nur eine Textfunktion: eine erschöpfende Beschreibung des Textes war im Grunde nichts anderes als eine vollständige Beschreibung des Lesertyps, der für das Verständnis des Textes erforderlich wäre.

Der ideale oder ›Archi-Leser‹, wie er vom Strukturalismus entworfen wurde, war im Grunde ein transzendentales Subjekt, das von allen einengenden sozialen Determinanten losgelöst war. Als Idee verdankte er der Konzeption des amerikanischen Linguisten Noam Chomsky von der sprachlichen ›Kompetenz‹ viel, mit der die angeborenen Fähigkeiten gemeint waren, die es uns erlauben, die der Sprache zugrundeliegenden Regeln zu erfassen. Aber nicht einmal Lévi-Strauss war in der Lage, Texte so zu lesen wie der Allmächtige persönlich. Und tatsächlich ist plausibel dargelegt worden, daß Lévi-Strauss' anfängliche Beschäftigung mit dem Strukturalismus viel mit seinen politischen Ansichten über den Wiederaufbau im Nachkriegsfrankreich zu tun hatten, Ansichten, an denen mit Sicherheit nichts Gottgegebenes war (vgl. Clarke). Der Strukturalismus steht unter anderem als ein weiteres Glied in einer langen Reihe von zum Scheitern verurteilten Versuchen der Literaturtheorie, die Religion durch etwas ebenso Wirkungsvolles zu ersetzen: in diesem Fall durch die moderne Wissenschaftsgläubigkeit. Aber die Suche nach einer rein objektiven Lektüre literarischer Werke wirft offenkundig schmerzliche Probleme auf. Selbst bei der rigorosesten objektiven Analyse scheint es nicht möglich zu sein, ein gewisses Element von Interpretation, und damit von Subjektivität, ganz auszuschließen. Wie hat der Strukturalist oder die Strukturalistin beispielsweise die verschiedenen ›bedeutungstragenden Einheiten‹ des Textes überhaupt identifiziert? Wie konnte er oder sie entscheiden, ob ein bestimmtes Zeichen oder eine Reihe von Zeichen eine soche grundlegende Einheit bildeten, ohne auf jene kulturellen Grundannahmen zurückzugreifen, die der Strukturalismus in seiner strengsten Ausprägung ausschließen möchte? Für Bachtin ist jegliche Sprache, einfach weil sie eine soziale Praxis ist, unausweichlich mit sozialen Werten gespickt. Wörter denotieren nicht nur Objekte, sondern beinhalten auch die Haltung, die man ihnen gegenüber einnimmt: der Ton, in dem Sie zu mir sagen: ›Könnten Sie mir bitte mal den Käse reichen?‹ kann signalisieren, wie Sie zu mir, zu sich selbst, zum Käse und zu der Situation, in der wir uns befinden, stehen. Der Strukturalismus räumte zwar ein, daß Sprache sich in dieser ›konnotativen‹ Dimension bewegt, aber er schreckte vor den sich hieraus ergebenden Implikationen zurück. Er neigte zweifellos dazu, allgemeine Bewertungen darüber, ob man ein Werk für gut, schlecht oder unentschieden hielt, zurückzuweisen. Dies tat er, weil es unwissenschaftlich schien und weil er von der schöngeistigen Affektiertheit genug hatte. Im Prinzip gab es also keinen Grund, warum man als Strukturalist sein Leben nicht damit verbringen sollte, Busfahrscheine zu analysieren. Die Wissenschaft selbst gab keinen Hinweis darauf, was wichtig sein könnte und was nicht. Die Zimperlichkeit, mit der der Strukturalismus Werturteile mied, war wie die Zimperlichkeit der behaviouristischen Psychologie mit ihrer schüchternen, euphemistischen, weitschweifig umschreibenden Vermeidung all dessen, was einen menschlichen Beigeschmack hatte, mehr als nur eine seine Methoden betreffende Angelegenheit. Sie läßt vielmehr ahnen, wie sehr der Strukturalismus auf eine entfremdete Theorie der wissenschaftlichen Praxis hereingefallen ist, eine Theorie, die die spätkapitalistische Gesellschaft machtvoll dominiert.

Daß der Strukturalismus in vielerlei Hinsicht an den Zielen und Vorgehensweisen dieser Art von Gesellschaft mitschuldig geworden ist, wird in der Rezeption, die er in England erfahren hat, recht offensichtlich. Die konventionelle englische Literaturkritik neigt dazu, sich angesichts des Strukturalismus in zwei Lager zu spalten. Auf der einen Seite gibt es diejenigen, die in ihm das Ende der uns bisher bekannten Kultur sehen. Auf der anderen Seite gibt es jene zuvörderst oder in ihrem Wesen konventionellen Kritiker, die mit mehr oder auch weniger Würde auf einen Zug geklettert sind, der zumindest in Paris seit einiger Zeit bergab fährt. Die Tatsache, daß der Strukturalismus als intellektuelle Bewegung in Europa effektiv schon seit einigen Jahren vorbei war, schien sie nicht abzuschrecken: eine Dekade ist wohl ungefähr die übliche zeitliche Verzögerung, mit der Ideen den Kanal überqueren. Man könnte sagen, daß diese Kritiker eher wie eine intellektuelle Einwanderungsbehörde funktionieren: ihre Aufgabe besteht darin, in Dover zu stehen, wenn die frisch gefischten Gedanken aus Paris ausgeladen werden, sie auf die Teile zu untersuchen, die mit den traditionellen Techniken der Kritik mehr oder minder vereinbar scheinen, diese Güter großzügig durchzuwinken und die explosiveren Teile der Ladung (Marxismus, Feminismus, Freudianismus), die mit ihnen angekommen sind, aus dem Land herauszuhalten. Alles, was nicht so aussieht, als würde es in den Mittelschicht-Vororten auf Mißfallen stoßen, bekommt eine Arbeitserlaubnis; weniger elegant beschuhte Gedanken werden mit dem nächsten Schiff abgeschoben. Einiges an dieser Kritik war tatsächlich scharf, subtil und nützlich: sie verkörperte in England einen bedeutenden Fortschritt gegenüber dem, was es zuvor gegeben hatte, und zeigt im besten Falle einen Sinn für intellektuelle Abenteuer, wie er seit den Tagen von F. R. Leavis' *Scrutiny* nicht gerade oft hervorgetreten ist. Ihre individuellen Textlesarten sind oft bemerkenswert bestechend und stringent, und der französische Strukturalismus ist in wertvoller Weise mit einem eher englischen ›Sprachgefühl‹ verbunden worden. Nur muß die extreme Selektivität ihres Zugriffs auf den Strukturalismus hervorgehoben werden, eine Selektivität, die keineswegs immer eingestanden wird.

Der Sinn dieses klugen Imports von strukturalistischem Gedankengut liegt darin, der Literaturkritik ihren Arbeitsplatz zu erhalten. Es ist seit einiger Zeit deutlich, daß sie ein bißchen an Ideenmangel leidet, keine ›langfristigen Perspektiven‹ aufweist und sowohl gegenüber neuen Theorien als auch gegenüber den Implikationen ihrer eigenen peinlich blind ist. Genauso wie die EG Großbritannien in ökonomischen Angelegenheiten aushelfen kann, kann dies der Strukturalismus in intellektuellen tun. Der Strukturalismus hat als eine Art Hilfsprogramm für intellektuell unterentwickelte Länder funktioniert, indem er sie mit der Schwerindustrieanlage versorgte, die der versagenden einheimischen Industrie vielleicht wieder auf die Beine helfen könnte. Er verspricht, das ganze literarische akademische Unternehmen auf festere Füße zu stellen und ihm die Überwindung der sogenannten ›Krise der Geisteswissenschaften‹ zu ermöglichen. Er hält eine neue Antwort auf die Frage bereit: »Was ist das eigentlich, was wir studieren/lehren?« Die alte Antwort – Literatur – ist, wie wir gesehen haben, nicht völlig zufriedenstellend: grob gesprochen, enthält sie zuviel Subjektivität. Aber wenn das, war wir studieren und lehren, nicht so sehr ›literarische Werke‹ sind als vielmehr das ›literarische System‹ – das gesamte System von Codes, Gattungen und Konventionen, mittels derer wir literarische Werke zunächst identifizieren und interpretieren – dann scheinen wir doch ein beträchtlich solideres Untersuchungsobjekt ausgegraben zu haben. Die Literaturkritik kann zu einer Art *Meta*kritik werden: ihre Rolle besteht nicht in erster Linie darin, interpretative oder evaluierende Aussagen zu machen, sondern einen Schritt zurückzugehen und die Logik solcher Aussagen zu untersuchen, zu analysieren, was wir eigentlich vorhaben, welche Codes und Modelle wir anwenden, wenn wir solche Aussagen machen. »Sich mit dem Studium der Literatur zu beschäftigen«, argumentiert Jonathan Culler, »bedeutet nicht, wieder einmal eine neue Interpretation von *King Lear* zu produzieren, sondern sein Verständnis der Konventionen und Vorgehensweisen einer Institution, einer Diskursart zu fördern.« (*The Pursuit of Signs*, S. 5) Strukturalismus ist eine Art, die literarische Institution aufzupolieren, sie mit einer Daseinsberechtigung zu versorgen, die respektabler und zwingender ist als Ergüsse über den Sonnenuntergang.

Der Sinn der Sache ist indessen wohl weniger, die Institution zu verstehen, als vielmehr, sie zu verändern. Culler scheint zu glauben, daß eine Untersuchung dessen, wie der literarische Diskurs funktioniert, in sich selbst schon sinnvoll ist und keine weitere Rechtfertigung braucht; aber es gibt keinen Grund, anzunehmen, daß die ›Konventionen und Vorgehensweisen‹ einer Institution weniger kritikwürdig sind als Ergüsse über den Sonnenuntergang, und sie ohne eine solche kritische Haltung zu untersuchen, bedeutet sicherlich eine Verstärkung der Macht der Institution selbst. All diese Konventionen und Vorgehensweisen sind ja, wie dieses Buch zu zeigen versucht, die ideologischen Produkte einer bestimmten Geschichte, in denen sich Sichtweisen (und keineswegs nur literarische) kristallisieren, die alles andere als unumstritten sind. Ganze soziale Ideologien können in einer scheinbar neutralen literaturwissenschaftlichen Methode enthalten sein; und solange die Untersuchung solcher Methoden dies nicht berücksichtigt, wird sie höchstwahrscheinlich zu wenig mehr als zu Unterwürfigkeit gegenüber der Institution selbst führen. Der Strukturalismus hat dargelegt, daß an den Codes nichts Unschuldiges ist; aber es liegt auch nichts Unschuldiges darin, sie zum Untersuchungsobjekt zu machen. Was ist überhaupt der Zweck eines solchen Unterfangens? Wessen Interessen wird es wahrscheinlich dienen? Wird es den Student/inn/en der Literaturwissenschaft vermutlich den Eindruck vermitteln, daß das vorliegende Corpus von Konventionen und Vorgehensweisen radikal in Frage gestellt werden kann, oder wird es eher naheliegen, daß sie eine Art neutrales technisches Wissen bilden, das alle Studierenden der Literaturwissenschaft sich aneignen müssen? Was ist mit einem ›kompetenten‹ Leser gemeint? Gibt es nur eine Art von Kompetenz, und mit welchen und wessen Kriterien kann Kompetenz gemessen werden? Man könnte sich vorstellen, daß jemandem eine blendend überzeugende Interpretation eines Gedichtes vorliegt, der über keinerlei ›literarische Kompetenz‹ der Art, wie sie konventionellerweise definiert wird, verfügt – jemand, der eine solche Lesart nicht hervorbringt, indem er den allgemein anerkannten hermeneutischen Prozeduren folgt, sondern sie schlicht ignoriert. Eine Lesart ist nicht notwenig deshalb ›inkompetent‹, weil sie eine konventionelle literaturwissenschaftliche Vorgehensweise mißachtet: viele Lesarten sind in einem anderen Sinne inkompetent, gerade weil sie solchen Konventionen zu genau folgen. Noch weniger leicht ist es, ›Kompetenz‹ einzustufen, wenn wir die Art und Weise in Betracht ziehen, in der Literaturinterpretationen Werte, Weltanschauungen und Annahmen einschließen, die nicht auf den literarischen Bereich beschränkt sind. Es nützt nichts, wenn der Literaturwissenschaftler behauptet, daß er Weltanschauungen gegenüber, nicht aber gegenüber technischen Vorgehensweisen tolerant ist: dafür sind die beiden zu eng miteinander verknüpft.

Einige strukturalistischen Argumente scheinen von der Annahme auszugehen, daß der Literaturwissenschaftler die für die Entschlüsselung eines Textes ›geeigneten‹ Codes identifiziert und dann anwendet, so daß sich die Codes des Textes und die Codes des Lesers/der Leserin einander graduell annähern und zu einem einheitlichen Wissen verschmelzen. Aber dies ist ganz sicher eine allzu einfache Konzeption dessen, was Lesen wirklich impliziert. Indem wir einen Code auf den Text anwenden, können wir z.B. feststellen, daß er während des Lesevorgangs revidiert und transformiert wird, indem wir mit diesem Code weiterlesen, entdecken wir, daß er nunmehr einen ›anderen‹ Text hervorbringt, der seinerseits den Code, mittels dessen wir ihn lesen, modifiziert, etc. Dieser dialektische Prozeß ist im Prinzip unendlich; und wenn das so ist, dann untergräbt dies jegliche Annahme, unsere Aufgabe sei beendet, sobald wir den richtigen Code für den Text gefunden haben. Literarische Texte sind sowohl ›Code-schaffend‹ und ›Code-überschreitend‹ als auch ›Code- bestätigend‹: sie können uns neue Arten des Lesens zeigen und nicht nur die bestätigen, mit denen wir bereits ausgestattet waren, als wir zu lesen begannen. Der ›ideale‹ oder ›kompetente‹ Leser ist eine statische Konzeption: sie neigt dazu, zu unterschlagen, daß alle Urteile über ›Kompetenz‹ kulturell und ideologisch relativ sind, und daß alles Lesen die Mobilisierung von außer-literarischen Annahmen impliziert, für deren Messung die ›Kompetenz‹ ein auf geradezu absurde Weise ungeeignetes Modell darstellt.

Indessen ist die Idee der Kompetenz sogar auf der technischen Ebene begrenzt. Ein kompetenter Leser ist der, der bestimmte Regeln auf den Text anwenden kann; aber welches sind die Regeln, nach denen man Regeln anwendet? Die Regel scheint uns wie ein ausgestreckter Zeigefinger den Weg zu weisen; aber der Finger ›zeigt‹ nur im Rahmen einer bestimmten Interpretation, die ich vornehme und die mich dazu bringt, eher auf das so bezeichnete Objekt als auf den restlichen Arm zu sehen. Zeigen ist keine ›selbstverständliche‹ Tätigkeit, und ebensowenig ist den Regeln ihr jeweiliger Anwendungsbereich ins Gesicht geschrieben: sie wären gar keine ›Regeln‹, wenn sie die Art und Weise ihrer Anwendung unerbittlich festlegten. Das Befolgen von Regeln schließt kreatives Interpretieren mit ein, und es ist oft gar nicht leicht zu sagen, ob ich eine Regel in derselben Weise wie ein anderer anwende oder ob wir überhaupt dieselbe Regel anwenden. Die Art, in der man eine Regel anwendet, ist nicht einfach eine technische Angelegenheit: sie ist in umfassendere Interpretationen der Wirklichkeit eingebunden, in Verpflichtungen und Vorlieben, die nicht ihrerseits wieder auf die Übereinstimmung mit einer Regel reduziert werden können. Die Regel mag beispielsweise sein, Parallelismen im Gedicht aufzuspüren, aber was zählt als Parallelismus? Wenn Sie mit dem, was für mich als Parallelismus zählt, nicht einverstanden sind, haben Sie mit keiner Regel gebrochen: ich kann den Streit nur damit beenden, daß ich die Autorität der literaturwissenschaftlichen Institution anrufe und sage: ›*Dies* ist es, was wir als Parallelismus bezeichnen.‹ Und wenn Sie mich fragen, warum ich gerade diese Regel überhaupt anwende, kann ich mich abermals nur auf die Autorität der literarischen Institution berufen und sagen: ›So machen wir das eben.‹ Worauf Sie immer erwidern können: ›Dann machen Sie doch mal etwas anderes.‹ Eine Berufung auf die Regeln, die Kompetenz definieren, wird es mir so wenig ermöglichen, dem etwas entgegenzusetzen, wie ein Rückgriff auf den Text selbst: es gibt Tausende von Dingen, die man mit einem Text machen kann. Sie sind deshalb noch lange kein ›Anarchist‹: ein Anarchist im allgemeinen Sinne des Wortes ist nicht jemand, der Regeln bricht, sondern jemand, der es zu seiner *Aufgabe* macht, Regeln zu brechen, der es sich zur Regel macht, Regeln zu brechen. Sie aber zweifeln nur das an, was die literarische Institution tut, und obgleich ich dies von den verschiedensten Grundlagen aus abwehren kann, kann ich dies sicherlich nicht, indem ich mich auf die ›Kompetenz‹ berufe, die ja gerade in Frage gestellt wird. Mag der Strukturalismus auch die bestehende Praxis untersuchen und sich auf sie berufen: was kann er jenen antworten, die sagen: ›Machen Sie eben etwas anderes‹?

Saussure vertritt, wie der Leser/die Leserin sich erinnern wird, die Ansicht, daß sprachliche Bedeutungen einfach von Unterschieden abhängen. ›Tier‹ bedeutet ›Tier‹, weil es eben nicht ›Bier‹ oder ›Tief‹ heißt. Aber wieweit können diese Unterscheidungen vorangetrieben werden? ›Tier‹ bedeutet auch deshalb, was es bedeutet, weil es nicht ›wir‹ oder ›mir‹ heißt; und ›mir‹ hat seine Bedeutung, weil es nicht ›Mief‹ oder ›mies‹ lautet. Wo soll man aufhören? Es hat den Anschein, als könne dieser Prozeß der Unterscheidung innerhalb einer Sprache in einem unendlichen Kreis weiter verfolgt werden: wenn dies aber der Fall ist, was wird dann aus Saussures Gedanken, daß die Sprache ein geschlossenes, festes System bildet? Wenn jedes Zeichen seine Bedeutung hat, weil es keines von all den anderen Zeichen ist, dann entsteht der Eindruck, daß jedes Zeichen aus einem potentiell unendlichen Gewebe von Unterschieden entstanden ist. Ein Zeichen zu definieren, könnte daher als eine sehr viel tückischere Aufgabe erscheinen, als man gedacht hätte. Saussures *langue* legt eine *begrenzte* Bedeutungsstruktur nahe; aber wo in der Sprache kann man denn nun die Grenze ziehen?

Eine andere Auffassungsmöglichkeit für Saussures Gedanken von der differentiellen Natur des Zeichens besteht darin, die Bedeutung immer als ein Resultat einer Teilung oder ›Gliederung‹ von Zeichen zu betrachten. Der Signifikant ›Rose‹ vermittelt uns die Vorstellung oder das Signifikat ›Rose‹, weil er sich von dem Signifikanten ›Hose‹ unterscheidet. Das Signifikat ist also sozusagen das Ergebnis der Differenz zwischen zwei Signifikanten. Aber es ist darüber hinaus auch das Ergebnis der Differenz zwischen vielen anderen Signifikanten: ›lose‹, ›Pose‹, ›rosa‹, etc. Dies stellt Saussures Sichtweise des Zeichens als einer klaren symmetrischen Einheit zwischen einem bestimmten Signifikanten und einem bestimmten Signifikat in Frage. Denn das Signifikat ›Rose‹ ist in Wirklichkeit das Ergebnis eines komplexen Zusammenwirkens von Signifikanten ohne erkennbares Ende. Bedeutung ist das Nebenprodukt eines potentiell endlosen Spiels von Signifikanten und nicht so sehr eine Vorstellung, die fest an einen bestimmten Signifikanten geklebt worden ist. Der Signifikant gibt uns nicht direkt ein Signifikat preis, wie etwa ein Spiegel ein Bild wiedergibt: es gibt keine harmonischen eins-zu-eins-Entsprechungen zwischen der Ebene der Signifikanten und der der Signifikate in einer Sprache. Und um die Dinge noch komplizierter zu machen, gibt es auch keine feste Unterscheidung zwischen Signifikanten und Signifikation. Wenn man die Bedeutung (oder das Signifikat) eines Signifikanten herausfinden will, kann man im Wörterbuch nachschlagen; aber was man dort finden wird, sind nur noch mehr Signifikanten, deren Signifikate man wiederum nachschlagen kann, etc. Der Vorgang, von dem hier die Rede ist, ist nicht nur theoretisch unendlich, sondern auch in gewisser Weise zirkulär: Signifikanten verwandeln sich immer wieder in Signifikate und umgekehrt, und man wird nie bei einem endgültigen Signifikat ankommen, das nicht seinerseits ein Signifikant ist. Wenn der Strukturalismus das Zeichen von seinem Referenten getrennt hat, so geht diese Denkweise – oft unter dem Namen ›Poststrukturalismus‹ bekannt – noch einen Schritt weiter: sie trennt den Signifikanten vom Signifikat.

Das bisher Gesagte heißt, anders ausgedrückt, daß die Bedeutung in einem Zeichen nicht unmittelbar *präsent* ist. Da die Bedeutung eines Zeichens davon abhängt, was das Zeichen *nicht* ist, ist seine Bedeutung immer auch in bestimmtem Sinne abwesend. Bedeutung ist, wenn man so will, die ganze Signifikantenkette entlang verstreut oder verteilt: sie kann nicht so leicht festgenagelt werden und ist niemals in einem Zeichen allein vollständig präsent, sondern stellt mehr eine Art konstantes Flackern von gleichzeitiger An- und Abwesenheit dar. Das Lesen eines Textes gleicht eher dem Aufspüren dieses Vorgangs des Flackerns als dem Zählen der Perlen in einer Halskette. Und noch in einem weiteren Sinne können wir die Bedeutung nie einfach wie eine Fliege in der Faust fangen; dies kommt daher, daß Sprache ein Vorgang in der Zeit ist. Wenn ich einen Satz lese, ist seine Bedeutung immer irgendwie unentschieden, etwas Aufgeschobenes oder etwas, was erst noch kommt: ein Signifikant verweist mich auf den nächsten, und dieser wieder auf einen anderen, frühere Bedeutungen werden durch spätere modifiziert, und obgleich der Satz irgendwann zu Ende sein mag, ist der Prozeß der Sprache selbst dies nicht. Wo eine Bedeutung herkam, gibt es immer noch mehr davon. Ich kann den Sinn eines Satzes nicht erfassen, indem ich einfach mechanisch ein Wort an das andere reihe; damit die Wörter überhaupt einen relativ kohärenten Sinn ergeben können, muß jedes von ihnen sozusagen die Spuren der vorangegangenen in sich tragen und sich für die Spuren der folgenden offenhalten. Jedes Zeichen in der Bedeutungskette ist irgendwie von allen anderen überzogen oder durchdrungen, um so ein komplexes, unerschöpfliches Gewebe zu bilden: und in dieser Hinsicht ist kein Zeichen jemals ›rein‹ oder ›völlig bedeutungstragend‹. Gleichzeitig während dies geschieht, kann ich in jedem Zeichen, und sei es auch nur unbewußt, Spuren der anderen Wörter entdecken, die es ausgeschlossen hat, um es selbst sein zu können. ›Tier‹ ist, was es ist, nur indem es ›Bier‹ und ›vier‹ ausschließt, aber diese anderen möglichen Zeichen sind, da sie ja für seine Identität mit konstitutiv sind, immer noch irgendwo in ihm enthalten.

Man könnte sagen, daß Bedeutung niemals mit sich selbst identisch ist. Sie ist das Ergebnis eines Prozesses der Teilung oder Gliederung von Zeichen, die nur deshalb sie selbst sind, weil sie nicht irgendein anderes Zeichen sind. Sie ist stets auch etwas Aufgeschobenes, Zurückgehaltenes, etwas, was erst noch kommt. In einem weiteren Sinne ist Bedeutung niemals mit sich selbst identisch, weil Zeichen immer wiederholbar oder reproduzierbar sein müssen. Wir würden eine Markierung, die nur einmal auftrat, nicht ein ›Zeichen‹ nennen. Die Tatsache, daß ein Zeichen reproduziert werden kann, ist deshalb ein Teil seiner Identität; aber dadurch wird die Identität des Zeichens zugleich auch aufgesplittert, da es immer wieder in einem neuen Kontext reproduziert werden kann, der seine Bedeutung verändert. Auch ist es schwer, zu erkennen, was ein Zeichen ›ursprünglich‹ bedeutet, welches sein ›ursprünglicher‹ Kontext war: wir begegnen ihm einfach in vielen verschiedenen Situationen, und obgleich es über diese Situationen hinaus eine gewisse Konsistenz haben muß, um überhaupt ein erkennbares Zeichen zu sein, so ist es doch, weil sein Kontext immer verschieden ist, niemals *absolut* dasselbe Zeichen, niemals völlig identisch mit sich selbst. ›Katze‹ kann z. B. ein haariges vierbeiniges Geschöpf bezeichnen, einen verschlagenen Menschen, ein Geldbehältnis etc. Aber selbst wenn einfach das haarige, vierbeinige Tier gemeint ist, bleibt diese Bedeutung von Kontext zu Kontext niemals gleich: das Signifikat wird durch die veränderlichen Signifikantenketten, in die es verstrickt ist, verändert.

Aus alledem folgt, daß die Sprache eine sehr viel weniger stabile Angelegenheit ist, als die klassischen Strukturalisten gedacht hatten. Anstatt eine wohldefinierte, klar abgegrenzte Struktur mit symmetrisch zugeordneten Signifikanten und

Signifikaten darzustellen, beginnt sie nun mehr und mehr wie ein grenzenloses, sich ausdehnendes Netz auszusehen, in dem ein ständiger Austausch und ein Zirkulieren von Elementen herrscht, in dem keines der Elemente vollständig definierbar ist und in dem alles von allem eingeholt und durchdrungen wird. Wenn dem so ist, dann versetzt dies bestimmten traditionellen Bedeutungstheorien einen ernsten Schlag. Für diese Theorien bestand die Funktion von Zeichen darin, innere Erfahrungen oder Objekte der außersprachlichen Wirklichkeit widerzuspiegeln, die eigenen Gedanken oder Gefühle ›gegenwärtig‹ werden zu lassen oder zu beschreiben, wie die Wirklichkeit war. In der vorangegangenen Diskussion des Strukturalismus wurden bereits einige Probleme im Zusammenhang mit dieser ›Repräsentations‹-Vorstellung deutlich, aber nun kommen noch mehr Schwierigkeiten zum Vorschein. Denn in der Theorie, die eben skizziert wurde, ist nichts jemals völlig in Zeichen gegenwärtig; es wäre eine Illusion, zu glauben, daß ich in dem, was ich sage oder schreibe, jemals einem anderen völlig präsent sein könnte, denn Zeichen überhaupt zu gebrauchen, zieht nach sich, daß meine Bedeutung stets verstreut, zerteilt und niemals ganz mit sich selbst eins ist. Und nicht nur meine Bedeutung, sondern in der Tat auch ich selbst: da Sprache etwas ist, woraus ich bestehe, und nicht so sehr ein bequemes Werkzeug, das ich benutze, muß auch der ganze Gedanke, daß ich eine stabile, einheitliche Entität bin, eine Fiktion sein. Nicht nur, daß ich niemals für einen anderen völlig gegenwärtig sein kann; ich kann es auch mir selbst gegenüber nicht. Auch wenn ich meine eigenen Gedanken sehe oder meine Seele durchforsche, brauche ich Zeichen, und das heißt, daß ich niemals die Erfahrung einer ›vollkommenen Kommunikation‹ mit mir selbst machen kann. Es ist nicht so, daß ich eine reine, unbefleckte Bedeutung, Intention oder Erfahrung haben könnte, die dann durch das makelbehaftete Medium Sprache verzerrt und gebrochen wird: da die Sprache die Luft ist, die ich atme, kann ich eine reine, unbefleckte Bedeutung oder Erfahrung gar nicht erst haben.

Dadurch, daß ich während des Sprechens meiner eigenen Stimme zuhöre, könnte ich mir eher einreden, daß dies doch möglich ist, als wenn ich meine Gedanken zu Papier bringe. Denn im Akt des Sprechens scheine ich auf eine Weise mit mir selbst ›übereinzustimmen‹, die ganz anders ist als das, was beim Schreiben vor sich geht. Das gesprochene Wort scheint meinem Bewußtsein unmittelbar gegenwärtig, und meine Stimme wird zu seinem direkten, spontanen Medium. Im Gegensatz hierzu droht mir die Kontrolle über den Sinn meiner Äußerungen beim Schreiben zu entgleiten: ich vertraue meine Gedanken dem unpersönlichen Medium gedruckter Buchstaben an, und da ein gedruckter Text eine dauerhafte, materielle Existenz besitzt, kann er jederzeit verbreitet, reproduziert, zitiert, in einer Art verwendet werden, die ich nicht vorhergesehen oder beabsichtigt habe. Schreiben scheint mich meines Seins zu berauben: es ist ein Kommunikationsmittel aus zweiter Hand, eine blasse, mechanische Abschrift der Rede, und solchermaßen stets einen Schritt von meinem Bewußtsein entfernt. Aus diesem Grund hat die westliche philosophische Tradition, von Plato bis Lévi-Strauss, das Schreiben als eine leblose, entfremdete Ausdrucksform verunglimpft und ständig die lebendige Stimme zelebriert. Hinter diesem Vorurteil verbirgt sich ein ganz bestimmtes Menschenbild: der Mensch ist in der Lage, spontan seinen eigenen Sinn zu schaffen und auszudrücken, im vollen Besitz seiner selbst zu sein und die Sprache als ein transparentes Medium seines innersten Seins zu beherrschen. Was diese Theorie indessen übersieht, ist die Tatsache, daß die ›lebendige Stimme‹ in Wirklichkeit genauso materiell ist wie das gedruckte Wort; und daß, da gesprochene Zeichen ebenso wie geschriebene nur aufgrund eines Prozesses der Differenz und der Teilung funktionieren, Sprechen ebenso als eine Form des Schreibens bezeichnet werden könnte, wie Schreiben als eine Form des Sprechens aus zweiter Hand bezeichnet wird. So, wie die westliche Philosophie ›phonozentrisch‹ ist, auf die ›lebendige Stimme‹ zentriert und der Schrift gegenüber zutiefst mißtrauisch, ist sie auch in einem weiteren Sinne ›logozentrisch‹, dem Glauben an ein endgültiges ›Wort‹, eine endgültige Präsenz, ein Wesen, eine Wahrheit oder eine Wirklichkeit verhaftet, die die Grundlage unseres ganzen Denkens, unserer Sprache und unserer Erfahrung darstellt. Sie hat sich nach dem Zeichen gesehnt, das allen anderen ihre Bedeutung gibt – dem ›transzendentalen Signifikanten‹ – und nach dem fundamentalen, nicht mehr in Frage zu stellenden Sinn, auf den alle unsere Zeichen zu deuten scheinen können (das ›transzendentale Signifikat‹). Eine große Zahl von Kandidaten für diese Rolle – Gott, der Gedanke an sich, der Weltgeist, das Selbst, das Wesen, die Materie usw. – sind von Zeit zu Zeit in den Vordergrund getreten. Da jede dieser Vorstellungen die *Basis* für unser gesamtes System von Denken und Sprache zu bilden hofft, muß sie selbst jenseits dieses Systems stehen, von seinem Spiel der sprachlichen Differenzen unberührt sein. Sie kann nicht in dieselbe Sprache, die es zu ordnen und zu untermauern versucht, integriert sein; sie muß all diesen Diskursen irgendwie vorausgehen, muß schon vor ihnen existiert haben. Es muß sich dabei um eine Bedeutung handeln, die aber nicht wie alle anderen Bedeutungen nur ein Ergebnis des Spiels der Differenz ist. Sie muß vielmehr die Bedeutung der Bedeutungen, den Dreh- und Angelpunkt des gesamten Denksystems darstellen, das Zeichen, um das sich alle anderen Zeichen drehen und das alle anderen gehorsam widerspiegeln.

Daß jegliche solche transzendentale Bedeutung eine Fiktion ist – wenn auch vielleicht eine notwendige Fiktion – ist eine der Folgerungen aus der oben skizzierten Sprachtheorie. Es gibt keine Vorstellung, die nicht in ein unbegrenztes Spiel der Bedeutungen verstrickt wäre, nicht von den Spuren und Fragmenten anderer Gedanken durchdrungen. Es ist einfach so, daß aus diesem Spiel der Signifikate bestimmte Bedeutungen durch gesellschaftliche Ideologien in eine privilegierte Position erhoben oder zu Zentren gemacht werden, um die sich andere Bedeutungen gezwungenermaßen drehen müssen. Man betrachte nur, in unserer eigenen Gesellschaft, die Freiheit, die Familie, die Demokratie, die Unabhängigkeit, die Autorität, die Ordnung usw. Manchmal werden solche Bedeutungen als der *Ursprung* aller anderen angesehen, als die Quelle, aus der sie entspringen; aber dies ist, wie wir gesehen haben, eine merkwürdige Denkweise, denn damit diese Bedeutungen überhaupt jemals möglich wurden, müssen bereits andere Zeichen existiert haben. Es ist schwierig, sich einen Ursprung vorzustellen, ohne weiter hinter ihn zurückgehen zu wollen. Zu anderen Zeiten werden diese Bedeutungen vielleicht nicht als der Ursprung, sondern als das *Ziel* angesehen, auf das sich alle anderen stetig zubewegen oder zubewegen sollten. Die ›Teleologie‹, also eine Denkweise, die das Leben, die Sprache und die Geschichte als auf ein *telos* oder Ziel gerichtet sieht, ist eine Art, Bedeutungen in einer Hierarchie von Bedeutung zu ordnen und einzureihen, im Lichte eines letzten Zweckes eine Hackordnung unter ihnen herzustellen. Aber jede solche Theorie der Geschichte oder der Sprache als einer einfachen linearen Evolution läßt die spinnwebartige Komplexität der Zeichen außer Acht, die zuvor beschrieben wurde, das Vor und Zurück, das Anwesende und Abwesende, die Hin-und Her-Bewegungen der Sprache in ihren realen Prozessen. Und diese netzartige Komplexität ist das, was der Poststrukturalismus mit dem Wort ›Text‹ bezeichnet.

Der französische Philosoph Jacques Derrida, dessen Ansichten ich auf den letzten Seiten erläutert habe, nennt jedes Denksystem ›metaphysisch‹, das von einem unangreifbaren Fundament ausgeht, von einem Grundprinzip oder einer unanfechtbaren Basis, auf der eine ganze Hierarchie von Bedeutungen errichtet werden kann. Er glaubt allerdings nicht, daß wir uns einfach von dem Zwang, solche Grundprinzipien zu ersinnen, befreien können, denn dieser Impuls ist tief in unserer Geschichte verankert und kann nicht – oder zumindest noch nicht – einfach ausgeschaltet oder ignoriert werden. Derrida würde sein eigenes Werk als unausweichlich von solchem metaphysischen Denken ›angesteckt‹ betrachten, auch wenn er noch so sehr versucht, ihm zu entkommen. Aber wenn man solche Grundprinzipien näher untersucht, erkennt man, daß sie immer ›dekonstruiert‹ werden können: man kann zeigen, daß sie das Ergebnis eines bestimmten Bedeutungssystems sind und nicht etwas, was dieses System von außen aufrechterhält. Grundprinzipien dieser Art werden gewöhnlich durch das definiert, was sie ausschließen: sie gehören zu der vom Strukturalismus so heißgeliebten Gattung der ›binären Oppositionen‹. So ist der Mann das Basisprinzip für männlich dominierte Gesellschaften, und die Frau stellt den hiervon ausgeschlossenen Gegensatz dar; und solange eine solche Unterscheidung fest fixiert bleibt, kann das ganze System reibungslos funktionieren. ›Dekonstruktion‹ ist die Bezeichnung für eine kritische Vorgehensweise, durch die solche Oppositionen teilweise unterlaufen werden können oder durch die gezeigt werden kann, wie sie sich teilweise im Vorgang der Textbedeutung gegenseitig unterlaufen. Die Frau bildet den Gegensatz zum Mann, das ›andere‹: sie ist nicht-Mann, unvollkommener Mann, und der ihr zugewiesene Wert ist im wesentlichen negativ im Verhältnis zum männlichen Grundprinzip. Aber ebenso ist der Mann das, was er ist, nur dadurch, daß er ununterbrochen dieses andere oder Entgegengesetzte ausschließt und sich als Antithese dazu definiert, und seine gesamte Identität wird deshalb gerade von der Geste, mit der er seine einzigartige, autonome Existenz zu sichern sucht, eingeholt und in Frage gestellt. Die Frau ist nicht einfach ein anderes im Sinne von etwas, was außerhalb seines Gesichtskreises liegt, sondern sie ist ein anderes, das als das Bild dessen, was er selbst nicht ist, und damit auch als eine essentielle Mahnung an das, was er ist, aufs engste mit ihm verbunden ist. Deshalb braucht der Mann dieses andere, auch wenn er es verächtlich zurückweist, und ist gezwungen, dem eine positive Identität zuzuweisen, was er als ein ›Un-Ding‹ betrachtet. Nicht nur, daß sein eigenes Sein parasitär von dem der Frau und vom Akt ihres

Ausschlusses und ihrer Unterordnung abhängig ist; ein weiterer Grund für die Notwendigkeit ihres Ausschlusses könnte darin bestehen, daß sie letztentlich vielleicht gar nicht so ganz anders ist. Vielleicht ist sie ein Zeichen für etwas im Mann selbst, was er unterdrücken, aus seinem Sein vertreiben, in eine sichere fremde Region jenseits seiner eigenen festgelegten Grenzen verbannen muß. Vielleicht ist das, was außen ist, irgendwie auch zugleich innen, ist das Fremde zugleich das Vertraute – so daß der Mann die absolute Grenze zwischen den zwei Bereichen wirklich so genau überwachen muß, wie er es tut, einfach weil sie jederzeit überschritten werden könnte, immer schon überschritten ist und viel weniger absolut ist, als es den Anschein hat.

Die Dekonstruktion hat also erfaßt, daß die binären Oppositionen, mit denen der klassische Strukturalismus gewöhnlich arbeitet, eine Sichtweise darstellen, die für Ideologien typisch ist. Ideologien ziehen gern strikte Grenzen zwischen dem Akzeptablen und dem Inakzeptablen, zwischen Selbst und Nicht-Selbst, zwischen Wahrem und Falschem, Sinn und Unsinn, Vernunft und Wahnsinn, Zentralem und Marginalem, Oberfläche und Tiefe. Solches metaphysisches Denken kann, wie gesagt, nicht einfach vermieden werden: wir können uns nicht einfach aus dieser binären Denkweise hinaus in einen ultra-metaphysischen Raum katapultieren. Aber durch eine bestimmte Art, mit Texten – ob ›literarische‹ oder ›philosophische‹ – zu arbeiten, können wir diese Oppositionen vielleicht ein bißchen zu entwirren beginnen, aufzeigen, wie ein Begriff einer Antithese heimlich der anderen innewohnt. Der Strukturalismus war im allgemeinen zufrieden, wenn er einen Text in binäre Oppositionen (oben/unten, hell/dunkel, Natur/Kultur etc.) aufteilen und die Logik, nach der sie funktionierten, aufdecken konnte. Die Dekonstruktion versucht aufzuzeigen, wie solche Oppositionen, um ihre Stellung zu wahren, manchmal dazu verleitet werden, sich umzukehren oder selbst zu Fall zu bringen, oder wie sie dazu gezwungen sein können, bestimmte winzige Details an den Rand des Textes zu verbannen, die aber zurückgeholt werden können, so daß sie das Zentrum empfindlich stören. Derridas eigene, für ihn typische Leseweise besteht darin, daß er irgendeinen anscheinend peripheren Bruchteil des Werks – eine Fußnote, einen wiederkehrenden nebensächlichen Begriff oder ein Bild, eine beiläufige Anspielung – aufnimmt und ihn beharrlich bis zu dem Punkt durcharbeitet, an dem er die Oppositionen, die den Text als Ganzes beherrschen, zu demontieren droht. Die Taktik der dekonstruktiven (Literatur-)Kritik besteht also darin, aufzuzeigen, wie Texte dahin kommen, die sie beherrschenden logischen Systeme in Verlegenheit zu bringen; und die Dekonstruktion zeigt dies, indem sie an den ›symptomatischen‹ Punkten festhält, den *Aporien* oder Sackgassen der Bedeutung, an denen Texte in Unannehmlichkeiten kommen, auseinanderfallen, zu sich selbst in Widerspruch geraten.

Dies stellt nicht nur eine empirische Beobachtung über bestimmte Schreibweisen dar; es handelt sich vielmehr um eine universelle Aussage über die Natur des Schreibens selbst. Denn wenn die Theorie der Bedeutung, mit der dieses Kapitel begann, überhaupt gültig ist, dann gibt es etwas im *Schreiben selbst*, was letztendlich alle Systeme und Logiken umgeht. Es gibt ein ständiges Aufflackern, Auslaufen und Diffundieren der Bedeutung – das, was Derrida ›dissémination‹ nennt –, das mit den Kategorien der Textstruktur oder innerhalb der Kategorien eines konventionellen kritischen Ansatzes nicht so einfach aufgefangen werden kann. Schreiben funktioniert wie jeder sprachliche Prozeß auf Grund von Differenzen; aber die Differenz ist nicht selbst eine *Vorstellung*, sie ist nichts, was *gedacht* werden kann. Ein Text kann möglicherweise etwas über die Natur von Sinn und Bedeutung ›aufzeigen‹, was er nicht als Aussage formulieren kann. Jegliche Form von Sprache weist für Derrida diesen ›Überschuß‹ über die wörtliche Bedeutung hinaus auf und droht stets, dem Sinn, der sie in Schach zu halten versucht, davonzulaufen und zu entkommen. Der ›literarische‹ Diskurs ist dabei der Ort, an dem dies am offensichtlichsten wird, aber es trifft auch für alle anderen Formen des Schreibens zu: die Dekonstruktion lehnt die Opposition literarisch/nicht literarisch wie jede andere absolute Unterscheidung ab. Das Aufkommen der Konzeption des Schreibens ist somit eine Herausforderung an den eigentlichen Strukturgedanken selbst: denn eine Struktur setzt stets ein Zentrum, ein festes Prinzip, eine Hierarchie der Bedeutungen und eine solide Basis voraus, und gerade diese Annahmen sind es, die das endlose Differenzieren und Verschieben des Schreibens in Frage stellt. Wir sind mit anderen Worten aus der Ära des Strukturalismus in das Reich des Poststrukturalismus gekommen, einer Denkweise, die die dekonstruktiven Operationen Derridas, das Werk des französischen Philosophen Michel Foucault, die Schriften des französischen Psychoanalytikers Jacques Lacan und die der feministischen Philosophin Julia Kristeva umfaßt. Ich habe Foucaults Werk in diesem Buch nicht explizit erörtert; aber meine Schlußfolgerungen wären ohne ihn nicht möglich, da sein Einfluß diesen gesamten Bereich durchdringt.

Um diese Entwicklung nachzuzeichnen, kann man einen kurzen Blick auf das Werk des französischen Kulturkritikers Roland Barthes werfen. In frühen Werken wie etwa *Mythen des Alltags* (1957/dt. 1964), *Sur Racine* (1963), *Elemente der Semiologie* (1964/dt. 1979) und *Die Sprache der Mode* (1967/dt. 1969) erweist sich Barthes als ›durch und durch strukturalistisch‹, indem er die Bedeutungssysteme der Mode, des Striptease, der Tragödien Racines und von Steak mit Pommes frites mit mühelosem *brio* analysiert. Ein wichtiger Essay von 1966, ›Einführung in die strukturale Analyse der Erzählung‹, ist in Jakobsonscher und Lévi-Strauss'scher Manier gehalten, indem er die Struktur der Erzählung in distinkte Einheiten, Funktionen und ›Indizes‹ (Indikatoren für die Psychologie der Figuren, der ›Atmosphäre‹ etc.) aufspaltet. Obgleich solche Einheiten in der Erzählung selbst aufeinanderfolgen, besteht die Aufgabe des Kritikers darin, sie in einem atemporalen Erklärungsrahmen zusammenzufassen. Aber schon zu diesem relativ frühen Zeitpunkt wird Barthes' Strukturalismus von anderen Theorien gemäßigt – Anspielungen auf die Phänomenologie in *Michelet par lui-même* (1954), auf die Psychoanalyse in *Sur Racine* – und dies alles gewinnt zusätzlich durch seinen literarischen Stil. Der schicke, spielerische, neologistische Stil Barthes' signalisiert eine Art ›Exzeß‹ des Schreibens, der die strenge strukturalistische Analyse überschreitet: ein Freiraum, in dem er sich, zum Teil aus der Tyrannei der Bedeutung entlassen, spielerisch betätigen kann. Sein Werk *Sade, Fourier, Loyola* (1971) stellt eine interessante Mischung des frühen Strukturalismus und des späten erotischen Spiels dar, indem es in Sades Schriften eine ununterbrochene, systematische Permutation erotischer Stellungen sieht.

Vom Anfang bis zum Ende ist Barthes' Thema die Sprache, insbesondere die Saussuresche Erkenntnis, daß das Zeichen immer eine Sache historischer und kultureller Konventionen ist. Das ›gesunde‹ Zeichen ist für Barthes dasjenige, das auf seine eigene Arbitrarität aufmerksam macht – das sich nicht als ›natürlich‹ zu verkaufen sucht, sondern noch im Augenblick der Bedeutungsvermittlung auch etwas über seinen eigenen relativen, künstlichen Status verrät. Hinter dieser Überzeugung in den früheren Werken steht ein politischer Beweggrund: Zeichen, die sich als natürlich ausgeben, die sich als einzig mögliche Sichtweise der Welt darstellen, sind damit zugleich autoritär und ideologisch. Eine der Funktionen der Ideologie besteht darin, die gesellschaftliche Wirklichkeit ›natürlich‹ zu machen, sie als so unschuldig und unveränderlich wie die Natur selbst erscheinen zu lassen. Die Ideologie versucht Kultur in Natur zu verkehren, und das ›natürliche‹ Zeichen ist eine ihrer Waffen. Vor einer Flagge zu salutieren oder mit der Ansicht übereinzustimmen, daß die westliche Demokratie die wahre Bedeutung des Wortes ›Freiheit‹ repräsentiert, wird zur selbstverständlichsten, spontansten Reaktion der Welt. In diesem Sinne ist Ideologie eine Art moderner Mythologie, ein Bereich, der sich von Zweideutigkeit und alternativen Möglichkeiten gereinigt hat.

In Barthes' Augen gibt es eine literarische Ideologie, die dieser ›natürlichen Haltung‹ entspricht; sie heißt Realismus. Realistische Literatur neigt dazu, die gesellschaftlich relative oder konstruierte Natur der Sprache zu verhüllen: sie trägt dazu bei, das Vorurteil zu bestätigen, daß es eine Art ›ursprünglicher‹ Sprache gibt, die irgendwie natürlich ist. Diese natürliche Sprache vermittelt uns die Wirklichkeit, ›wie sie ist‹: sie verzerrt sie nicht – wie die Romantik oder der Symbolismus – zu subjektiven Formen, sondern stellt die Welt in einer Weise dar, wie Gott selbst sie vielleicht kennt. Das Zeichen wird nicht als veränderliche Einheit gesehen, das von den Regeln eines bestimmten, veränderlichen Zeichensystems bestimmt wird: es wird vielmehr als ein durchlässiges Fenster zum Objekt oder zum Denken angesehen. Das Zeichen selbst ist ganz farblos und neutral, seine einzige Aufgabe besteht darin, etwas anderes zu repräsentieren, zum Träger einer Bedeutung zu werden, die es ohne eigenes Zutun empfängt, und es darf dem, was es vermittelt, sowenig wie möglich ins Gehege kommen. In der Ideologie des Realismus oder der Repräsentation werden Wörter als etwas empfunden, was mit den entsprechenden Gedanken oder Objekten auf eine vom Wesen her richtige und unbestreitbare Weise verknüpft ist: das Wort wird zur einzig angemessenen Sicht- oder Ausdrucksweise einer Sache oder eines Gedankens.

Das realistische oder repräsentierende Zeichen ist somit für Barthes seinem Wesen nach ungesund. Es löscht seinen eigenen Status als Zeichen aus, um die Illusion zu nähren, daß wir die Realität ohne sein Zutun wahrnehmen. Das Zeichen als ›Widerspiegelung‹, ›Ausdruck‹, oder ›Repräsentation‹ leugnet den *produktiven* Charakter der Sprache: es unterdrückt die Tatsache, daß wir überhaupt nur deshalb über eine ›Welt‹ verfügen, weil wir Sprache haben, um sie zu bezeichnen, und daß das, was wir für ›real‹ halten, in die veränderlichen Strukturen der Bedeutungsgebung, in der wir leben, eingebunden ist. Barthes' ›doppeltes‹ Zeichen – das Zeichen, das gleichzeitig seine Bedeutung vermittelt und auf seine materielle Existenz verweist – ist ein Enkel der ›verfremdeten‹ Sprache der Formalisten und des tschechischen Strukturalismus, des Jakobsonschen ›poetischen‹ Zeichens, das mit seinem eigenen augenfälligen linguistischen Sein prunkt. Ich sage deshalb ›Enkel‹ und nicht ›Kind‹, weil die direkteren Nachkommen der Formalisten die sozialistischen Künstler der Weimarer Republik waren – unter ihnen Brecht –, die solche ›Verfremdungseffekte‹ für politische Zwecke nutzten. In ihren Händen wurden die Verfremdungsverfahren von Šklovskij und Jakobson zu mehr als verbalen Funktionen: sie wurden poetische, filmische und theatralische Instrumente zur Verfremdung der politischen Gesellschaft, indem sie zeigten, wie sehr das, was jeder für selbstverständlich hielt, in Frage gestellt werden konnte. Diese Künstler waren zugleich Erben der bolschewistischen Futuristen und anderer russischer Avantgardisten, von Majakovskij, der ›Linken Front‹ (LEF) und den Kulturrevolutionären in der Sowjetunion der 20er Jahre. Von Barthes gibt es einen enthusiastischen Essay über Brechts Theater in seinen *Essais critiques* (1964), und er war selbst ein früher Verfechter dieser Art von Theater in Frankreich.

Der frühe Strukturalist Barthes vertraut noch auf die Möglichkeit einer Literatur-›Wissenschaft‹, obgleich diese, wie er anmerkt, nur eine Wissenschaft der ›Formen‹ und nicht eine der ›Inhalte‹ sein könnte. Eine solche wissenschaftliche Literaturkritik würde in gewisser Weise darauf zielen, ihr Objekt ›so, wie es wirklich ist‹ zu erfassen; aber läuft dies nicht Barthes' Abneigung gegen das neutrale Zeichen zuwider? Auch der Kritiker muß schließlich Sprache benutzen, um den literarischen Text zu analysieren, und es gibt keinen Grund zu der Annahme, daß diese Sprache den Einschränkungen entkommen könnte, die Barthes für den repräsentierenden Diskurs im allgemeinen macht. Welche Beziehung besteht zwischen dem Diskurs der Kritik und dem des literarischen Textes? Für den Strukturalisten ist die Kritik eine Form von ›Metasprache‹ – Sprache über eine andere Sprache –, die sich bis zu einem gewissen Punkt über ihr Objekt erhebt, von dem aus er auf es herabschauen und es objektiv untersuchen kann. Aber wie Barthes in *Die Sprache der Mode* erkennt, kann es gar keine ultimative Metasprache geben: immer kann ein weiterer Kritiker kommen und die erste Kritik zum Objekt seiner Untersuchungen machen, und so weiter in einem unendlichen Regreß. In seinen *Essais critiques* spricht Barthes von Textkritik als etwas, was einen Text ›so vollständig wie möglich mit seiner eigenen Sprache abdeckt‹, in *Kritik und Wahrheit* (1966/dt. 1967) wird der textkritische Diskurs als eine ›zweite Sprache‹ angesehen, die ›über der primären Sprache des Werkes schwebt‹. Derselbe Essay beginnt damit, literarische Sprache selbst mit etwas zu charakterisieren, was nunmehr als poststrukturalisitische Terminologie zu erkennen ist: es ist eine ›bodenlose‹ Sprache, etwas wie ›reine Ambiguität‹, die von einer ›leeren Bedeutung‹ getragen wird. Wenn dies so ist, dann steht in Zweifel, daß die Methoden des klassischen Strukturalismus dem überhaupt gerecht werden können.

Der Umschwung erfolgt mit Barthes' erstaunlicher Studie über Balzacs Erzählung *Sarrasine, S/Z* (1970/dt. 1976). Das literarische Werk wird nunmehr nicht länger als feststehendes Objekt oder als begrenzte Struktur behandelt, und die Sprache der Kritik lehnt jeglichen Anspruch auf wissenschaftliche Objektivität ab. Die für die Kritik interessantesten Texte sind nicht diejenigen, die man *lesen* kann, sondern die, die ›schreibbar‹ *(scriptible)* sind – Texte, die den Kritiker/die Kritikerin dazu ermutigen, sie zu zerlegen, sie in andere Diskurse zu verlagern, sein oder ihr semi-arbiträres Spiel der Bedeutungen gegen den Strich des Textes zu treiben. Leser oder Kritiker wechseln aus der Rolle des Konsumenten in die des Produzenten. Nicht, daß beim Interpretieren wirklich ›alles möglich‹ wäre, denn Barthes legt Wert auf die Feststellung, daß man das Werk nicht dazu bringen kann, beliebige Bedeutungen anzunehmen; aber die Literatur ist nunmehr weniger ein Objekt, dem sich die Kritik anpassen muß, als vielmehr ein freies Feld, in dem sie sich vergnügen kann. Der ›schreibbare‹ Text, gewöhnlich ein Text der Moderne, hat keine fest umgrenzte Bedeutung, keine festgelegten Signifikate, sondern ist vielfältig und diffus, ein unerschöpfliches Gespinst oder eine Galaxie von Signifikanten, ein ungesäumtes Gewebe von Codes und Codefragmenten, durch die sich der Kritiker seinen eigenen Irrpfad schlagen kann. Es gibt keinen Anfang und kein Ende, keine Sequenzen, die nicht umgekehrt werden könnten, keine Hierarchie der Text›ebenen‹, die angeben, was mehr und was weniger bedeutsam ist. Alle literarischen Texte sind aus anderen literarischen Texten gewoben, nicht im konventionellen Sinne als Spuren des ›Einflusses‹ anderer Texte, sondern in dem radikaleren Sinne, daß jedes Wort, jeder Satz und jeder Abschnitt die Neubearbeitung anderer Schriften darstellt, die dem individuellen Werk vorausgehen oder es umgeben. So etwas wie ›literarische Orginalität‹, wie das ›erste‹ literarische Werk, gibt es gar nicht: sämtliche Literatur ist

›intertextuell‹. Ein spezifisches Textstück hat somit keine klar definierten Grenzen: es fließt unablässig in andere Werke über, die sich darum herum drängen, und schafft hundert verschiedene Perspektiven, die bis zum völligen Verschwinden immer weiter zusammenschrumpfen. Das Werk kann nicht einfach zugeschlagen, durch Anrufung des Autors begrenzt werden, denn der ›Tod des Autors‹ ist ein Wahlspruch, den die moderne Literaturkritik nun mit Zuversicht proklamieren kann (›La mort de l'auteur‹). Die Biographie des Autors ist schließlich nur ein weiterer Text, dem kein besonderes Privileg beigemessen zu werden braucht: auch dieser Text kann dekonstruiert werden. Es ist die Sprache, die in der Literatur mit all ihrer ausufernden ›polysemischen‹ Pluralität zu Wort kommt, und nicht der Autor selbst. Wenn es eine Ort gibt, an dem sich die brodelnde Vielfalt des Texts für einen Augenblick vereint, dann ist dies nicht der Autor, sondern der Leser.

Wenn Poststrukturalisten von ›Schrift‹ oder ›Textualität‹ sprechen, dann meinen sie es gewöhnlich in diesem besonderen Sinne. Die Entwicklung vom Strukturalismus zum Poststrukturalismus ist zum Teil, wie Barthes es ausgedrückt hat, eine Bewegung vom ›Werk‹ zum ›Text‹ (»De l'œuvre au texte«). Sie ist eine Verlagerung der Sichtweise eines Gedichtes oder eines Romans von der einer geschlossenen Einheit, ausgestattet mit begrenzten Bedeutungen, die zu dechiffrieren Aufgabe des Kritikers ist, auf die einer nicht reduzierbaren Vielfalt, eines unendlichen Spiels der Signifikanten, die niemals endgültig auf einen einzigen Mittelpunkt, eine einzige Essenz oder Bedeutung reduziert werden können. Dies führt offensichtlich zu einer radikalen Änderung in der Praxis der Kritik selbst, wie *S/Z* deutlich macht; Barthes' Methode in dem Buch besteht darin, die Balzac'sche Geschichte in eine Anzahl kleiner Einheiten oder ›Lexien‹ aufzuteilen und ihnen fünf Codes zuzuordnen: den proïaretischen‹ (oder Erzähl-)Code, einen ›hermeneutischen‹ Code, der mit der Entfaltung der Rätsel der Erzählung zu tun hat, einen ›kulturellen‹ Code, der den Grundstock an sozialem Wissen untersucht, auf dem das Werk beruht, einen ›semischen‹ Code, der sich mit den Konnotationen von Personen, Orten und Objekten befaßt, und einen ›symbolischen‹ Code, der die sexuellen und psychoanalytischen Beziehungen mißt, die im Text hergestellt werden. Bis hierhin scheint sich vielleicht nichts von alledem vom strukturalistischen Standard-Vorgehen zu unterscheiden. Aber die Unterteilung des Textes in Einheiten ist mehr oder weniger willkürlich; die fünf Codes sind einfach fünf, die aus einer unendlichen Anzahl von möglichen ausgewählt wurden; sie werden in keinerlei Hierarchie gestellt, sondern pluralistisch angewendet, manchmal gleich zu dritt auf ein und dieselbe Einheit; und sie verzichten darauf, das Werk zu irgendeiner Art von zusammenhängendem Sinn, von ›Totalität‹, zu ›summieren‹. Statt dessen zeigen sie seine Streuung und Gebrochenheit. Der Text, argumentiert Barthes, ist nicht so sehr eine ›Struktur‹ als vielmehr ein offener Prozeß der ›Strukturierung‹, und dieses Strukturieren erfolgt durch die Kritik. Balzacs Novelle scheint ein realistisches Werk zu sein und damit der Art von semiotischer Gewalt, die Barthes ihm antut, auf den ersten Blick keineswegs besonders zugänglich: sein kritischer Ansatz ist keine ›Wiedererschaffung‹ des Werks, sondern eine drastische Neuschreibung und Neuorganisation über alle konventionelle Wiedererkennbarkeit hinaus. Indessen wird hierdurch eine Dimension des Werkes enthüllt, die bisher unbemerkt geblieben war. *Sarrasine* wird als ›Grenztext‹ des literarischen Realismus entlarvt, ein Werk, von dessen Grundannahmen gezeigt werden kann, daß sie sich in heimlichen Schwierigkeiten befinden: die Erzählung kreist um einen frustrierten Erzählvorgang, sexuelle Kastration, die mysteriösen Quellen des kapitalistischen Reichtums und eine grundlegende Verwirrung der festen sexuellen Rollen. In einem *coup de grâce* kann Barthes behaupten, daß die ›Inhalte‹ der Novelle selbst zu seinen eigenen Analysemethoden in Beziehung stehen: die Geschichte betrifft eine Krise der literarischen Darstellung, der sexuellen Beziehungen und des ökonomischen Tauschs. In jedem einzelnen dieser Bereiche beginnt die bürgerliche Ideologie des ›repräsentativen‹ Zeichens in Frage gestellt zu werden; und in diesem Sinne kann, mit einer gewissen interpretativen Gewalt und *bravour*, Balzacs Erzählung als über ihren eigenen historischen Augenblick im frühen 19. Jahrhundert hinaus und bis zu Barthes' eigener Periode der Moderne weisend gesehen werden.

Tatsächlich ist es die literarische Bewegung der Moderne, die den Strukturalismus und den Poststrukturalismus in erster Linie hervorbrachte. Einige der späteren Werke Barthes' und Derridas sind selbst literarische Texte der Moderne, experimentell, rätselhaft und reichlich ambig. Für den Poststrukturalismus gibt es keine klare Trennung zwischen ›Kritik‹ und ›Kreation‹: beides gehört zum Schreiben an sich. Der Strukturalismus setzte ein, als die Sprache zu einer Obsession der Intellektuellen wurde; und dies wiederum passierte, weil die Sprache im Westeuropa des späten 19. und des 20. Jahrhunderts als in den Wehen einer tiefen Krise liegend empfunden wurde. Wie sollte man noch schreiben, wenn der Diskurs in der industriellen Gesellschaft zum bloßen Instrument der Wissenschaft, des Handels, der Werbung und der Bürokratie degradiert worden war? Und für welche Zuhörer sollte man überhaupt noch schreiben, bei einer Sättigung der Leserschaft durch eine profitgierige, betäubende ›Massenkultur‹? Konnte ein literarisches Werk gleichzeitig ein Kunstwerk und eine Ware auf dem freien Markt sein? Konnte man noch länger das zuversichtliche rationalistische oder empirizistische Vertrauen der Mittelschicht um die Mitte des 19. Jahrhunderts darauf teilen, daß die Sprache wirklich fest in der Welt verankert war? Wie war Schreiben ohne den Rahmen gemeinsamer Überzeugungen möglich, die man mit der Leserschaft teilte, und wie könnte man einen solchen Rahmen im ideologischen Aufruhr des 20. Jahrhunderts überhaupt neu erfinden?

Solche in den realen historischen Bedingungen des modernen Schreibens verwurzelten Fragen waren es, die das Problem der Sprache so dramatisch ›in den Vordergrund stellten‹. Die formalistische, futuristische und die strukturalistische Besessenheit mit der Verfremdung und Erneuerung des Wortes, mit der Rückerstattung des Reichtums, dessen sie beraubt worden war, an eine entfremdete Sprache, waren jeweils auf ihre Art Antworten auf dieses historische Dilemma. Es bestand aber auch die Möglichkeit, die Sprache selbst als eine Alternative zu den quälenden sozialen Problemen aufzustellen – die traditionelle Vorstellung, daß man *für* jemanden *über* etwas schreibe, schwermütig oder triumphierend zurückzuweisen, und die Sprache selbst zum über alles geliebten Gegenstand zu machen. In seinem meisterhaften frühen Essay *Am Nullpunkt der Literatur* (1953/dt.1959) skizziert Barthes etwas von der historischen Entwicklung, durch die Schreiben für die französischen symbolistischen Dichter des 19. Jahrhunderts zu einem ›intransitiven‹ Akt wurde: nicht das Schreiben über ein bestimmtes Thema für einen bestimmten Zweck, wie im Zeitalter der ›klassischen‹ Literatur, sondern Schreiben als Selbstzweck und Passion. Wenn die Objekte und Ereignisse in der realen Welt als leblos und entfremdet empfunden werden, wenn die Geschichte von ihrem Weg abgekommen und dem Chaos verfallen zu sein scheint, dann ist es immer noch möglich, all dies ›auszuklammern‹, ›den Referenten auszusetzen‹ und statt dessen die Wörter selbst zum Gegenstand zu machen. In einem grundlegenden narzißtischen Akt wendet sich das Schreiben sich selbst zu, wird dabei aber ständig von der gesellschaftlichen Schuld seiner eigenen Nutzlosigkeit irritiert und überschattet. Unausweichlich mitschuldig mit denen, die es auf den Status einer nicht mehr nachgefragten Ware reduziert haben, strengt es sich trotzdem an, sich von der Verunreinigung der gesellschaftlichen Bedeutung zu befreien, indem es sich entweder zur Reinheit des Schweigens drängt, wie dies bei den Symbolisten der Fall ist, oder nach strikter Neutralität strebt, einem ›Nullpunkt des Schreibens‹, der unschuldig zu scheinen hofft, in Wirklichkeit aber, wie Hemingway beispielhaft zeigt, genauso ein literarischer Stil ist wie jeder andere auch. Es besteht kein Zweifel daran, daß die ›Schuld‹, von der Barthes spricht, die Schuld der Institution Literatur selbst ist – eine Institution, die, wie er bemerkt, die Trennung der Sprachen und die Trennung der Klassen bezeugt. ›Literarisches‹ Schreiben steht in der modernen Gesellschaft unausweichlich in heimlichem Einvernehmen mit solchen Trennungen.

Der Strukturalismus kann am ehesten sowohl als Symptom als auch als Reaktion auf die gesellschaftliche und sprachliche Krise gesehen werden, die skizziert wurde. Er flieht von der Geschichte zur Sprache – ein Akt der Ironie, da in Barthes' Sichtweise kaum eine Bewegung historisch signifikanter sein könnte. Aber indem er sich die Geschichte und den Referenten vom Leibe hält, versucht er auch, ein Gefühl für die ›Unnatürlichkeit‹ der Zeichen wiederherzustellen, nach denen die Menschen leben, und damit zugleich ein radikales Bewußtsein für ihre historische Veränderlichkeit zu schaffen. Auf diese Weise reiht er sich möglicherweise gerade in die Geschichte wieder ein, mit deren Preisgabe er seinen Anfang genommen hat. Ob er dies tut oder nicht, hängt indessen davon ab, ob der Referent provisorisch oder ein für allemal außer Kraft gesetzt wird. Mit dem Aufkommen des Poststrukturalismus schien nicht diese Ablehnung der Geschichte das Reaktionäre am Strukturalismus, sondern nichts weniger als der Strukturgedanke selbst. Für den Barthes der *Lust am Text* (1973/dt. 1974) ist sämtliche Theorie, Ideologie, festgelegte Bedeutung, soziales Engagement im tiefsten Innern terroristisch geworden, und ›Schreiben‹ ist die Antwort auf all dies. Schreiben, oder Lesen-als-Schreiben, ist die letzte noch nicht kolonialisierte Enklave, in der der Intellektuelle spielen kann, indem er die Pracht der Signifikanten in ungestümer Mißachtung all dessen auskostet, was möglicherweise gerade im Elysée-Palast oder in den Renault-Werken passiert. Im Akt des Schreibens konnte die Tyrannei der strukturellen Bedeutung für einen Augenblick aufgebrochen und durch ein freies Spiel der Sprache verrückt werden; und das schreibende/lesende Subjekt wurde aus der Zwangsjacke einer einzelnen Identität in ein ekstatisch diffuses Ich entlassen. Der Text, verkündet Barthes, »ist [...] jene ungehemmte Person, die dem Politischen Vater ihren Hintern zeigt«.

Die Anspielung auf den Politischen Vater ist nicht zufällig. *Die Lust am Text* wurde fünf Jahre nach der gesellschaftlichen Eruption veröffentlicht, die Frankreichs politische Väter bis zu den Grundfesten erschüttert hat. 1968 war die Studentenbewegung über Europa hinweggefegt, hatte sich gegen die autoritären Strukturen der Bildungseinrichtungen aufgelehnt und in Frankreich zeitweilig den kapitalistischen Staat selbst bedroht. Einen dramatischen Augenblick lang wankte der Staat am Rande des Ruins: auf den Straßen lieferten sich seine Polizei und Armee Schlachten mit Studenten, die für einen solidarischen Zusammenschluß mit der Arbeiterklasse kämpften. Die Studentenbewegung, die nicht fähig war, eine kohärente politische Führung hervorzubringen, und in eine konfuse Mischung aus Sozialismus, Anarchismus und infantilem den-Hintern-Zeigen verfiel, wurde zurückgeschlagen und zerstreut; von ihren gleichgültigen stalinistischen Führern im Stich gelassen, war die Bewegung der Arbeiterklasse nicht in der Lage, die Macht zu ergreifen. Charles de Gaulle kehrte aus seinem voreiligen Exil zurück, und der französische Staat ordnete seine Kräfte im Namen von Patriotismus, Recht und Ordnung neu.

Der Poststrukturalismus war ein Ergebnis dieser Mischung aus Euphorie und Desillusion, Befreiung und Zerstreuung, Karneval und Katastrophe von 1968. Unfähig, die Strukturen der staatlichen Macht zu brechen, stieß der Poststrukturalismus auf die Möglichkeit, statt dessen die Strukturen der Sprache zu untergraben. Zumindest war es unwahrscheinlich, daß man hierfür von jemanden einen Knüppel über den Kopf bekommen würde. Die Studentenbewegung wurde von den Straßen gespült und in den Untergrund des Diskurses getrieben. Ihre Feinde wurden, wie für den späteren Barthes, kohärente gedankliche Systeme aller Art – insbesondere alle Formen politischer Theorie und Organisation, die die Strukturen der Gesellschaft als Ganzes zu analysieren und ihnen entsprechend zu handeln versuchten. Denn gerade diese Art von Politik war es ja, die versagt zu haben schien: das System hatte sich als zu mächtig für sie erwiesen, und die ›totale‹ Kritik, die ein äußerst stalinisierter Marxismus dafür anbot, war als Teil des Problems und nicht als seine Lösung entlarvt worden. Jegliches derartige totale systematische Denken wurde nun als terroristisch verdächtigt: das begriffliche Denken selbst, als der libidinösen Geste und der anarchistischen Spontaneität entgegengesetzt, wurde als repressiv gefürchtet. Lesen ist für den späteren Barthes nicht Erkenntnis, sondern erotisches Spiel. Die einzigen politischen Formen, die nunmehr als akzeptabel empfunden wurden, waren von einer lokal begrenzten, diffusen, strategischen Art: Arbeit mit Gefangenen oder anderen gesellschaftlichen Randgruppen, bestimmte Projekte im Bereich Kultur und Erziehung. Die Frauenbewegung, die den klassischen Organisationsformen der politischen Linken feindlich gegenüberstand, entwickelte freiheitliche, ›dezentrale‹ Alternativen und wies in einigen Flügeln systematische Theorien als männlich zurück. Für manche Poststrukturalisten bestand der schlimmste Fehler in dem Glauben, daß solche lokalen Projekte und spezifischen Formen des Engagements auf der Basis eines umfassenden Verständnisses der Funktionsweise des Monopolkapitalismus zusammengefaßt werden sollten, das doch nur genauso oppressiv ›totalisierend‹ sein könnte wie das System selbst, gegen das es sich richtete. Überall war Macht, eine flüssige, quecksilbrige Kraft, die durch sämtliche Poren der Gesellschaft sickerte, aber sie hatte so wenig wie der literarische Text noch ein Zentrum. Das ›System als Ganzes‹ konnte nicht bekämpft werden, weil es in Wirklichkeit gar kein ›System als Ganzes‹ gab. Man konnte somit an jedem beliebigen Punkt des gesellschaftlichen und politischen Lebens intervenieren, so wie Barthes *S/Z* in ein willkürliches Spiel der Codes zerstückeln konnte. Woher man *wußte*, daß es kein System als Ganzes gab, war nicht so ganz klar, wo doch übergreifende Begriffe tabu waren; auch war nicht klar, ob eine solche Ansicht in anderen Teilen der Welt so lebensfähig sein würde wie in Paris. In der sogenannten Dritten Welt versuchten die Menschen ihre Länder von der politischen und ökonomischen Vorherrschaft Europas und der USA zu befreien, wobei ihnen ein allgemeiner Begriff von der Logik des Imperialismus als Wegweiser diente. Ein solcher Versuch fand zur Zeit der europäischen Studentenbewegungen in Vietnam statt, und er erwies sich ein paar Jahre später trotz seiner ›übergreifenden Theorien‹ als um einiges erfolgreicher, als dies die Pariser Studenten gewesen waren. Daheim in Europa waren diese Theorien indessen ziemlich bald passé. Genauso wie die älteren Formen der ›totalen‹ Politik dogmatisch verkündet hatten, daß eher lokale Anliegen nur von vorübergehendem Belang seien, so neigte die neue Politik der Fragmente dazu, ein Dogma daraus zu machen, daß jegliches globalere Engagement einer gefährlichen Illusion aufsäße.

Eine solche Einstellung entstand, wie ausgeführt wurde, aus einer ganz bestimmten politischen Niederlage und Desillusionierung. Die ›totale Struktur‹, die sie als ihren Feind identifizierte, war eine historisch spezifische: der bewaffnete, repressive Staat des späten Monopolkapitalismus und die stalinistische Politik, die ihn zu bekämpfen vorgab, in Wirklichkeit aber tief in seine Herrschaft verstrickt war. Lang vor dem Aufkommen des Poststrukturalismus haben Generationen von Sozialisten gegen beide Monolithen gekämpft. Sie hatten allerdings ebenso wie die Guerilla-Kämpfer in Guatemala übersehen, daß die erotischen *frissons* des Lesens oder sogar eine den als ›kriminelle Geisteskranke‹ Abgestempelten gewidmete Arbeit eine angemessene Lösung darstellten.

In einer seiner Strömungen wurde der Poststrukturalismus zu einer bequemen Methode, derartige politische Fragen überhaupt zu umgehen. Das Werk Derridas und anderer hat die klassischen Begriffe von Wahrheit, Realität, Bedeutung und Erkenntnis aufs heftigste in Zweifel gezogen, da sie alle als auf einer naiven sprachlichen Repräsentationstheorie fußend entlarvt werden konnten. Wenn die Bedeutung, das Signifikat, ein flüchtiges Ergebnis der Wörter oder Signifikanten war, stets changierend und instabil, teils präsent, teils abwesend, wie konnte es dann überhaupt irgendeine festgelegte Bedeutung oder Wahrheit geben? Wenn die Realität durch unseren Diskurs weniger reflektiert als vielmehr hergestellt wurde, wie konnten wir dann jemals die Realität selbst erfahren und nicht bloß unseren eigenen Diskurs? War alles Reden einfach nur Reden über unser Reden? Ergab es einen Sinn, zu behaupten, daß eine bestimmte Interpretation der Realität, der Geschichte oder eines literarischen Textes ›besser‹ sei als eine andere? Die Hermeneutik hatte sich einem sympathetischen Verstehen der Bedeutung der Vergangenheit verschrieben; aber gab es überhaupt irgendeine Vergangenheit, die man erkennen konnte und die nicht nur eine bloße Funktion des gegenwärtigen Diskurses war?

Ob es dies nun war, was die Gründungsväter des Poststrukturalismus wirklich gemeint hatten, oder auch nicht, jedenfalls wurde diese Art von Skeptizismus schnell zu einer Moderichtung in linken akademischen Kreisen. Wer Wörter wie ›Wahrheit‹, ›Gewißheit‹ und ›Realität‹ gebrauchte, wurde in bestimmten Kreisen sofort als der Metaphysik verhaftet denunziert. Wer

Einwände gegen das Dogma erhob, daß wir niemals überhaupt irgendetwas erkennen könnten, tat dies nur, weil er sich nostalgisch an Vorstellungen von einer absoluten Wahrheit und an eine größenwahnsinnige Überzeugung klammerte, daß man gemeinsam mit einigen klügeren Naturwissenschaftlern die Realität genauso sehen könne, ›wie sie ist‹. Die Tatsache, daß man heutzutage extrem wenig Anhängern solcher Doktrinen begegnet, zumindest nicht unter Wissenschaftstheoretikern, schien die Skeptiker nicht abzuschrecken. Das Wissenschaftsmodell, das von den Poststrukturalisten häufig verspottet wird, ist gewöhnlich ein positivistisches – irgendeine Version des rationalistischen Anspruchs des 19. Jahrhunderts auf ein transzendentales, wertfreies Wissen über ›die Fakten‹. Dieses Modell ist in Wirklichkeit ein Papiertiger. Es erschöpft den Begriff ›Wissenschaft‹ bei weitem nicht, und mit dieser Karikatur wissenschaftlicher Selbstreflektionen ist nichts gewonnen. Mit der Äußerung, daß es keine absoluten Grundlagen für solche Wörter wie Wahrheit, Gewißheit, Realität etc. gibt, ist noch nicht gesagt, daß diese Wörter keine Bedeutung haben oder ineffektiv sind. Wer glaubte denn überhaupt, daß solche absoluten Grundlagen existierten, und wie würden sie aussehen, wenn es sie gäbe?

Ein Vorteil des Dogmas, daß wir Gefangene unseres eigenen Diskurses sind, nicht dazu fähig, bestimmte Wahrheitsansprüche vernünftig vor(an)zubringen, weil solche Ansprüche nur zu unserer Sprache in Beziehung stehen, besteht darin, daß es einem ermöglicht, in voller Montur durch die Überzeugungen aller anderen hindurchzugaloppieren, ohne daß es einem die Unbequemlichkeit aufbürdet, selbst eine Überzeugung anzunehmen. Es stellt im Ergebnis eine unverwundbare Position dar, und die Tatsache, daß es zugleich völlig leer ist, ist eben der Preis, den man hierfür zu zahlen hat. Die Ansicht, daß der signifikanteste Aspekt jeglicher sprachlichen Äußerung darin besteht, daß sie nicht weiß, worüber sie spricht, schmeckt nach einer müden Resignation angesichts der Unmöglichkeit von Wahrheit, die zu der historischen Desillusion der nach-1968er durchaus in Beziehung steht. Aber es befreit einen auch auf einen Schlag davon, in wichtigen Angelegenheiten Position beziehen zu müssen, denn was man zu solchen Dingen sagt, ist nie mehr als ein flüchtiges Ergebnis des Signifikanten und kann daher in keiner Weise als ›wahr‹ oder ›ernst‹ genommen werden. Ein weiterer Vorteil dieser Haltung besteht darin, daß sie auf schadenfrohe Weise gegenüber den Meinungen aller anderer radikal ist, dazu fähig, auch noch die ernsthaftesten Erklärungen als liederliches

Spiel der Zeichen zu demaskieren, während sie in jeder anderen Hinsicht zutiefst konservativ ist. Da sie einen dazu verpflichtet, nichts zu bestätigen, ist sie so gefährlich wie Platzpatronen.

Im anglo-amerikanischen Bereich tendiert der Dekonstruktivismus im großen und ganzen dazu, diesen Weg einzuschlagen. In der sogenannten Yale-Schule der Dekonstruktion – Paul de Man, J. Hillis Miller, Geoffrey Hartman und in gewisser Hinsicht auch Harold Bloom – dient besonders de Mans Literaturkritik ergeben dem Ziel, zu beweisen, daß die literarische Sprache ständig ihre eigene Bedeutung unterminiert. Tatsächlich hat de Man in dieser Operation nichts geringeres als eine neue Definition des ›Wesens‹ der Literatur entdeckt. Jegliche Sprache ist, wie de Man richtig bemerkt, unausweichlich metaphorisch, arbeitet mit Tropen und Bildern; es ist ein Fehler, zu glauben, daß irgendeine Sprache *buchstäblich* ›wörtlich‹ ist. Philosophie, Jura, Politologie bedienen sich ebenso wie Gedichte der Metapher und sind somit genauso fiktional. Da Metaphern ihrem Wesen nach keine ›reale Basis‹ haben, sondern die bloße Ersetzung eines Zeichensatzes durch einen anderen darstellen, hat die Sprache die Tendenz, ihre Willkürlichkeit und Fiktivität gerade an den Stellen preiszugeben, wo sie sich am überzeugendsten gibt. Der Bereich, in dem diese Ambiguität am deutlichsten zu Tage tritt, ist die ›Literatur‹ – in der die Leserin sich zwischen einer ›wörtlichen‹ und einer übertragenen Bedeutung in der Schwebe befindet, ohne sich zwischen den beiden entscheiden zu können, und solchermaßen von einem Text, der ›unlesbar‹ geworden ist, taumelnd in einen bodenlosen sprachlichen Abgrund gestürzt wird. Indessen sind literarische Werke in gewissem Sinne weniger täuschend verkleidet als andere Diskursformen, denn sie gestehen ihren eigenen rhetorischen Status implizit ein – die Tatsache, daß das, was sie sagen, sich von dem, was sie eigentlich tun, unterscheidet, daß all ihr Erkenntnisanspruch auf bildlichen Strukturen beruht, die sie mehrdeutig und unbestimmt machen. Man könnte sagen, sie sind von Natur aus ironisch. Andere Formen des Schreibens sind genauso bildlich mehrdeutig, geben sich aber als Wahrheit aus, die nicht in Frage gestellt werden kann. Für de Man und seinen Kollegen Hillis Miller braucht die Literatur gar nicht vom Kritiker dekonstruiert zu werden: man kann zeigen, wie sie sich selbst dekonstruiert, und daß sie darüberhinaus genau von diesem Vorgang handelt.

Die Ambiguitäten des Textes bei der Yale-Schule unterscheiden sich von den poetischen Ambivalenzen des New Criticism.

Lesen besteht nicht wie für den New Criticism darin, zwei verschiedene, aber feststehende Bedeutungen in Übereinklang zu bringen: es besteht darin, sich auf dem Sprung von einer Bedeutung zur anderen zu ertappen, die weder miteinander versöhnt noch verworfen werden können. Die Literaturkritik wird so zu einer ironischen, unbehaglichen Angelegenheit, ein verwirrendes Vorwagen in die innere Leere des Textes, die das Illusionäre des Sinns, die Unmöglichkeit der Wahrheit und die trügerischen Listen jeglichen Diskurses offenlegt. In anderer Hinsicht ist dieser anglo-amerikanische Dekonstruktivismus indessen nichts anderes als die Rückkehr zum alten Formalismus des New Criticism. Und es handelt sich dabei sogar um eine Rückkehr in intensivierter Form, denn während das Gedicht für den New Criticism noch in bestimmter, indirekter Weise ein Diskurs über die außer-poetische Realität war, legt die Literatur für den Dekonstruktivisten nur von der Unfähigkeit der Sprache Zeugnis ab, jemals etwas anderes zu tun, als wie ein Langeweiler an einer Bartheke ständig über ihr eigenes Versagen zu sprechen. Die Literatur ist der Ruin sämtlicher Referenz, der Friedhof der Kommunikation. (Auch das Werk des französischen Kritikers Maurice Blanchot wird etwas von dieser Beschäftigung mit der gleichzeitigen Dringlichkeit und ›Unmöglichkeit‹ von Bedeutung in der Literatur geprägt, obwohl er nicht als Poststrukturalist angesehen werden kann). Der New Criticism sah im literarischen Text eine segensreiche Aufhebung des doktrinären Glaubens in einer zunehmend ideologischen Welt; die Dekonstruktion sieht die gesellschaftliche Wirklichkeit weniger als oppressiv bestimmend denn als immer neue schimmernde Netze der Unentscheidbarkeit an, die sich bis zum Horizont erstrecken. Die Literatur gibt sich nicht, wie für den New Criticism, damit zufrieden, eine klösterlich abgeschiedene Alternative zur materiellen Geschichte zu bieten: sie erstreckt sich nun weiter und kolonialisiert diese Geschichte, schreibt sie in ihrer eigenen Vorstellung neu und sieht Hungersnöte, Revolutionen, Fußballspiele und Karamelpudding nur als jeweils neue unentscheidbare ›Texte‹. Da kluge Menschen in Situationen, deren Bedeutung nicht einigermaßen klar ist, nicht zum Handeln neigen, bleibt diese Sichtweise nicht ohne Folgen für die Art des sozialen und politischen Lebens. Da aber die Literatur das privilegierte Paradigma all dieser Unbestimmbarkeit darstellt, kann der *Rückzug* des New Criticism in den literarischen Text im gleichen Moment wiederholt werden, in dem die Literaturwissenschaft ihre rächende Hand gegen die Welt erhebt und sie mit einem Schlag bedeutungsleer macht. Während für die früheren Literaturtheorien die *Erfahrung* das war, was man nicht greifen konnte, was ständig zerrann und höchst vieldeutig war, ist es nun die Sprache. Die Terminologie hat sich verändert; vieles an der Sichtweise der Welt ist bemerkenswert unverändert geblieben.

Aber es handelt sich nicht, wie bei Bachtin, um Sprache als ›Diskurs‹; Jacques Derridas Werk verhält sich gegenüber derartigen Anliegen auffallend gleichgültig. Hauptsächlich dadurch entsteht die doktrinäre Besessenheit mit der ›Unentscheidbarkeit‹. Nun mag die Bedeutung durchaus letztendlich unentscheidbar sein, wenn man die Sprache kontemplativ als eine Kette von Signifikanten auf einer Seite betrachtet; sie wird indessen ›entscheidbar‹, und Wörter wie ›Wahrheit‹, ›Realität‹, ›Erkenntnis‹ und ›Gewißheit‹ erhalten einiges von ihrer Kraft zurück, sobald wir die Sprache als etwas ansehen, was wir *tun*, als etwas, was unauflöslich mit unseren praktischen Lebensformen verbunden ist. Natürlich wird die Sprache dadurch noch nicht fest und leuchtend: im Gegenteil, sie wird sogar noch trügerischer und konfliktträchtiger als der ›dekonstruktivste‹ literarische Text. Es ist nur einfach so, daß wir dann in der Lage sind, zu erkennen und zwar mehr praktisch als akademisch, was als Entscheiden, Bestimmen, Überreden, als Gewißheit, Aufrichtigkeit, Widerlegung und all das übrige *zählt* – und außerdem zu erkennen, was über die Sprache hinaus in solche Definitionen *involviert* ist. Der anglo-amerikanische Dekonstruktivismus läßt diese reale Sphäre des Kampfes weitgehend außer acht und fährt fort, seine geschlossenen kritischen Texte einzukochen. Diese Texte sind genau deshalb in sich geschlossen, weil sie leer sind: man kann wenig mehr mit ihnen anfangen, als die Rückhaltlosigkeit zu bewundern, mit der sämtliche positiven Teilchen der Textbedeutung in nichts aufgelöst worden sind. Eine solche Auflösung ist ein Imperativ im akademischen Spiel der Dekonstruktion: sobald man bei seiner kritischen Betrachtung der kritischen Textbetrachtung von jemand anderem auch nur die winzigsten Spuren einer ›positiven‹ Bedeutung in irgendeiner Ritze übersehen hat, kann man sicher sein, daß der nächste kommt und einen seinerseits dekonstruiert. Eine solche Dekonstruktion ist ein Machtspiel, ein Spiegelbild des orthodoxen akademischen Wettbewerbs. Nur daß jetzt, in einer religiösen Verdrehung der alten Ideologie, der Sieg durch *kenosis* oder Selbstentleerung erlangt werden kann: es gewinnt derjenige, der es geschafft hat, sämtliche Karten loszuwerden und mit leeren Händen dazusitzen.

Wenn der anglo-amerikanische Dekonstruktivismus als Signal für die letzte Stufe eines liberalen Skeptizismus erscheinen mag, der für die moderne Entwicklung beider Gesellschaften typisch ist, so ist die Geschichte in Europa etwas komplexer. Als die 60er Jahre den 70ern Platz machten, als die karnevalesken Erinnerungen an 1968 verblaßten und der Weltkapitalismus in eine ökonomische Krise stolperte, wandten sich einige der französischen Poststrukturalisten, die ursprünglich mit der avantgardistischen Literaturzeitschrift *Tel Quel* verbunden waren, von einem militanten Maoismus zu einem krassen Antikommunismus. Der Poststrukturalismus im Frankreich der 70er Jahre war guten Gewissens im Stande, die iranischen Mullahs zu loben, die USA als die einzige verbliebene Oase der Freiheit und des Pluralismus in einer reglementierten Welt zu feiern und verschiedene Sorten von unheimlichen Mystizismen als die Lösung für alle menschlichen Übel zu empfehlen. Wenn Saussure vorhergesehen hätte, was er da auslöste, hätte er sich möglicherweise auf Untersuchungen über den Genetiv im Sanskrit beschränkt.

Aber wie alle Erzählungen, so hat auch die Geschichte vom Poststrukturalismus eine zweite Seite. Wenn der amerikanische Dekonstruktivismus glaubte, daß sein textuelles Unterfangen getreu im Sinne Derridas sei, so gehörte Derrida selbst zu denen, die das anders beurteilten. Bestimmte amerikanische Anwendungsformen der Dekonstruktion führen, wie Derrida bemerkt, zur Festigung einer ›institutionellen Abschottung‹, die den herrschenden politischen und ökonomischen Interessen der amerikanischen Gesellschaft dient (vgl. Lacoue-Labarthe/Nancy S. 526 – 529). Derrida hat entschieden mehr vor, als neue Formen des Lesens zu entwickeln: die Dekonstruktion ist für ihn eine letztendlich *politische* Praxis, ein Versuch, die Logik zu enthüllen, mit der ein bestimmtes Denksystem und hinter diesem ein ganzes System von politischen Strukturen und gesellschaftlichen Institutionen ihre Macht aufrechterhalten. Er versucht keineswegs, absurderweise die Existenz von relativ determinierten Wahrheiten, Bedeutungen, Identitäten, Intentionen, historischen Kontinuitäten zu leugnen; er versucht vielmehr, diese Dinge als Ergebnisse einer weiter und tiefer reichenden Geschichte zu sehen – die der Sprache, des Unbewußten, der gesellschaftlichen Institutionen und Praktiken. Daß sein eigenes Werk gröblich unhistorisch, politisch schwammig und praktisch ohne Beziehung zur Sprache als ›Diskurs‹ ist, kann nicht in Abrede gestellt werden: zwischen dem ›authentischen‹

Derrida und dem Mißbrauch seiner Nachahmer kann keine klare binäre Opposition gezogen werden. Aber die weitverbreitete Ansicht, daß der Dekonstruktivismus die Existenz von allem, was nicht Diskurs ist, verneint oder ein Reich der reinen Differenzen postuliert, in dem jegliche Bedeutung und Identität sich in nichts auflöst, ist eine Travestie von Derridas eigenem Werk und der höchst produktiven Werke, die ihm folgten.

Es reicht auch nicht aus, den Poststrukturalismus als einen schlichten Anachronismus oder Hedonismus abzutun, so deutlich solche Motive auch sichtbar sind. Der Poststrukturalismus war im Recht, als er der orthodoxen linken Politik seiner Zeit ihr Versagen vorwarf: in den späten 60ern und frühen 70ern entstanden neue politische Formen, denen die traditionelle Linke gebannt und unentschlossen gegenüberstand. Ihre unmittelbare Reaktion bestand darin, sie entweder klein zu machen oder aber zu versuchen, sie als untergeordnete Punkte in ihr eigenes Programm mit aufzunehmen. Aber es gab eine neue politische Erscheinung, die für keine der beiden Taktiken empfänglich war, und das war die wiederauflebende Frauenbewegung in Europa und in den Vereinigten Staaten. Die Frauenbewegung verwarf den beschränkten ökonomischen Blickwinkel der meisten klassischen marxistischen Denkweisen, ein Blickwinkel, der deutlich außerstande war, die besonderen Bedingungen der Frauen als einer unterdrückten gesellschaftlichen Gruppe zu erklären oder Wesentliches zu ihrer Veränderung beizutragen. Denn obgleich die Unterdrückung der Frau tatsächlich eine materielle Realität ist, eine Frage der Mutterschaft, der Hausarbeit, der beruflichen Diskriminierung und ungleicher Löhne, kann sie nicht auf diese Faktoren reduziert werden: sie ist zugleich eine Frage der sexuellen Ideologie, der Art, wie Männer und Frauen sich selbst und den jeweils andern in einer von Männern beherrschten Gesellschaft sehen, der Wahrnehmung und des Verhaltens, die sich von expliziter Brutalität bis hin zum zutiefst Unbewußten bewegen. Jede Politik, die es versäumte, solchen Fragen einen Platz im Mittelpunkt ihrer Theorie einzuräumen, fand sich mit großer Wahrscheinlichkeit auf dem Weg zur Müllkippe der Geschichte wieder. Da Sexismus und die Geschlechterrollen Fragen sind, die die persönlichsten Bereiche des menschlichen Lebens betreffen, war eine Politik, die sich den Erfahrungen des einzelnen Menschen verschloß, von Anfang an gelähmt. Die Bewegung vom Strukturalismus zum Poststrukturalismus war teilweise eine Reaktion auf diese politischen Forderungen. Natürlich ist es nicht so, daß die Frauenbewegung ein Monopol an ›Erfahrung‹ hat, wie gelegentlich angedeutet wird: was ist der Sozialismus anderes als die bitteren Hoffnungen und Wünsche von Millionen Männern und Frauen über die Generationen hinweg, die im Namen von etwas lebten und manchmal auch starben, was doch wohl mehr war als eine ›Totalitätsdoktrin‹ oder das Primat des Ökonomischen? Auch ist es unangemessen, das Persönliche und das Politische als *dasselbe* anzusehen: daß das Persönliche stets auch politisch ist, ist zutiefst wahr, aber in einem wichtigen Sinne ist das Persönliche eben auch persönlich und das Politische politisch. Der politische Kampf kann nicht auf das Persönliche *reduziert* werden oder umgekehrt. Die Frauenbewegung verwarf zurecht bestimmte rigide Organisationsformen und bestimmte ›über-totalisierende‹ politische Theorien. Sie rückte dabei aber oft genug das Persönliche, Spontane und die Eigenerfahrung so in den Vordergrund, als ob diese eine angemessene politische Strategie hervorbringen könnten, und verwarf ›Theorie‹ oft in einer Weise, die von gewöhnlichem Anti-Intellektualismus schon kaum noch zu unterscheiden ist; und in einigen ihrer Bereiche schien sie gegenüber jeglichem Leiden, das nicht weiblich war, ebenso gleichgültig, wie einige Marxisten gegenüber jeglicher Unterdrückung, die nicht die Arbeiterklasse betraf, gleichgültig erschienen waren.

Es gibt noch andere Beziehungen zwischen dem Feminismus und dem Poststrukturalismus; denn von all den binären Oppositionen, die der Poststrukturalismus aufzuheben versuchte, war die hierarchische Opposition zwischen Mann und Frau vielleicht die bösartigste. Ganz sicher schien sie die dauerhafteste zu sein: zu keiner Zeit in der Geschichte war nicht gut die Hälfte der menschlichen Rasse ins Abseits gestellt und als minderwertige Wesen, als fremdartige Untergebene unterdrückt worden. Diese erschütternde Tatsache kann natürlich nicht durch ein neues theoretisches Vorgehen in Ordnung gebracht werden; aber es wurde sichtbar, wie die Ideologie dieses Antagonismus, obgleich der Konflikt zwischen Mann und Frau historisch gesehen gar nicht realer hätte sein können, eine metaphysische Illusion beinhaltete. Wenn er durch die materiellen und psychischen Vorteile, die den Männern daraus entstanden, aufrechterhalten wurde, so wurde er zugleich auch durch eine komplexe Struktur von Furcht, Begehren, Aggression, Masochismus und Angst aufrechterhalten, die dringend untersucht werden mußte. Der Feminismus war keine isolierbare Frage, keine spezielle ›Kampagne‹ unter anderen politischen Projekten, sondern eine Dimension, die jede einzelne Facette des persönlichen, gesellschaftlichen und politischen Lebens betraf und in Frage stellte. Die Botschaft der Frauenbewegung, wie sie von einigen Außenstehenden interpretiert wurde, ist nicht nur die Forderung nach Gleichstellung mit dem Mann in bezug auf Macht und Status; sie ist zugleich ein In-Frage-Stellen der Macht und des Status selbst. Es ist nicht so, daß die Welt mit mehr weiblicher Beteiligung besser dran wäre; es ist so, daß die Welt ohne eine ›Feminisierung‹ der menschlichen Geschichte wahrscheinlich nicht überleben wird.

Mit dem Poststrukturalismus ist die Geschichte der modernen Literaturtheorie nunmehr bei der Gegenwart angelangt. Innerhalb des Poststrukturalismus als ›Ganzem‹ gibt es reale Konflikte und Unterschiede, deren künftige Entwicklung nicht vorhersehbar ist. Es gibt Formen des Poststrukturalismus, die einen hedonistischen Rückzug aus der Geschichte verkörpern, einen Kult der Ambiguität oder einen verantwortungslosen Anarchismus; es gibt andere Formen, wie etwa die ungeheuer reichhaltigen Untersuchungen des französischen Philosophen Michel Foucault, die, wenngleich nicht ohne eigene ernsthafte Probleme, in eine positivere Richtung weisen. Es gibt Formen des ›radikalen‹ Feminismus, die nachdrücklich Pluralität, Unterschiedlichkeit und sexuellen Separatismus hervorheben; und es gibt auch Formen des sozialistischen Feminismus, die, während sie die Sichtweise des Frauenkampfes als eines bloßen Teils oder Untersektors einer Bewegung, die ihn dann dominieren und verschlingen kann, zurückweisen, dennoch der Meinung sind, daß die Befreiung von anderen unterdrückten Gruppen und Gesellschaftsschichten nicht nur in sich selbst ein moralisches und politisches Muß ist, sondern auch eine notwendige (wenn auch keineswegs hinreichende) Bedingung für die Emanzipation der Frau.

Auf jeden Fall sind wir nun von Saussures Unterschieden zwischen den Zeichen zum ältesten Unterschied der Welt gekommen; und diesen können wir nun noch etwas näher untersuchen.

5. Die Psychoanalyse

In den vorigen Kapiteln wurde eine Beziehung zwischen der Entwicklung der modernen Literaturtheorie und den politischen und ideologischen Unruhen des zwanzigsten Jahrhunderts nahegelegt. Aber solche Unruhen sind nie ausschließlich eine Sache von Kriegen, ökonomischen Krisen und Revolutionen: sie werden von den Betroffenen auch in intimster persönlicher Weise wahrgenommen. Sie sind ebenso Krisen der menschlichen Beziehungen, der menschlichen Persönlichkeit, wie sie soziale Erschütterungen sind. Damit soll natürlich nicht gesagt werden, daß Angst, Furcht vor Verfolgung und Selbstzersplitterung Erfahrungen sind, die für die Ära von Matthew Arnold bis Paul de Man spezifisch wären: sie finden sich überall in der uns überlieferten Geschichte. Was vielleicht signifikant *ist*, ist die Tatsache, daß solche Erfahrungen auf neue Weise als ein systematisches Wissensgebiet konstituiert werden. Dieses Wissensgebiet ist als die Psychoanalyse bekannt, von Sigmund Freud in Wien des ausgehenden 19. Jahrhunderts entwickelt; und es sind Freuds Lehrsätze, die im folgenden kurz zusammengefaßt werden sollen.

»Das Leitmotiv der menschlichen Gesellschaft ist letzten Endes ein ökonomisches.« Es war Freud und nicht Karl Marx, der diese Aussage in seiner *Einführung in die Psychoanalyse* machte. Was die menschliche Geschichte bis heute dominiert hat, ist die Notwendigkeit zu arbeiten; und für Freud bedeutet diese rauhe Notwendigkeit, daß wir einige unserer Neigungen zu Lust und Befriedigung unterdrücken müssen. Wenn es uns nicht auferlegt wäre, zu arbeiten, um zu überleben, würden wir möglicherweise den ganzen Tag herumliegen und nichts tun. Jeder Mensch muß sich dieser Verdrängung dessen, was Freud das ›Lustprinzip‹ genannt hat, durch das ›Realitätsprinzip‹ unterziehen, aber für einige von uns (und man könnte darüber diskutieren, ob nicht auch für ganze Gesellschaften), kann die Verdrängung übermäßig werden und zu Krankheit führen. Manchmal sind wir bereit, in geradezu heroischem Ausmaß auf Befriedigung zu verzichten, aber gewöhnlich vertrauen wir heimlich darauf, daß wir durch den Aufschub eines unmittelbaren Vergnügens am Ende doch noch zu unserer Befriedigung kommen, vielleicht sogar in noch ergiebigerer Form. Wir sind bereit, uns mit der Verdrängung abzufinden, solange wir einen Vorteil darin sehen; wenn man indessen zuviel von uns verlangt, ist es wahrscheinlich, daß wir krank werden. Diese Art von Krankheit ist als Neurose bekannt; und da, wie gesagt, alle Menschen bis zu einem gewissen Grad der Verdrängung unterliegen, kann man mit den Worten eines Freudkommentators vom Menschen als dem »neurotischen Tier« sprechen. Es ist wichtig, im Auge zu behalten, daß solche Neurosen ebenso mit dem zusammenhängen, was an uns als Gattung kreativ ist, wie mit den Ursachen unseres Unglücks. Eine Möglichkeit, mit unerfüllbaren Bedürfnissen umzugehen, besteht darin, sie zu ›sublimieren‹, womit Freud meint, daß man sie auf gesellschaftlich höher bewertete Ziele ausrichtet. So können wir möglicherweise im Bau von Brücken oder Kathedralen einen unbewußten Ausweg aus unserer sexuellen Frustration finden. Für Freud entsteht dank solcher Sublimierungen die Zivilisation selbst: indem unsere Instinkte auf diese höheren Ziele umgelenkt und für sie nutzbar gemacht werden, wird die eigentliche Kulturgeschichte geschaffen.

Wenn Marx die Konsequenzen dessen, daß wir zur Arbeit gezwungen sind, unter dem Aspekt der gesellschaftlichen Beziehungen, der sozialen Klassen und der Arten von Politik, die daraus hervorging, betrachtet hat, so sieht Freud die Folgen für die psychische Existenz. Das Paradox oder der Widerspruch, auf dem sein Werk basiert, ist, daß wir nur durch massive Verdrängung der Bestandteile, aus denen wir eigentlich hervorgegangen sind, zu dem wurden, was wir sind. Wir sind uns dessen natürlich nicht bewußt, genausowenig wie sich für Marx die Menschen im allgemeinen der gesellschaftlichen Vorgänge bewußt sind, die ihr Leben bestimmen. Tatsächlich könnten wir uns schon per Definition dieser Tatsache nicht bewußt sein, da der Ort, an den wir unsere unerfüllbaren Wünsche verbannen, als das Unbewußte bekannt ist. Indessen erhebt sich hier unmittelbar eine Frage, und zwar die, warum gerade der Mensch das neurotische Tier sein sollte und nicht die Schnecke oder die Schildkröte. Es ist möglich, daß hier nur eine romantische Idealisierung dieser Geschöpfe vorliegt und daß sie insgeheim um einiges neurotischer sind, als wir glauben; aber sie scheinen dem Außenstehenden recht gut angepaßt, auch wenn ein oder zwei Fälle von hysterischer Lähmung verbucht sein mögen.

Ein Charakteristikum, das den Menschen von anderen Tieren unterscheidet, ist, daß wir aus evolutionären Gründen fast völlig hilflos geboren werden und unser Überleben vollständig von der Fürsorge der reiferen Mitglieder der Spezies, gewöhnlich unserer Eltern, abhängt. Wir sind ›Frühgeburten‹. Ohne eine solche sofortige, unaufhörliche Fürsorge würden wir sehr schnell sterben. Diese ungewöhnlich lang anhaltende Abhängigkeit von unseren Eltern ist zunächst vor allem eine rein materielle Angelegenheit, eine Frage der Fütterung und des Schutzes: es geht um die Befriedigung dessen, was man unsere ›Instinkte‹ nennen könnte, womit die biologisch festgelegten menschlichen Bedürfnisse nach Nahrung, Wärme etc. gemeint sind. (Solche Selbsterhaltungsinstinkte sind, wie wir noch sehen werden, um einiges unveränderlicher als die ›Triebe‹, deren Natur sich sehr häufig verändert.) Aber unsere Abhängigkeit von den Eltern im Hinblick auf diese Dienste hört nicht beim Biologischen auf. Das Kleinkind saugt an der Mutterbrust nach Milch, aber es entdeckt dabei, daß diese biologisch notwendige Tätigkeit auch ein Vergnügen ist; und dies stellt für Freud das erste Erwachen der Sexualität dar. Der Mund des Kindes wird nicht nur zu einem Organ des physischen Überlebens, sondern auch zu einer ›erogenen Zone‹, die das Kind einige Jahre später etwa dadurch wiederbeleben kann, daß es am Daumen lutscht, und abermals einige Jahre später durch das Küssen. Die Beziehung zur Mutter hat eine neue, libidinöse Dimension angenommen: die Sexualität ist geboren, als eine Art Trieb, die zunächst untrennbar mit dem biologischen Instinkt verbunden war, sich aber jetzt von ihm gelöst und eine gewisse Autonomie erlangt hat. Für Freud ist die Sexualität selbst eine ›Perversion‹ – die ›Abweichung‹ eines natürlichen Selbsterhaltungsinstinkts, der sich auf ein neues Ziel richtet.

Wenn das Kind heranwächst, kommen weitere erotische Zonen ins Spiel. Die orale Phase, wie Freud es nennt, ist die erste Phase des Sexuallebens, und sie ist mit dem Trieb verbunden, Objekte in sich aufzunehmen. In der analen Phase wird der Anus zur erogenen Zone, und mit dem Vergnügen des Kindes an der Darmentleerung tritt ein neuer Kontrast zwischen Aktivität und Passivität, der in der oralen Phase noch unbekannt ist, zu Tage. Die anale Phase ist sadistisch, und zwar insofern, als das Kind aus der Ausscheidung und Zerstörung erotisches Vergnügen gewinnt; aber sie ist auch mit dem Wunsch nach Zurückhaltung und Besitzkontrolle verbunden, indem das Kind eine neue Form der Beherrschung und der Manipulation der

Wünsche anderer durch das ›Gewähren‹ oder Zurückhalten seiner Fäkalien kennenlernt. Die folgende ›phallische‹ Phase beginnt dann, die kindliche Libido (oder den Sexualtrieb) auf die Genitalien zu konzentrieren, aber sie ist eher ›phallisch‹ als ›genital‹, da nach Freud nur das männliche Organ zu diesem Zeitpunkt erfahren wird. In Freuds Sichtweise muß sich das kleine Mädchen mit seiner Klitoris, dem ›Äquivalent‹ zum Penis, zufriedengeben, und nicht mit seiner Vagina.

Im Laufe dieses Prozesses – allerdings überlappen sich die Phasen und sollten nicht als eine strenge Sequenz gesehen werden – erfolgt eine schrittweise Organisation der libidinösen Triebe, die aber immer noch auf den Körper des Kindes selbst konzentriert ist. Die Triebe selbst sind äußerst flexibel und keineswegs festgelegt wie biologische Instinkte: ihre Objekte sind zufällig und austauschbar, und ein Sexualtrieb kann den anderen ersetzen. Was wir uns in den frühen Kindheitsjahren vorstellen müssen, ist demnach nicht ein einheitliches Subjekt, das einem feststehenden Objekt mit seinem Begehren gegenübersteht, sondern ein komplexes, wechselndes Kraftfeld, in dem das Subjekt (das Kind selbst) befangen und aufgespalten ist, in dem es noch keinen Identitätsmittelpunkt hat und in dem die Grenzen zwischen dem Selbst und der Außenwelt noch unbestimmt sind. Innerhalb dieses libidinösen Kraftfeldes tauchen Objekte und Teilobjekte auf und verschwinden wieder, verändern kaleidoskopartig ihre Stellung, und unter diesen Objekten ragt der Körper des Kindes hervor, der vom Spiel der Triebe überflutet wird. Man kann dies auch als ›Autoerotik‹ bezeichnen, worin Freud gelegentlich die ganze kindliche Sexualität mit einschließt: das Kind findet an seinem eigenen Körper erotisches Vergnügen, ohne indessen schon in der Lage zu sein, seinen Körper als in sich geschlossenes Objekt zu begreifen. Die Autoerotik muß daher von dem unterschieden werden, was Freud ›Narzismus‹ nennt, einen Zustand, in dem der eigene Körper oder das eigene Ego als Ganzes libidinös besetzt oder zum Objekt des Begehrens wird.

Es ist klar, daß das Kind in diesem Stadium noch nicht einmal vorwegnehmend als Bürger angesehen wird, auf dessen harte tägliche Arbeit man zählen kann. Es ist anarchistisch, sadistisch, aggressiv, in sich selbst befangen und ohne Gewissensbisse vergnügungssüchtig, unter der Herrschaft dessen, was Freud das Lustprinzip nennt; und es nimmt auch keinerlei Rücksicht auf die Geschlechtsunterschiede. Es ist noch nicht das, was man ein ›geschlechtliches Wesen‹ nennen könnte: die

Sexualtriebe wogen in ihm, aber diese libidinöse Kraft kennt noch keinen Unterschied zwischen männlich und weiblich. Wenn das Kind sein Leben überhaupt meistern soll, muß es offensichtlich bei der Hand genommen werden; und der Mechanismus, nach dem dies abläuft, ist der berühmte Freudsche Ödipus-Komplex. Das Kind, das aus den prä-ödipalen Phasen, die wir verfolgt haben, hervorgeht, ist nicht nur anarchistisch und sadistisch, sondern obendrein auch inzestuös: die enge Verbindung des kleinen Jungen mit dem Körper der Mutter führt ihn zum unbewußten Wunsch nach sexueller Vereinigung mit ihr, während das kleine Mädchen, die ebenso eng mit der Mutter verbunden war und deren erstes Begehren folglich immer homosexuell ist, ihre Libido dem Vater zuzuwenden beginnt. Das heißt, die frühe ›diadische‹ oder zweiseitige Beziehung zwischen Kind und Mutter hat sich nun zu einem Dreieck erweitert, das aus dem Kind und beiden Eltern besteht; und für das Kind wird der gleichgeschlechtliche Elternteil zu einem Rivalen in seinen Gefühlen für den Elternteil des entgegengesetzten Geschlechts werden.

Was den kleinen Jungen dazu bringt, sein inzestuöses Begehren der Mutter aufzugeben, ist die väterliche Kastrationsdrohung. Diese Drohung muß nicht unbedingt ausgesprochen werden; aber indem der kleine Junge wahrnimmt, daß das kleine Mädchen selbst ›kastriert‹ ist, beginnt er hierin eine Strafe zu sehen, die auch auf ihn angewendet werden könnte. Daher verdrängt er in angstvoller Resignation sein inzestuöses Begehren der Mutter, paßt sich an das ›Realitätsprinzip‹ an, unterwirft sich dem Vater, löst sich von der Mutter und tröstet sich mit der unbewußten Hoffnung, daß, wenn er auch *jetzt* nicht hoffen kann, den Vater zu vertreiben und die Mutter zu besitzen, der Vater doch eine Stellung, eine Möglichkeit verkörpert, die er selbst in der Zukunft einmal einnehmen und realisieren kann. Wenn er auch jetzt nicht der Patriarch ist, so wird er es doch später sein. Der kleine Junge schließt Frieden mit dem Vater, identifiziert sich mit ihm und wird so in die symbolische Rolle der Männlichkeit eingeführt. Er ist zu einem geschlechtlichen Wesen geworden, indem er seinen Ödipus-Komplex überwunden hat; aber indem er das tat, hat er sein verbotenes Begehren sozusagen in den Untergrund vertrieben, es an den Ort verdrängt, den wir das Unbewußte nennen. Dies ist kein Ort, der schon bereitstand und darauf wartete, ein solches Begehren aufzunehmen: er wird durch diesen primären Verdrängungsakt erst geschaffen, geöffnet. Als angehender Mann wächst der kleine Junge jetzt im Rahmen jener Bilder und Praktiken auf, die die Gesellschaft zufällig als ›maskulin‹ definiert. Eines Tages wird er selbst Vater werden und die Gesellschaft so durch seinen Beitrag zur sexuellen Reproduktion unterstützen. Wenn der kleine Junge nicht in der Lage ist, den Ödipus-Komplex erfolgreich zu überwinden, kann er für eine solche Rolle sexuell unfähig sein: er kann das Bild der Mutter über das aller anderen Frauen erheben, was nach Freud zu Homosexualität führen kann; oder die Erkenntnis, daß Frauen ›kastriert‹ sind, kann ihn so tief traumatisiert haben, daß er unfähig ist, befriedigende sexuelle Beziehungen mit ihnen zu erleben.

Die Geschichte vom Weg des kleinen Mädchens durch den Ödipus-Komplex ist um einiges weniger gradlinig. Es sei gleich offen gesagt, daß Freud nirgends typischer für seine eigene männerorientierte Gesellschaft war als in seiner Verwirrung angesichts der weiblichen Sexualität – dem ›dunklen Kontinent‹, wie er sie einmal nannte. Es wird später noch Gelegenheit sein, die herabwürdigende, vorurteilsgeprägte Haltung gegenüber Frauen zu kommentieren, die sein Werk verunstaltet, und seine Darstellung des Vorgangs der Ödipalisierung beim Mädchen kann keineswegs ohne weiteres von seinem Sexismus getrennt werden. Wenn das kleine Mädchen feststellt, daß es minderwertig, da ›kastriert‹ ist, wendet es sich enttäuscht von ihrer ebenso ›kastrierten‹ Mutter ab und dem Vorhaben zu, ihren Vater zu verführen; aber da dieses Vorhaben zum Scheitern verurteilt ist, muß sie sich schließlich widerstrebend wieder der Mutter zuwenden und eine Identifikation mit ihr bewerkstelligen, um ihre weibliche Geschlechtsrolle anzunehmen und an die Stelle des Penis, um den sie die Männer beneidet, den sie aber niemals besitzen kann, unbewußt den Wunsch nach einem Kind von ihrem Vater zu setzen. Es gibt offensichtlich keinen Grund, warum das kleine Mädchen diesen Wunsch aufgeben sollte; denn da sie schon ›kastriert‹ ist, kann sie nicht mehr mit Kastration bedroht werden, und es ist daher schwer zu erkennen, durch welchen Mechanismus ihr Ödipus-Komplex gelöst wird. Die ›Kastration‹, weit entfernt davon, wie beim kleinen Jungen das inzestuöse Begehren zu verbieten, macht es ihr ja gerade erst möglich. Darüber hinaus muß das Mädchen, um in den Ödipus-Komplex einzutreten, ihr ›Liebesobjekt‹ von der Mutter auf den Vater verlagern, während der Junge nun weiterhin die Mutter lieben muß; und da ein Wechsel des Liebesobjektes eine komplexere, schwierigere Angelegenheit ist, entsteht auch hieraus ein Problem bezüglich der weiblichen Ödipalisierung.

Bevor wir das Problem des Ödipus-Komplexes verlassen, sollte seine äußerst zentrale Stellung im Werk Freuds hervorgehoben werden. Es handelt sich nicht um irgendeinen Komplex: es handelt sich um die Struktur der Beziehungen, durch die wir überhaupt erst zu den Männern und Frauen werden, die wir sind. Es handelt sich um den Punkt, an dem wir als Subjekte konstituiert werden; und eines der Probleme für uns besteht darin, daß es stets in gewissem Sinne ein partieller, ungenügender Mechanismus ist. Er kennzeichnet den Übergang vom Lustprinzip zum Realitätsprinzip; von der Abgeschlossenheit der Familie zur Gesellschaft im ganzen, da wir uns vom Inzest ab- und außerfamiliären Beziehungen zuwenden; und von der Natur zur Kultur, da die Beziehung des Kindes zur Mutter als irgendwie ›natürlich‹ angesehen werden kann, das post-ödipale Kind hingegen als ein Wesen, das dabei ist, seine Stellung innerhalb der kulturellen Ordung als Ganzes einzunehmen. (Die Mutter-Kind-Beziehung als etwas ›Natürliches‹ anzusehen, ist indessen in gewissem Sinne höchst zweifelhaft: es kommt für das Kind nicht im mindesten darauf an, wer sein Ernährer eigentlich ist). Darüber hinaus ist der Ödipus-Komplex für Freud der Anfang der Moral, des Gewissens, der Gesetze und sämtlicher Formen gesellschaftlicher und religiöser Autorität. Das wirkliche oder vermeintliche Inzestverbot des Vaters steht symbolisch für alle höheren Autoritäten, denen das Kind später begegnen wird; und indem es dieses spezielle Gebot ›introjiziert‹ (zu seinem eigenen macht), fängt das Kind an, das herauszubilden, was Freud das ›Über-Ich‹ nennt, die schmerzliche, strafende innere Stimme des Gewissens.

Damit könnte nun alles für die Bestätigung der Geschlechterrollen, den Befriedigungsaufschub, das Akzeptieren der Autorität und die Reproduktion von Familie und Gesellschaft geregelt scheinen. Aber wir haben das unbändige, unbotmäßige Unbewußte außer acht gelassen. Das Kind hat nun ein Ego oder eine individuelle Identität entwickelt, einen spezifischen Platz in den sexuellen, familiären und gesellschaftlichen Netzen; aber es kann dies nur erreichen, indem es sozusagen sein schuldiges Begehren abspaltet und ins Unbewußte verdrängt. Das menschliche Subjekt, das aus dem ödipalen Prozeß hervorgeht, ist ein *gespaltenes* Subjekt, das zwischen dem Bewußten und dem Unbewußten unsicher hin- und hergerissen wird; und das Unbewußte kann jederzeit wiederkehren, um es zu quälen. In der Umgangssprache wird häufiger das Wort ›Unterbewußtsein‹ als ›Unbewußtes‹ benutzt; aber das heißt, die radikale *An-*

dersartigkeit des Unbewußten unterschätzen, es in Gedanken an einen Platz stellen, der noch in Reichweite unter der Oberfläche liegt. Der Begriff unterschätzt die extreme Fremdheit des Unbewußten, das ein Ort und ein Nicht-Ort zugleich ist, das der Realität gegenüber völlig gleichgültig bleibt, das weder Logik noch Negation noch Kausalität noch Kontradiktion kennt, da es völlig dem instinktiven Spiel der Triebe und der Suche nach Befriedigung unterworfen ist.

Der ›Königsweg‹ zum Unbewußten ist der Traum. Unsere Träume ermöglichen uns ein paar privilegierte Einblicke in seine Arbeitsweise. Träume sind für Freud im wesentlichen symbolische Erfüllungen unbewußter Wünsche; und sie werden in symbolische Formen gekleidet, denn wenn dieses Material direkt ausgedrückt würde, könnte es erschreckend und verstörend genug sein, um uns aufwachen zu lassen. Damit wir zu unserem Schlaf kommen, verkleidet und verzerrt das Unbewußte barmherzig die wahren Bedeutungen und schwächt sie ab, so daß unsere Träume zu symbolischen Texten werden, die dechiffriert werden müssen. Das wachsame Ich ist auch in unseren Träumen noch tätig, zensiert hier ein Bild oder bringt dort eine Botschaft durcheinander; und das Unbewußte selbst trägt durch seine speziellen Funktionsweisen noch zu dieser Verwirrung bei. Mit der Ökonomie der Nachlässigkeit ›verdichtet‹ es eine ganze Reihe von Bildern zu einem einzigen; oder es ›verschiebt‹ die Bedeutung eines Objektes auf ein anderes, das irgendwie mit ihm verbunden ist, so daß ich in meinem Traum meiner Aggression gegenüber einer Krabbe freien Lauf lasse, die eigentlich gegen eine Person dieses Namens gerichtet ist. Diese ständige Verdichtung und Verschiebung der Bedeutung entspricht dem, was Roman Jakobson als die beiden Primäroperationen der menschlichen Sprache erkannt hat: der Metapher (der Verdichtung von Bedeutungen) und der Metonymie (der Verschiebung). Dies war es, was den französischen Psychoanalytiker Jacques Lacan zu der Aussage brachte, das Unbewußte sei wie eine Sprache strukturiert. Traumtexte sind auch deshalb kryptisch, weil das Unbewußte eher arm an Darstellungstechniken für das ist, was es zu sagen hat, da es weitgehend auf visuelle Bilder beschränkt ist und daher häufig eine verbale Bedeutung kunstvoll in eine visuelle übertragen muß: es kann sich etwa des Bildes eines Tennis*schlägers* bedienen, um auf eine bedrohliche Person zu verweisen. Jedenfalls zeigen Träume deutlich genug, daß das Unbewußte über die bewundernswerten Rückgriffsmöglichkeiten eines faulen, schlecht ausgestatteten

Kochs verfügt, der die unterschiedlichsten Ingredienzien zu einem zusammengewürfelten Eintopf rührt, indem er ein Gewürz, das er gerade nicht da hat, durch ein anderes ersetzt, indem er verwendet, was immer am Morgen gerade auf dem Markt war, wie ein Traum sich opportunistisch der ›Tageserlebnisse‹ bedient, indem er die Ereignisse des Tages oder die Gefühle während des Schlafes mit Kindheitserfahrungen vermengt.

Träume stellen den hauptsächlichen, jedoch nicht unseren einzigen Zugang zum Unbewußten dar. Darüber hinaus gibt es auch das, was Freud ›Fehlleistungen‹ nennt, unwillkürliche Versprecher, Gedächtnisversagen, Irrtümer, Lesefehler oder verlegte Gegenstände, die auf unbewußte Wünsche und Absichten zurückgeführt werden können. Die Gegenwart des Unbewußten verrät sich auch in Witzen, die für Freud weitgehend libidinösen, angstbesetzten oder aggressiven Inhalts sind. Besonders zerstörerisch wirkt sich das Unbewußte indessen in psychischen Störungen der einen oder anderen Art aus. Wir haben vielleicht unbewußte Wünsche, die sich nicht verleugnen lassen, die aber auch keinen praktischen Ausweg zu nehmen wagen; in diesem Fall bahnt sich der Wunsch seinen Weg durch das Unbewußte, das Ich wehrt ihn ab und blockiert ihn, und das Ergebnis ist das, was wir eine Neurose nennen. Der Patient fängt an, Symptome zu entwickeln, die kompromißartig zugleich einen Schutz gegen den unbewußten Wunsch bilden und ihn verdeckt zum Ausdruck bringen. Derartige Neurosen können zwanghaft sein (man muß jede Straßenlaterne anfassen, der man begegnet), hysterisch (man entwickelt ohne jeden organischen Grund eine Lähmung im Arm) oder phobisch (man fürchtet sich grundlos vor offenen Räumen oder vor bestimmten Tieren). Hinter diesen Neurosen erkennt die Psychoanalyse ungelöste Konflikte, deren Wurzeln in die individuelle Kindheitsgeschichte zurückreichen und die wahrscheinlich im ödipalen Moment zusammenlaufen; tatsächlich nennt Freud den Ödipuskomplex den ›Kern der Neurose‹. Gewöhnlich besteht eine Beziehung zwischen der Art der Neurose, die ein/e Patient/in entwickelt, und dem Punkt der ödipalen Phase, an dem seine oder ihre psychische Entwicklung zum Stillstand kam oder eine Fixierung erfolgte. Das Ziel der Psychoanalyse besteht darin, die verborgenen Ursachen der Neurose aufzudecken, um den/die Patienten/in von seinen/ihren Konflikten zu befreien und so die quälenden Symptome zu beseitigen.

Indessen sind die Psychosen, bei denen das Ich, wie bei der Neurose teilweise unfähig, die unbewußten Wünsche zu verdrängen, wirklich unter deren Einfluß gerät, ungleich schwerer zu behandeln. Wenn das passiert, wird die Verbindung zwischen dem Ich und der Außenwelt unterbrochen und das Unbewußte fängt an, eine alternative, trügerische Realität zu entwickeln. Der Psychotiker hat mit anderen Worten an zentralen Stellen den Kontakt mit der Wirklichkeit verloren, wie etwa bei Paranoia und Schizophrenie: wenn der Neurotiker möglicherweise einen gelähmten Arm entwickelt, dann glaubt der Psychotiker zum Beispiel, daß sein Arm sich in einen Elefantenrüssel verwandelt hat. ›Paranoia‹ bezeichnet einen mehr oder weniger systematisierten Verwirrungszustand, unter dem Freud nicht nur Verfolgungswahn, sondern auch krankhafte Eifersucht und Größenwahn subsumiert. Die Wurzeln einer derartigen Paranoia lokalisiert er in einer unbewußten Abwehr gegen Homosexualität: das Bewußtsein negiert diesen Wunsch, indem es das Liebesobjekt in einen Rivalen oder Verfolger verkehrt und die Realität systematisch neu ordnet und interpretiert, um diesen Verdacht zu erhärten. Schizophrenie beinhaltet eine Abwendung von der Realität und eine Hinwendung zum eigenen Ich, mit einer exzessiven, aber locker systematisierten Phantasieentwicklung: das Es oder das unbewußte Begehren ist gleichsam emporgestiegen und hat das Bewußtsein mit seiner Unlogik überflutet, mit rätselhaften Assoziationen und Gefühlen statt mit begrifflichen Gedankenverbindungen. Die Sprache der Schizophrenie hat in diesem Sinne eine interessante Ähnlichkeit mit der Poesie.

Die Psychoanalyse ist nicht nur eine Theorie des menschlichen Denkens, sondern eine Heilmethode für diejenigen, die als geisteskrank oder -gestört angesehen werden. Solche Heilerfolge können für Freud nicht dadurch erreicht werden, daß man dem Patienten nur erklärt, was mit ihm nicht stimmt, und ihm seine unbewußten Motive aufdeckt. Dies ist zwar Teil der psychoanalytischen Praxis, aber dadurch alleine wird noch niemand geheilt. Freud ist kein Rationalist im dem Sinne, daß er geglaubt hätte, wenn wir nur erst uns selbst und die Welt verstünden, könnten wir sofort zum angemessenen Handeln übergehen. Der springende Punkt bei der Freudschen Behandlungstheorie ist das, was als ›Übertragung‹ bekannt ist, eine Vorstellung, die manchmal mit dem verwechselt wird, was Freud ›Projektion‹ nennt, die Zuschreibung von Gefühlen und Wünschen, die in Wirklichkeit unsere eigenen sind, auf andere. Im Laufe der Behandlung wird der Analysand (oder Patient) möglicherweise unbewußt beginnen, die psychischen Konflikte, unter denen er leidet, auf den Analytiker zu übertragen. Wenn er beispielsweise Schwierigkeiten mit seinem Vater gehabt hat, kann er unbewußt den Analytiker in dessen Rolle versetzen. Dies stellt ein Problem für den Analytiker dar, denn eine solche ›Wiederholung‹ oder rituelle Neuinszenierung des ursprünglichen Konfliktes ist eine der unbewußten Methoden des Patienten, die wirkliche Konfrontation damit zu vermeiden. Wir wiederholen mitunter zwanghaft, woran wir uns nicht genau erinnern können, und wir können uns deshalb nicht daran erinnern, weil es etwas Unangenehmes ist. Aber die Übertragung ermöglicht dem Analytiker/der Analytikerin auch eine ganz besonders privilegierte Einsicht in das Seelenleben des Patienten, und zwar in einer kontrollierten Situation, in der er/sie eingreifen kann. (Einer der vielen Gründe, warum sich Psychoanalytiker in ihrer Ausbildung selbst einer Analyse unterziehen müssen, besteht darin, daß sie sich selbst ihrer unbewußten Prozesse einigermaßen bewußt werden sollen, damit sie der Gefahr der ›Gegenübertragung‹ ihrer eigenen Probleme auf die des Patienten möglichst weitgehend widerstehen können.) Dank dieses Dramas der Übertragung und der Einsichten und Interventionen, die es dem Analytiker ermöglicht, können die Probleme des Patienten schrittweise in den Begriffen der Analysesituation selbst neu definiert werden. In diesem Sinne sind die Probleme, die im Sprechzimmer zur Sprache kommen, paradoxerweise nie genau dieselben, denen sich der Patient im wirklichen Leben gegenübersieht; sie stehen vielleicht in einer ähnlich ›fiktionalen‹ Beziehung zu den Alltagsproblemen des Patienten wie der literarische Text zu den alltäglichen Geschehnissen, die er verarbeitet. Niemand kommt genau von den Problemen geheilt aus dem Sprechzimmer, mit denen er es betreten hat. Wahrscheinlich wird die Patientin sich dem Zugang der Analytikerin zu ihrem Unbewußten mittels einer Reihe von vertrauten Techniken widersetzen, aber wenn alles gutgeht, macht der Übertragungsprozeß es möglich, die Probleme ins Bewußtsein ›hinüberzuarbeiten‹, und indem sie die Übertragungsbeziehung im rechten Moment auflöst, hofft die Psychoanalytikerin, sie davon zu befreien. Eine andere Möglichkeit, diesen Vorgang zu beschreiben, bestünde darin, zu sagen, daß die Patientin in die Lage versetzt wird, Teile ihres Lebens wieder anzunehmen, die sie verdrängt hat: sie ist nunmehr imstande, ihre eigene Geschichte neu und vollständiger zu erzählen, so daß die Störungen, unter denen sie leidet, interpretiert und mit Sinn gefüllt werden. Die Therapie hat dann Erfolg gehabt.

Die Funktionsweise der Psychoanalyse kann vielleicht am besten mit einem von Freuds eigenen Aussprüchen zusammengefaßt werden: »Wo ›Es‹ war, dort soll ›Ich‹ werden«. Wo Menschen sich im lähmenden Griff von Kräften befanden, die sie nicht verstehen konnten, soll nun Vernunft und Selbstbeherrschung regieren. Ein solcher Ausspruch läßt Freud weit rationalistischer erscheinen, als er tatsächlich war. Obgleich er einmal bemerkte, daß nichts letztendlich der Vernunft und der Erfahrung widerstehen könne, war er von einer Unterschätzung der Listen und Widerspenstigkeiten der Psyche so weit entfernt, wie das nur möglich ist. Seine Einschätzung der menschlichen Fähigkeiten ist insgesamt konservativ und pessimistisch: wir werden vom Wunsch nach Befriedigung und einer Abneigung gegen jegliche Frustration dominiert. In seinem Spätwerk sieht er die Menschheit in den Klauen eines entsetzlichen Todestriebes dahinsiechen, eines primären Masochismus, den das Ich auf sich selbst losläßt. Das letzte Ziel des Lebens ist der Tod, die Rückkehr zu jenem segensreichen unbeseelten Zustand, in dem das Ich nicht verletzt werden kann. Der Eros oder die sexuelle Energie ist die Kraft, die die Geschichte vorantreibt, aber er ist in einem tragischen Widerspruch mit Thanatos, dem Todestrieb, befangen. Wir schreiten voran, nur um beständig wieder zurückgeworfen zu werden, und ringen um unsere Rückkehr in den vorbewußten Zustand. Das Ich ist eine bemitleidenswerte, unsichere Größe, von der Außenwelt gebeutelt, von den grausamen Vorwürfen des Über-Ich gegeißelt, von den gierigen, unersättlichen Forderungen des Es gequält. Freuds Mitleid mit dem Ich ist ein Mitleid mit der Menschheit, die unter den schier unerträglichen Forderungen leidet, die ihr von einer auf Wunschverdrängung und Befriedigungsaufschub basierenden Zivilisation auferlegt werden. Für alle utopischen Vorschläge zur Änderung dieser Bedingungen hatte er nur Verachtung übrig; aber obgleich viele seiner gesellschaftlichen Ansichten konventionell und autoritär waren, so betrachtete er doch Ansätze zur Abschaffung oder zumindest Reform des Privateigentums und des Nationalstaates mit einem gewissen Wohlwollen. Dies rührte daher, daß er der festen Überzeugung war, daß die moderne Gesellschaft in ihrer Repressivität tyrannisch geworden war. Wenn eine Gesellschaft sich nicht über den Punkt hinaus entwickelt hat, an dem die Befriedigung einer Gruppe ihrer Mitglieder von der Unterdrückung einer anderen abhängig ist, so argumentiert er in *Die Zukunft einer Illusion*, dann ist es verständlich, daß die Unterdrückten eine tiefe Feindseligkeit gegenüber einer Kultur entwickeln, deren Existenz durch ihre harte Arbeit ermöglicht wird, an deren Reichtümern sie jedoch einen zu kleinen Anteil haben. »Es braucht nicht gesagt zu werden, daß eine Kultur, welche eine so große Zahl von Teilnehmern unbefriedigt läßt und zur Auflehnung treibt, weder Aussicht hat, sich dauernd zu erhalten, noch es verdient.«

Jegliche Theorie, die so komplex und originell wie die Freuds ist, wird mit Sicherheit zu einer Quelle erbitterten Streites. Der Freudianismus ist aus zahlreichen Gründen angegriffen worden und sollte keinesfalls als unproblematisch angesehen werden. Es gibt beispielsweise Probleme damit, wie man seine Lehrsätze überprüfen könnte und was als Beweis für oder gegen seine Behauptungen zählen würde. Natürlich hängt alles davon ab, was man unter ›beweisbar‹ versteht; aber es scheint doch zutreffend, daß Freud manchmal eine Wissenschaftskonzeption des 19. Jahrhunderts beschwört, die nicht mehr wirklich akzeptabel ist. Auch wenn er sich um Neutralität und Objektivität bemüht, ist sein Werk von etwas durchzogen, was man als ›Gegenübertragung‹ bezeichnen könnte, wird von seinen eigenen unbewußten Wünschen geformt und manchmal von seinen eigenen bewußten ideologischen Überzeugungen verzerrt. Die sexistischen Wertvorstellungen, die schon zur Sprache gekommen sind, sind ein solcher Fall. Freud war vermutlich nicht patriarchalischer als die meisten anderen Männer im Wien des 19. Jahrhunderts, aber seine Sicht der Frau als passiv, narzistisch, masochistisch, voller Penisneid und mit weniger moralischem Bewußtsein als der Mann ist von Feministinnen gründlich kritisiert worden (Millett; vgl. dagegen die feministische Verteidigung Freuds bei Mitchell). Man muß nur den Ton von Freuds Fallstudie über eine junge Frau (Dora) mit dem seiner Analyse eines kleinen Jungen (der kleine Hans) vergleichen, um den Unterschied in der sexuellen Haltung zu begreifen: brüsk, mißtrauisch und gelegentlich grotesk am Ziel vorbei im Falle von Dora; freundlich, väterlich und voller Bewunderung gegenüber diesem ur-freudianischen Denker, dem kleinen Hans.

Ebenso schwer wiegt der Einwand, daß die Psychoanalyse als medizinische Praxis eine Form der sozialen Unterdrückung und Kontrolle ist, die Individuen etikettiert und sie zur Angleichung an willkürliche Definitionen von ›Normalität‹ zwingt. Dieser Vorwurf richtet sich in Wirklichkeit gewöhnlich gegen die Psychiatrie als Ganzes: so weit er Freuds eigene Sichtweisen der ›Normalität‹ betrifft, geht er in die falsche Richtung. Freuds Werk zeigte auf aufsehenerregende Weise auf, wie ›formbar‹

und variabel die Libido in ihrer Objektwahl wirklich ist, wie sogenannte sexuelle Perversitäten einen Teil dessen bilden, was als normale Sexualität gilt, und daß Heterosexualität keineswegs eine natürliche oder selbstverständliche Tatsache ist. Die Freudsche Psychoanalyse arbeitet zwar gewöhnlich wirklich mit einem Konzept von sexueller ›Norm‹, aber es ist in keiner Hinsicht ein naturgegebenes.

Andere verbreitete Kritikpunkte an Freud sind nicht leicht zu untermauern. Einer ist bloß die Ungeduld des gesunden Menschenverstandes: wie kann sich ein kleines Mädchen ein Kind von ihrem Vater wünschen? Ob dies wahr ist oder nicht, können wir indessen nicht mit dem ›gesunden Menschenverstand‹ entscheiden. Man sollte sich die gänzliche Bizarrerie der Erscheinungsformen des Unbewußten in den Träumen in Erinnerung rufen, seine Distanz von der Welt des Ichs bei Tageslicht, bevor man Freud aus solch intuitiven Gründen eilfertig abtut. Eine weitere verbreitete Kritik lautet, daß Freud ›alles auf Sex reduziert‹ – daß er, mit dem Terminus technicus, ein ›Pan-Sexualist‹ ist. Dies ist mit Sicherheit unhaltbar: Freud war ein radikal dualistischer Denker, zweifellos sogar in exzessivem Ausmaß, und stellte den Sexualtrieben stets solche asexuellen Kräfte wie die ›Ich-Instinkte‹ der Selbsterhaltung gegenüber. Das Körnchen Wahrheit im Vorwurf des Pan-Sexualismus besteht darin, daß Freud die Sexualität im menschlichen Leben für zentral genug hielt, um ihr einen *Anteil* an all unseren übrigen Aktivitäten zuzuschreiben; aber dies ist kein sexueller Reduktionismus.

Eine Kritik, die man manchmal immer noch bei der politischen Linken hört, lautet, daß Freuds Denken individualistisch ist – daß er ›private‹ psychologische Ursachen und Erklärungen an die Stelle gesellschaftlicher und historischer setzt. Dieser Vorwurf spiegelt ein grundsätzliches Mißverständnis der Freudschen Theorie wider. Tatsächlich liegt ein reales Problem in der *Beziehung* der gesellschaftlichen und historischen Faktoren zum Unbewußten; aber einer der Kernpunkte von Freuds Werk ist, daß es die Möglichkeit bietet, die Entwicklung des menschlichen Individuums in gesellschaftlichen und historischen Begriffen zu denken. Was Freud hervorbringt, ist tatsächlich nicht weniger als eine materialistische Theorie dessen, wie ein menschliches Subjekt gemacht wird. Wir werden durch körperliche Interrelationen zu dem, was wir sind – durch die komplexen Transaktionen, die sich während unserer Kindheit zwischen unserem eigenen Körper und den uns umgebenden abspielen. Dies ist kein biologischer Reduktionismus: Freud glaubt natürlich nicht, daß wir *nur* aus einem Körper bestehen oder daß unser Denken einen bloßen Reflex des Körpers darstellt. Und es ist auch kein ungesellschaftliches Lebensmodell, denn die uns umgebenden Körper und unsere Beziehung zu ihnen sind stets gesellschaftlich definiert. Die Elternrolle, die konkreten Formen der Kinderpflege, die Vorstellungen und Überzeugungen, die mit all dem zusammenhängen, sind kulturelle Größen, die von Gesellschaft zu Gesellschaft oder von Zeitalter zu Zeitalter beträchtlich variieren können. Die ›Kindheit‹ ist eine geschichtlich neue Erfindung, und die Reichweite der verschiedenen historischen Einrichtungen, die von dem Wort ›Familie‹ erfaßt werden, lassen dem Wort selbst nur einen begrenzten Wert. Eine Überzeugung, die sich offenbar in diesen Institutionen nicht verändert hat, ist die Annahme, daß Mädchen und Frauen gegenüber Knaben und Männern minderwertig sind: dieses Vorurteil scheint alle bekannten Gesellschaftsformen zu vereinigen. Da es sich dabei um ein Vorurteil handelt, das tief in unserer frühen Sexualität und unserer familiären Entwicklung wurzelt, hat die Psychoanalyse für manche Feministinnen eine zentrale Bedeutung gewonnen.

Ein Freudscher Theoretiker, auf den sich solche Feministinnen zu diesem Zweck bezogen haben, ist der französische Psychoanalytiker Jacques Lacan. Nun ist Lacan keineswegs ein pro-feministischer Denker; im Gegenteil, seine Haltung zur Frauenbewegung ist im wesentlichen arrogant und verächtlich. Aber Lacans Werk ist ein verblüffend origineller Versuch, den Freudianismus auf eine Weise ›neu zu schreiben‹, die für all diejenigen relevant ist, die sich mit der Frage des menschlichen Subjekts, seinem Platz in der Gesellschaft und vor allem seinem Verhältnis zur Sprache beschäftigen. Wegen dieses letzten Punktes ist Lacan auch für die Literaturtheorie von Interesse. Lacan versucht in seinen *Schriften*, Freud im Lichte des Strukturalismus und poststrukturalistischer Diskurstheorien neu zu interpretieren; und wenn dies auch zu einem mitunter verblüffend undurchsichtigen, enigmatischen Werk-Korpus führt, so muß es nun doch kurz betrachtet werden, wenn wir erkennen wollen, wie der Poststrukturalismus und die Psychoanalyse miteinander zusammenhängen.

Es wurde beschrieben, wie für Freud in einer frühen Phase der kindlichen Entwicklung noch keine Unterscheidung zwischen Subjekt und Objekt, dem Selbst und der Außenwelt möglich ist. Diese Seinsphase nennt Lacan die ›imaginäre‹, womit er einen Zustand meint, in dem uns jeglicher definierte Mittelpunkt des Selbst fehlt, in dem das ›Selbst‹, das wir haben, in einem ununterbrochenen geschlossenen Austausch in die Objekte überzugehen scheint und umgekehrt. In der prä-ödipalen Phase lebt das Kind in einer ›symbiotischen‹ Beziehung mit dem Körper der Mutter, die jede scharfe Grenze zwischen den beiden verwischt: es hängt mit seinem Leben von diesem Körper ab, aber wir können uns gleichermaßen vorstellen, wie das Kind das, was es von der Außenwelt weiß, als von sich selbst abhängig erlebt. Diese Identitätsvermengung ist nach der Freudschen Theoretikerin Melanie Klein nicht ganz so segensreich, wie es klingen mag: in einem sehr frühen Alter beherbergt das Kind mörderische aggressive Instinkte gegenüber dem Körper der Mutter, unterhält Phantasien, wie es ihn in Stücke reißt, und leidet unter paranoiden Vorstellungen davon, wie dieser Körper es seinerseits zerstört.

Wenn wir uns ein kleines Kind vorstellen, das sich im Spiegel betrachtet – Lacans sogenanntes ›Spiegel-Stadium‹ – können wir sehen, wie sich die erste kindliche Entwicklung eines Ich, eines integrierten Bildes des Selbst, aus dieser ›imaginären‹ Seinsphase heraus abzuspielen beginnt. Das Kind, physisch noch immer unkoordiniert, findet im Spiegel die Wiedergabe eines erfreulich einheitlichen Bildes von sich selbst; und obgleich seine Beziehung zu diesem Bild immer noch ›imaginär‹ ist – das Spiegelbild ist es selbst und ist es zugleich nicht, die Grenzen zwischen Subjekt und Objekt sind noch verwischt –, hat es nun mit dem Prozeß begonnen, einen Mittelpunkt des Selbst zu errichten. Dieses Selbst ist, wie die Spiegelsituation nahelegt, im wesentlichen narzistisch: wir kommen dadurch zu einem Gefühl für ein ›Ich‹, daß uns dieses ›Ich‹ von einem Objekt oder einer Person der Außenwelt widergespiegelt wird. Dieses Objekt ist zugleich irgendwie ein Teil unserer selbst – wir *identifizieren* uns mit ihm – und ist doch nicht wir selbst, sondern etwas Fremdes. Das Bild, das das kleine Kind im Spiegel sieht, ist in diesem Sinne ein ›verfremdetes‹: das Kind ›mißerkennt‹ sich darin, findet im Bild eine angenehme Einheit, die es im eigenen Körper nicht wirklich erfährt. Das Imaginäre ist für Lacan genau dieses Reich der *Bilder*, mit denen wir uns identifizieren, um gerade dadurch zu Fehlwahrnehmungen und Fehlerkenntnissen von uns selbst geführt zu werden. Wenn das Kind aufwächst, wird es fortfahren, solche imaginären Identifikationen mit Objekten vorzunehmen, und auf diese Weise wird sein Ich konstituiert. Für Lacan ist das Ich genau dieser narzistische Prozeß, mit dem wir das fiktive Gefühl eines einheitlichen Selbst aufpolstern, indem wir etwas in der Außenwelt finden, womit wir uns identifizieren können.

Bei der Betrachtung der prädipalen oder imaginären Phase haben wir ein Seinsregister vor uns, in dem es wirklich nicht mehr als zwei Begriffe gibt: das Kind selbst und den Körper des anderen, der zu diesem Zeitpunkt gewöhnlich die Mutter ist und für das Kind die externe Realität verkörpert. Aber wie sich bei der Darstellung des Ödipus-Komplexes gezeigt hat, ist diese ›diadische‹ Struktur dazu verurteilt, einer ›triadischen‹ Platz zu machen: und dies geschieht, wenn der Vater auf dieser harmonischen Szene auftritt und sie unterbricht. Der Vater symbolisiert das, was Lacan das Gesetz nennt und was zunächst aus dem gesellschaftlichen Inzest-Tabu besteht: das Kind wird in seiner libidinösen Beziehung zur Mutter gestört und muß in der Person des Vaters erkennen lernen, daß ein weiteres familiäres und gesellschaftliches Gefüge existiert, von dem es selbst nur ein Teil ist. Nicht nur ist das Kind bloß ein Teil dieses Gefüges, sondern auch die Rolle, die es zu spielen hat, ist bereits vorherbestimmt, von den Praktiken der Gesellschaft, in die es hineingeboren worden ist, festgeschrieben. Das Erscheinen des Vaters trennt das Kind vom Körper der Mutter und treibt sein Begehren damit, wie wir gesehen haben, in den Untergrund des Unbewußten. In diesem Sinne ereignet sich das erste Auftreten des Gesetzes und der Beginn des unbewußten Begehrens im selben Augenblick: erst wenn das Kind das Tabu oder Verbot erkennt, das der Vater symbolisiert, verdrängt es sein schuldhaftes Begehren, und dieses Begehren *ist* gerade das, was das Unbewußte genannt wird.

Damit sich das Drama des Ödipus-Komplexes überhaupt ereignen kann, muß sich das Kind zumindest vage des Unterschiedes zwischen den Geschlechtern bewußt geworden sein. Dieser Unterschied wird durch den Auftritt des Vaters bezeichnet; und eines der Schlüsselwörter in Lacans Werk, der Phallus, bezeichnet diese Bedeutung der sexuellen Verschiedenheit. Nur indem es die Notwendigkeit des Geschlechtsunterschiedes und distinkter Geschlechterrollen akzeptiert, wird das Kind, das sich solcher Pobleme zuvor nicht bewußt war, richtig ›sozialisiert‹. Lacans Besonderheit ist es, diesen Prozeß, den wir schon in Freuds Darstellung des Ödipus-Komplexes kennengelernt haben, unter dem Aspekt der Sprache neu zu beschreiben. Wir können uns das kleine Kind, das sich im Spiegel betrachtet, als eine Art ›Signifikanten‹ vorstellen – etwas, was in der Lage ist, Bedeutung zu verleihen – und das Bild, das es im Spiegel sieht, als eine Art ›Signifikat‹. Das Bild, das das Kind sieht, ist in gewisser Weise seine eigene ›Bedeutung‹. Signifikant und Signifikat sind hier so harmonisch vereinigt wie im Saussureschen Zeichen. Alternativ könnten wir die Spiegelsituation als eine Art Metapher ansehen: eine Größe (das Kind) entdeckt ihre Ähnlichkeit mit einer anderen (dem Spiegelbild). Dies ist für Lacan ein passendes Bild für das Imaginäre als solches: in diesem Zustand spiegeln sich Objekte in einem geschlossenen Zirkel ununterbrochen gegenseitig wider, und noch sind keinerlei reale Unterschiede oder Differenzen erkennbar. Es ist eine Welt der *Fülle*, ohne irgendeinen Mangel oder Ausschluß: vor dem Spiegel findet der ›Signifikant‹ (das Kind) eine ›Fülle‹, eine vollständige und unbefleckte Identität im Signifikat seines Spiegelbildes. Zwischen Signifikat und Signifikant, zwischen Subjekt und Welt klafft noch kein Abgrund. Das Kind ist insofern noch glücklich unbehelligt von den Problemen des Poststrukturalismus – von der Tatsache, daß, wie wir gesehen haben, Sprache und Realität nicht so glatt übereinstimmen, wie diese Situation vermuten lassen könnte.

Mit dem Auftritt des Vaters fällt das Kind der poststrukturalistischen Angst anheim. Es muß nunmehr Saussures Grundsatz begreifen, daß Identitäten nur als Ergebnis von Differenzen entstehen – daß ein Begriff oder ein Subjekt nur ist, was es ist, indem es ein anderes ausschließt. Signifikanterweise erfolgt die erste Entdeckung des Geschlechterunterschiedes durch das Kind zur selben Zeit, zu der es die Sprache selbst entdeckt. Der Schrei des Babys ist nicht wirklich ein Zeichen, sondern ein Signal: er zeigt an, daß es friert, Hunger oder irgendetwas anderes hat. Indem es Zugang zur Sprache findet, lernt das kleine Kind unbewußt, daß ein Zeichen seine Bedeutung nur kraft seines Unterschiedes zu anderen Zeichen bekommt, und es lernt auch, daß das Zeichen die *Abwesenheit* des bezeichneten Objektes voraussetzt. Unsere Sprache ›steht‹ für die Objekte: Sprache ist immer in gewisser Weise ›metaphorisch‹, insofern, als sie an die Stelle des direkten, wortlosen Besitzes des Objektes selbst tritt. Sie bewahrt uns vor der Unbequemlichkeit, wie Swifts Laputaner einen Sack voller Gegenstände auf dem Rücken mit uns herumzuschleppen, die wir im Laufe der Unterhaltung brauchen könnten, und uns diese Gegenstände einfach gegenseitig hinzuhalten, wenn wir etwas sagen wollen. Aber indem das Kind diese Lektion unbewußt im Bereich der Sprache lernt, lernt es sie ebenso unbewußt im Bereich der Sexualität. Die Präsenz des Vaters, durch den Phallus symbolisiert, lehrt das Kind, daß es einen durch den Geschlechterunterschied, durch Ausschluß (es kann nicht der Sexualpartner seiner Eltern werden) und durch Abwesenheit (es muß seine frühere Bindung an den Körper der Mutter aufgeben) definierten Platz in der Familie einnehmen muß. Es gelangt zu der Erkenntnis, daß seine Identität als Subjekt von den Unterschieds- und Ähnlichkeitsbeziehungen zu den umgebenden Objekten konstituiert wird. Indem es all dies akzeptiert, bewegt sich das Kind vom imaginären Register zu dem, was Lacan die ›symbolische Ordnung‹ nennt: die vorgegebene Struktur der Gesellschafts- und Geschlechterrollen und der Beziehungen, aus denen die Familie und die Gesellschaft besteht. Es hat, um mit Freud zu sprechen, den schmerzlichen Weg durch den Ödipus-Komplex erfolgreich hinter sich gebracht.

Indessen ist damit nicht alles in Ordnung. Denn das Subjekt, das aus diesem Prozeß hervorgeht, ist, wie wir gesehen haben, für Freud ein ›gespaltenes‹, radikal aufgeteilt in das bewußte Leben des Ich und in das unbewußte oder verdrängte Begehren. Diese primäre Wunschverdrängung macht uns zu dem, was wir sind. Das Kind muß sich nun mit der Tatsache abfinden, daß es niemals über einen *direkten* Zugang zur Realität verfügen kann, besonders nicht zum nunmehr verbotenen Körper der Mutter. Aus diesem ›vollen‹, imaginären Besitz ist es in die ›leere‹ Welt der Sprache vertrieben worden. Sprache ist ›leer‹, weil sie einfach ein endloser Prozeß von Differenz und Absenz ist: anstatt etwas zur Gänze besitzen zu können, bewegt sich das Kind nun einfach von Signifikant zu Signifikant an einer sprachlichen Kette entlang, die potentiell unendlich ist. Ein Signifikant impliziert den nächsten, und der wieder den nächsten, und so weiter *ad infinitum*: die ›metaphorische‹ Spiegelwelt ist der ›metonymischen‹ Welt der Sprache gewichen. Entlang dieser metonymischen Signifikantenkette entstehen Bedeutungen oder Signifikate; aber keine Sache und keine Person kann jemals in dieser Kette vollständig ›präsent‹ sein, denn wie wir bei Derrida gesehen haben, führt sie zur Unterteilung und Unterscheidung aller Identitäten.

Diese potentiell unendliche Bewegung von einem Signifikanten zum nächsten ist es, die Lacan mit Begehren meint. Alles Begehren entspringt einem Mangel, den es kontinuierlich zu stillen sucht. Die menschliche Sprache funktioniert auf Grund eines solchen Mangels: der Abwesenheit der realen Objekte, die sie bezeichnet, und der Tatsache, daß Worte nur kraft der Abwesenheit und des Ausschlusses andere Bedeutung haben. Mit dem Eintritt in die Sprache wird man somit zu einer Beute des Begehrens: die Sprache, bemerkt Lacan, ist das, ›was das Sein in Begehren aushöhlt.‹ Die Sprache zerteilt – *artikuliert* – die Ganzheit des Imaginären: niemals wieder werden wir in einem einzigen Objekt, in einer letzten Bedeutung, die alle anderen mit Sinn füllt, zur Ruhe kommen können. Der Eintritt in die Sprache bedeutet die Trennung von dem, was Lacan das ›Reale‹ nennt, jenes unzugängliche Reich, das sich stets jenseits der Reichweite der Bedeutung befindet, immer außerhalb der symbolischen Ordnung. Insbesondere sind wir vom Körper der Mutter getrennt: nach der ödipalen Krise können wir dieses kostbare Objekt niemals wieder erlangen, auch wenn wir ihm unser ganzes Leben lang nachjagen. Wir müssen uns statt dessen mit Ersatzobjekten zufriedengeben, dem, was Lacan das ›Objekt klein a‹ nennt, mit dem wir die Lücke mitten im Zentrum unseres Seins vergeblich zu stopfen versuchen. Wir bewegen uns von Substitut zu Substitut, von Metapher zu Metapher, ohne jemals die reine (wenn auch fiktive) Identität und Einheit mit uns selbst wiedergewinnen zu können, die wir im Imaginären kannten. Es gibt keine ›transzendentale‹ Bedeutung oder ein Objekt, das diese endlose Sehnsucht stillen könnte – oder wenn es eine solche transzendentale Realität gibt, so ist es der Phallus selbst, der ›transzendentale Signifikant‹, wie Lacan ihn nennt. Aber es handelt sich dabei nicht wirklich um ein Objekt oder eine Realität, nicht um den tatsächlichen männlichen Körperteil: er ist nur eine leere Markierungsstelle für die Differenz, ein Zeichen dessen, was uns vom Imaginären trennt und uns an unseren vorbestimmten Platz in der symbolischen Ordnung einreiht.

Wie wir bei der Behandlung Freuds gesehen haben, sieht Lacan das Unbewußte als strukturiert wie eine Sprache. Und zwar nicht nur deshalb, weil es auf Metaphern und Metonymien basiert, sondern auch, weil es, wie die Sprache selbst für den Poststrukturalismus, weniger aus *Zeichen* – feststehenden Bedeutungen – besteht als vielmehr aus *Signifikanten*. Wenn man von einem Pferd träumt, wird nicht unmittelbar ersichtlich, was dies bedeutet: es kann viele widersprüchliche Bedeutungen haben, vielleicht ein Signifikant in einer ganzen Signifikantenkette sein, die gleichermaßen vielfältige Bedeutungen hat. Das heißt, das Bild des Pferdes ist nicht ein Zeichen im Saussureschen Sinne – es hat kein fest mit ihm verknüpftes Signifikat im Gefolge –, sondern es ist ein Signifikant, der mit vielen verschiedenen Signifikaten verbunden sein kann und der selbst Spuren der anderen Signifikanten aufweisen kann, die ihn umgeben. Das Unbewußte ist einfach eine beständige Bewegung und Aktivität von Signifikanten, deren Signifikate uns oft unzugänglich sind, da sie *verdrängt* sind. Deshalb spricht Lacan vom Unbewußten als einem Gleiten des Signifikats unterhalb des Signifikanten, als einem ständigen Verblassen und Verdunsten der Bedeutung, einem bizarren ›modernistischen‹ Text, der fast unlesbar ist und seine letzten Geheimnisse sicherlich niemals einer Interpretation preisgeben wird.

Wenn dieses ständige Gleiten und Verschwinden der Bedeutung auf das bewußte Leben zuträfe, könnten wir natürlich niemals überhaupt kohärent sprechen. Das Ich oder das Bewußte kann daher nur funktionieren, indem es diese turbulenten Aktivitäten unterdrückt und die Wörter provisorisch auf Bedeutungen festlegt. Hin und wieder schleicht sich ein Wort aus dem Unbewußten, das ich gar nicht gebrauchen will, in meinen Diskurs ein, und dies ist der berühmte Freudsche Versprecher. Aber für Lacan ist unser gesamter Diskurs in gewissem Sinne ein Sich-Versprechen: wenn der sprachliche Prozeß so schlüpfrig und ambig ist, wie er dies nahelegt, können wir nie genau das meinen, was wir sagen, und niemals genau das sagen, was wir meinen. Bedeutung ist immer in gewissem Sinne eine Annäherung, ein teilweises Versagen, knapp am Ziel vorbei, das Un-Sinn und Un-Verständnis mit Sinn und Dialog vermischt. Wir können die Wahrheit mit Sicherheit niemals auf ›reine‹, unmittelbare Weise aussprechen: Lacans eigener notorisch sybillinischer Stil, schon in sich selbst eine Sprache des Unbewußten, soll andeuten, daß jeglicher Versuch, beim Sprechen oder Schreiben zu einer ganzen, unbefleckten Bedeutung zu gelangen, eine vor-freudsche Illusion darstellt. Im bewußten Leben erlangen wir ein gewisses Gefühl von uns selbst als einigermaßen einheitliches, kohärentes Selbst, und ohne diese wäre kein Handeln möglich. Aber all dies befindet sich nur auf der ›imaginären‹ Ebene des Ich, die nicht mehr als die Spitze des Eisbergs des menschlichen Subjekts ist, wie es die Psychoanalyse kennt. Das Ich ist die Funktion oder das Ergebnis eines Subjektes, das stets aufgespalten ist, niemals mit sich selbst identisch, aufgespannt entlang der Diskursketten, die es konstituieren. Zwischen diesen beiden Seinsebenen besteht eine radikale Spaltung – ein Abgrund, der durch die Art, wie ich in einem Satz auf mich selbst Bezug nehme, aufs dramatischste illustriert wird. Wenn ich sage: ›Morgen werde ich den Rasen mähen‹, dann ist das ›ich‹, das ich äußere, ein unmittelbar einsichtiger, fester Bezugspunkt, der die düsteren Tiefen des ›Ich‹, das ihn ausspricht, Lügen straft. Das erstere ›Ich‹ ist in der linguistischen Theorie als ›Subjekt des Geäußerten‹ bekannt, als der von meinem Satz bezeichnete Gegenstand oder ›Satzgegenstand‹; das letztere ›Ich‹, dasjenige, das den Satz ausspricht, ist das ›Subjekt der Äußerung‹, das Subjekt des eigentlichen Sprechaktes. Im Prozeß des Lesens und Schreibens scheinen diese beiden ›Ichs‹ zu einer Art groben Einheit zu gelangen; aber diese Einheit ist imaginärer Art. Das ›Subjekt der Äußerung‹, der aktuell sprechende, schreibende Mensch, kann sich in dem, was gesagt wird, niemals völlig darstellen: es gibt kein Zeichen, das sozusagen mein ganzes Sein zusammenfaßt. Ich kann mich in der Sprache nur durch ein übliches Pronomen *bezeichnen*. Das Pronomen ›Ich‹ *steht für* das niemals zu fassende Subjekt, das stets durch die Netze jedes einzelnen Stücks Sprache schlüpfen wird; und das ist gleichbedeutend damit, daß ich niemals zugleich ›bedeuten‹ und ›sein‹ kann. Um dies zu verdeutlichen, schreibt Lacan Descartes' ›ich denke, also bin ich‹ kühn als ›ich bin nicht, wo ich denke, und ich denke nicht, wo ich bin‹ neu.

Zwischen dem eben Beschriebenen und den ›Akten der Äußerung‹, die als die Literatur bekannt sind, gibt es eine interessante Analogie. In manchen literarischen Werken, insbesondere in realistischer Dichtung, wird unsere Aufmerksamkeit als Leser nicht auf den ›Akt der Äußerung‹ gelenkt, nicht darauf, *wie*, von welcher Position aus und mit welcher Absicht etwas gesagt wird, sondern nur einfach darauf, *was* gesagt wird, auf die Äußerung selbst. Solche ›anonymen‹ Äußerungen werden vermutlich eine größere Autorität haben und unsere Zustimmung leichter erlangen als eine Äußerung, die die Aufmerksamkeit darauf lenkt, wie sie eigentlich konstruiert ist. Die Sprache eines juristischen Dokumentes oder eines wissenschaftlichen Lehrbuches kann uns beeindrucken oder sogar einschüchtern, weil wir nicht sehen, wie die Sprache überhaupt dorthin gekommen ist. Der Text ermöglicht dem Leser keinen Ausblick auf die Art der Auswahl der darin enthaltenen Fakten, darauf, was ausgeschlossen wurde, warum die Fakten in gerade dieser Weise geordnet wurden, welche Annahmen diesem Prozeß zugrunde lagen, welche Arbeitsformen in die Erstellung des Textes eingegangen sind, und wie dies alles auch anders hätte geschehen können. Ein Teil der Macht solcher Texte liegt in der Unterdrückung dessen, was man ihre Produktionsweisen nennen könnte, der Vorgänge, durch die sie zu dem wurden, was sie sind; in diesem Sinne haben sie eine merkwürdige Ähnlichkeit mit dem Leben des menschlichen Ich, das durch die Verdrängung seines eigenen Entstehungsprozesses gedeiht. Viele modernistische literarische Werke machen im Gegensatz hierzu den ›Äußerungsakt‹, den Prozeß ihrer eigenen Herstellung, zu einem Teil ihres eigentlichen ›Inhalts‹. Sie versuchen nicht, sich wie Barthes' ›natürliches Zeichen‹ als unhinterfragbar auszugeben, sondern legen, wie die Formalisten sagen würden, ›das Verfahren‹ ihrer eigenen Erstellung ›bloß‹. Sie tun dies, um nicht versehentlich für die absolute Wahrheit gehalten zu werden – um den Leser/die Leserin zu ermutigen, kritisch über die voreingenommenen, speziellen Arten nachzudenken, in der sie Realität konstruieren, und derart zu erkennen, wie sich alles auch anders abgespielt haben könnte. Das beste Beispiel für diese Art Literatur ist vielleicht das Drama Bertolt Brechts; aber es gibt in der modernen Kunst zahlreiche weitere Beispiele, nicht zuletzt auch im Film. Man denke nur einerseits an einen typischen Hollywood-Film, der die Kamera einfach als eine Art ›Fenster‹ oder zweites Auge benutzt, durch das der Zuschauer/die Zuschauerin die Wirklichkeit betrachtet – der die Kamera ruhig hält und ihr nur erlaubt, einfach ›aufzuzeichnen‹, was sich ereignet. Wenn wir einen solchen Film sehen, neigen wir dazu, zu vergessen, daß das ›Geschehen‹ nicht wirklich ›geschieht‹, sondern ein hochkompliziertes *Konstrukt* ist, das die Handlungen und Einstellungen sehr vieler Menschen miteinbezieht. Man denke dann andererseits an eine Filmsequenz, in der die Kamera ruhelos, nervös von Objekt zu Objekt springt, wenn sie zunächst eines in ihren Blickwinkel nimmt, nur um es dann für ein anderes aufzugeben, wenn sie diese Objekte zwanghaft von verschiedenen Blickwinkeln aus sondiert, bevor sie, gleichermaßen untröstlich, weiterflattert, um etwas anderes zu erfassen. Dies wäre nicht unbedingt ein besonders avantgardistisches Vorgehen; aber auch dies wirft schon ein Licht darauf, wie im Gegensatz zum ersten Film die *Aktivität* der Kamera, die Art des Aufbaus einer Episode, in den ›Vordergrund‹ gestellt wird, so daß wir als Zuschauer unseren Blick nicht einfach durch diese aufdringlichen Operationen hindurch auf die Objekte selbst richten können. Der ›Inhalt‹ der Sequenz kann als das *Produkt* einer speziellen Reihe technischer Vorgehensweisen begriffen werden, nicht als eine ›natürliche‹ oder gegebene Wirklichkeit, die nur von der Kamera wiedergegeben wird. Das ›Signifikat‹ – die Bedeutung der Sequenz – ist ein Produkt des

›Signifikanten‹ – der filmischen Techniken – und nicht so sehr etwas, was ihr vorausgegangen ist. (Einige bemerkenswerte Analysen dieser Art enthält die Filmzeitschrift *Screen*, die von der Society for Education in Film and Television in London herausgegeben wird. Siehe auch Christian Metz, *Psychoanalysis and Cinema*, London, 1982).

Um die Implikationen des Lacanschen Denkens für das menschliche Subjekt weiter verfolgen zu können, müssen wir einen kurzen Umweg über einen berühmten Essay machen, den der französische marxistische Philosoph Louis Althusser unter dem Einfluß Lacans geschrieben hat. In ›Ideologie und ideologische Staatsapparate‹, enthalten in seinem gleichnamigen Buch (1971/dt. 1977), versucht Althusser mit impliziter Hilfe der Lacanschen psychoanalytischen Theorie die Funktionsweise der Ideologie in der Gesellschaft zu illustrieren. Wie kommt es, fragt der Essay, daß menschliche Subjekte sich so oft den dominanten Ideologien ihrer jeweiligen Gesellschaft unterwerfen – Ideologien, die Althusser als lebensnotwendig für die Erhaltung der Macht der herrschenden Klasse ansieht? Durch welche Mechanismen kommt dies zustande? Althusser wird manchmal insofern als ›strukturalistischer‹ Marxist angesehen, als die menschlichen Individuen für ihn Produkte vieler verschiedener gesellschaftlicher Determinanten sind und somit über keine Einheitlichkeit im Wesen verfügen. In den Grenzen der Wissenschaft von der menschlichen Gesellschaft können solche Individuen einfach als die Funktionen oder Ergebnisse dieser oder jener Gesellschaftsstruktur untersucht werden – als Inhaber bestimmter Stellen in einem Produktionsmodus, als Angehörige einer bestimmten Gesellschaftsschicht etc. Aber damit ist natürlich noch nicht unsere gesamte Selbstwahrnehmung abgedeckt. Wir neigen dazu, uns eher als freie, einheitliche, autonome, uns selbst erzeugende Individuen zu sehen, und wenn wir das nicht täten, wären wir außerstande, unsere Rollen im gesellschaftlichen Leben zu spielen. Für Althusser ist das, was uns diese Eigenerfahrung erlaubt, die Ideologie. Wie ist das zu verstehen?

Was die Gesellschaft betrifft, so bin ich als Individuum völlig entbehrlich. Zweifellos muß irgendjemand die Funktionen wahrnehmen, die ich erfülle (Schreiben, Unterrichten, Lehren etc.), da die Erziehung in dieser Art von Gesellschaftssystem eine zentrale Rolle spielt, aber es gibt keinen bestimmten Grund, warum dieses Individuum gerade ich sein sollte. Einer der Gründe, warum dieser Gedanke mich nicht dazu bringt, einem Zirkus beizutreten oder eine Überdosis zu nehmen, liegt darin, daß ich meine eigene Identität gewöhnlich nicht auf diese Weise erfahre, daß ich mein Leben gewöhnlich nicht auf diese Weise ›auslebe‹. Ich *fühle* mich nicht als bloße Funktion einer Gesellschaftsstruktur, die gut ohne mich auskäme, auch wenn dies als zutreffend erscheint, wenn ich die Situation *analysiere*, sondern als jemand mit einer bedeutsamen *Beziehung* zur Gesellschaft und zur Welt als Ganzes, einer Beziehung, die mir ein ausreichendes Gefühl von Bedeutung und Wert vermittelt, um absichtsvoll zu handeln. Die Gesellschaft ist für mich gleichsam nicht nur eine unpersönliche Struktur, sondern ein ›Subjekt‹, das mich persönlich ›anspricht‹ – das mich kennt, mir sagt, daß ich von Wert bin und mich so durch den bloßen Akt der Anerkennung zu einem freien, autonomen Subjekt macht. Ich bekomme zwar nicht gerade das Gefühl, daß die Welt nur für mich existiert, aber doch das, daß die Welt signifikant auf mich ›zentriert‹ ist und daß ich meinerseits signifikant darauf ›zentriert‹ bin. Die Ideologie ist für Althusser ein Netz von Überzeugungen, das diese Zentrierung bewirkt. Es ist um einiges subtiler, überzeugender und unbewußter als ein Netz expliziter Dogmen: es ist das Medium selbst, durch das ich meine Beziehung zur Gesellschaft ›auslebe‹, das Reich der Zeichen und gesellschaftlichen Praktiken, das mich in die Gesellschaftsstruktur einbindet und mir das Gefühl eines kohärenten Zwecks und eine Identität verleiht. In diesem Sinn kann Ideologie den Kirchgang oder den Gang zur Wahl oder die Tatsache, daß man Frauen an der Tür den Vortritt läßt, mit einschließen; sie kann nicht nur bewußte Vorlieben wie meine tiefe Ergebenheit gegenüber der Monarchie umfassen, sondern auch meine Art, mich zu kleiden, oder die Wahl meines Autos, meine zutiefst unbewußten Vorstellungen von mir selbst und anderen.

Mit anderen Worten tut Althusser nichts anders, als das Ideologiekonzept unter dem Aspekt von Lacans ›Imaginärem‹ neu zu denken. Denn die Beziehung des individuellen Subjekts zur Gesellschaft als Ganzes ist in Althussers Theorie der des kleinen Kindes zu seinem Spiegelbild bei Lacan ziemlich ähnlich. In beiden Fällen erhält das Subjekt ein zufriedenstellend einheitliches Bild seines Selbst, indem es sich mit einem Objekt identifiziert, das ihm dieses Bild in einem geschlossenen, narzistischen Kreis widerspiegelt. Und in beiden Fällen impliziert dieses Bild auch eine *Fehl*erkennung, da es die reale Situation des Subjekts idealisiert. Das Kind ist nicht wirklich ganzheitlich, wie das Spiegelbild dies nahelegt; und ich bin nicht wirklich das kohärente, autonome, sich selbst erzeugende Subjekt, als das ich mich in der ideologischen Sphäre kenne, sondern die ›dezentrierte‹ Funktion zahlreicher gesellschaftlicher Determinanten. Von dem Bild, das ich bekomme, gebührend verzaubert, unterwerfe ich mich ihm; und durch diese ›subjection‹ werde ich zum Subjekt.

Nun würden die meisten Kommentatoren darin übereinstimmen, daß Althussers anregender Essay ernstliche Mängel aufweist. Er scheint zum Beispiel anzunehmen, daß Ideologie wenig mehr als eine unterdrückende Kraft ist, die uns unterwirft, ohne für die Wirklichkeit der ideologischen *Kämpfe* genügend Raum zu lassen; und er beinhaltet auch einige schwerwiegende Fehlinterpretationen von Lacan. Nichtsdestotrotz ist er ein Versuch, die Relevanz der Lacanschen Theorie für Bereiche außerhalb des Sprechzimmers aufzuzeigen; er sieht ganz richtig, daß ein solches Werk tiefgehende Implikationen für eine ganze Reihe von Gebieten über die eigentliche Psychoanalyse hinaus hat. Und tatsächlich erlaubt Lacan uns, indem er den Freudianismus unter dem Aspekt der Sprache, einer ausgesprochen sozialen Aktivität, neu interpretiert, die Beziehungen zwischen dem Unbewußten und der menschlichen Gesellschaft zu erforschen. Eine Möglichkeit, sein Werk zu beschreiben, bestünde darin, zu sagen, daß er uns zu der Erkenntnis führt, daß das Unbewußte nicht eine brodelnde, in Aufruhr befindliche private Region ›in uns‹ ist, sondern ein Ergebnis unserer Beziehungen zueinander. Das Unbewußte ist sozusagen mehr ›außer uns‹ als ›in uns‹ – oder vielmehr, es existiert ›zwischen‹ uns, wie dies unsere Beziehungen zueinander tun. Es ist nicht so sehr deshalb nicht zu fassen, weil es tief in unseren Seelen vergraben liegt, sondern weil es eine Art riesiges, verschlungenes Netz ist, das uns umgibt und uns durchflutet und das deshalb nie an einem Punkt festgemacht werden kann. Das beste Bild für ein solches Netz, das zugleich jenseits von uns liegt und doch auch der Stoff ist, aus dem wir bestehen, ist die Sprache selbst; und tatsächlich ist das Unbewußte für Lacan ein Ergebnis der Sprache, ein Prozeß des Begehrens, der durch die Differnz in Bewegung gesetzt wurde. Wenn wir die symbolische Ordnung betreten, treten wir in die Sprache selbst ein; und doch ist diese Sprache für Lacan wie auch für die Strukturalisten niemals etwas, was gänzlich unserer individuellen Kontrolle unterliegt. Sprache ist, wie wir gesehen haben, im Gegenteil das, was uns innerlich *spaltet*, und nicht so sehr ein Instrument, das wir zuversichtlich manipulieren können. Die Sprache geht uns immer voraus, ist immer schon ›an ihrem Platz‹ und wartet darauf, uns *unseren* Platz in ihr zuzuweisen. Sie ist da und wartet auf uns, ungefähr so, wie dies unsere Eltern tun; und wir können sie niemals völlig beherrschen oder unseren eigenen Zielen unterwerfen, genausowenig, wie wir jemals in der Lage sein werden, die dominante Rolle, die unsere Eltern bei unserer Konstituierung spielen, gänzlich abzuschütteln. Die Sprache, das Unbewußte, die Eltern, die symbolische Ordnung: diese Begriffe sind bei Lacan nicht genau synonym, aber sie sind eng miteinander verbunden. Manchmal spricht er von ihnen als dem ›Anderen‹ – als das, was wie die Sprache immer schon vor uns da ist und uns immer entschlüpfen wird, das, was uns zuerst zu Subjekten machte, unserem Zugriff aber immer entkommt. Wir haben gesehen, daß unser unbewußtes Begehren für Lacan stets auf dieses Andere gerichtet ist, in Gestalt einer zutiefst befriedigenden Realität, die wir niemals besitzen können; aber für Lacan trifft auch zu, daß wir unser Begehren in gewisser Weise von dem Anderen *erhalten* haben. Wir begehren, was andere – unsere Eltern zum Beispiel – unbewußt für uns begehren; und das Begehren kann sich nur ereignen, weil wir in sprachlichen, sexuellen und gesellschaftlichen Beziehungen befangen sind – dem ganzen Feld des ›Anderen‹ –, die es hervorbringen.

Lacan selbst ist an der gesellschaftlichen Relevanz seiner Theorien nicht sonderlich interessiert, und das Problem der Beziehung zwischen Gesellschaft und Unbewußtem ›löst‹ er ganz sicherlich nicht. Der Freudianismus als Ganzes ermöglicht uns indessen diese Fragestellung; sie soll nunmehr anhand eines konkreten literarischen Beispiels, D. H. Lawrences Roman *Sons and Lovers*, erörtert werden. Sogar konservative Kritiker, die solche Begriffe wie ›Ödipus-Komplex‹ mißtrauisch als einen fremdartigen Jargon betrachten, geben gelegentlich zu, daß in diesem Text etwas vorgeht, was dem berühmten Freudschen Drama bemerkenswert ähnelt. (Es ist übrigens interessant, wie konventionell eingestellte Literaturwissenschaftler zwar fröhlich Ausdrücke wie ›Symbol‹, ›dramatische Ironie‹ oder ›dicht verwoben‹ verwenden, gegenüber Begriffen wie ›Signifikant‹ oder ›dezentriert‹ jedoch merkwürdig reserviert bleiben.) Zu der Zeit, als er *Sons and Lovers* schrieb, hatte Lawrence, soweit uns das bekannt ist, durch seine deutsche Frau Frieda etwas über Freuds Werk erfahren; aber es scheint keinerlei Beweis dafür zu geben, daß er direkte oder detaillierte Kenntnisse davon hatte, eine Tatsache, die man als schlagenden, unabhängigen Beweis für die Freudsche Doktrin ansehen könnte. Denn es ist ganz sicher, daß *Sons and Lovers*, ohne daß er sich dessen bewußt zu sein scheint, ein zutiefst ödipaler Roman ist: der junge Paul Morel, der in einem Bett mit seiner Mutter schläft, sie mit der Zärtlichkeit eines Liebhabers behandelt und eine tiefe Abneigung gegen seinen Vater empfindet, wächst zum Mann Morel heran, der zu einer befriedigenden Beziehung mit einer Frau nicht in der Lage ist und schließlich eine Möglichkeit der Befreiung aus diesem Zustand findet, indem er seine Mutter in einem mehrdeutigen Akt der Liebe, der Rache und der Selbstbefreiung tötet. Mrs. Morel ist ihrerseits auf Pauls Beziehung zu Miriam eifersüchtig und benimmt sich wie eine rivalisierende Geliebte. Paul wendet sich schließlich um seiner Mutter willen von Miriam ab; aber indem er Miriam ablehnt, lehnt er zugleich unbewußt seine Mutter *in* ihr ab, in dem, was er als Miriams erstickenden geistigen Besitzanspruch erlebt.

Pauls psychologische Entwicklung spielt sich indessen nicht in einem gesellschaftlichen Vakuum ab. Sein Vater, Walter Morel, ist Bergarbeiter, während seine Mutter einer etwas höheren Gesellschaftsschicht angehört. Mrs. Morel ist sehr daran interessiert, daß Paul seinem Vater nicht in die Grube folgt, und wünscht sich, daß er statt dessen eine Tätigkeit im Büro aufnimmt. Sie selbst bleibt als Hausfrau zuhause; der familiäre Aufbau der Morels ist ein Teil dessen, was als ›geschlechtliche Arbeitsteilung‹ bekannt ist, die in der kapitalistischen Gesellschaft die Gestalt annimmt, daß der männliche Elternteil als Arbeitskraft im Produktionsprozeß benutzt wird, während es dem weiblichen Teil überlassen bleibt, für den materiellen und emotionalen ›Unterhalt‹ von ihm und den künftigen Arbeitskräften (den Kindern) zu sorgen. Mr. Morels Entfremdung vom intensiven häuslichen Gefühlsleben entspringt zum Teil dieser gesellschaftlichen Arbeitsteilung – einer Teilung, die ihn von seinen Kindern entfremdet und sie emotional der Mutter näher bringt. Wenn die Arbeit des Vaters, wie im Falle Walter Morels, besonders hart und drückend ist, verliert seine Rolle innerhalb der Familie mit großer Wahrscheinlichkeit weiter an Gewicht: Morels Möglichkeiten der menschlichen Kontaktaufnahme mit seinen Kindern sind auf seine praktischen Fähigkeiten im Bereich des Hauses reduziert. Sein Mangel an Bildung macht es ihm darüber hinaus schwer, seine Gefühle auszudrücken, und auch hierdurch vertieft sich die Distanz zwischen ihm und seiner Familie. Die körperliche Erschöpfung und harte Disziplin, die mit seiner Arbeit einhergeht, bringt ihn dazu, zu Hause eine Reizbarkeit und Gewalttätigkeit zu entwickeln, die seine Kinder nur noch weiter in die Arme der Mutter treibt. Um seine untergeordnete Stellung bei der Arbeit zu kompensieren, kämpft der Vater zu Hause um die Behauptung einer traditionellen männlichen Autorität und entfremdet seine Kinder so noch mehr von sich.

Im Falle der Morels werden diese gesellschaftlichen Faktoren durch den Schichtenunterschied zwischen ihnen noch weiter verkompliziert. Morel verfügt über das, was der Roman für eine typisch proletarische Inartikuliertheit, Körperlichkeit und Passivität hält: *Sons and Lovers* porträtiert die Bergarbeiter als Unterweltsgeschöpfe, die mehr im Körper als im Geiste leben. Dies ist ein merkwürdiges Bild, da die Bergarbeiter im Jahre 1912, als Lawrence sein Buch beendete, den größten Streik in Gang brachten, den Großbritannien jemals erlebt hatte. Ein Jahr später, im Jahr der Veröffentlichung des Romans, führte das schlimmste Grubenunglück seit einem Jahrhundert zu einer lächerlichen Strafe für ernsthafte Versäumnisse des Managements, und der Klassenkampf lag überall über den britischen Kohlengruben in der Luft. Mit ihrem ganzen scharfsinnigen politischen Bewußtsein und ihrer komplexen Organisation waren diese Entwicklungen nicht das Werk geistloser Klötze. Mrs. Morel (es ist vielleicht bedeutsam, daß man keinerlei Neigung verspürt, ihren Vornamen zu verwenden) kommt aus der unteren Mittelschicht und ist einigermaßen gebildet, artikulationsfähig und entschlossen. Sie symbolisiert daher das, was der junge, sensible und künstlerische Paul vielleicht zu erreichen hofft: eine emotionale Abwendung vom Vater und Zuwendung zu ihr ist zugleich untrennbar auch eine Wendung weg von der Armut und Ausbeutung der Welt der Kohlenbergwerke hin zu einem emanzipierten, bewußten Leben. Die potentiell tragische Spannung, in der Paul sich dann gefangen und fast zerstört findet, entspringt der Tatsache, daß seine Mutter – gerade die Energiequelle, die ihn ehrgeizig über die Grenzen von Haus und Grube hinaustreibt – zugleich die mächtige emotionale Kraft ist, die ihn dorthin zurückzieht.

Eine psychoanalytische Lesart des Romans muß daher nicht notwendig seine soziale Interpretation ausschließen. Es ist eher so, daß wir von den zwei Seiten oder Aspekten ein und derselben menschlichen Situation sprechen. Wir können sowohl mit ödipalem als auch mit Klassenbegriffen von Pauls ›schwachem‹ Vaterbild und seinem ›starken‹ Mutterbild sprechen; und wir können sehen, wie die menschlichen Beziehungen zwischen einem abwesenden, gewalttätigen Vater, einer ehrgeizigen, emotional fordernden Mutter und einem sensiblen Kind sowohl unter dem Aspekt unbewußter Vorgänge als auch unter dem Aspekt bestimmter gesellschaftlicher Kräfte und Beziehungen verstanden werden können. (Einige Literaturwissenschaftler würden natürlich weder den einen noch den anderen Ansatz für akzeptabel halten und statt dessen für eine ›humanistische‹ Lesart des Romans eintreten. Worin dieses ›Menschliche‹ besteht, das die konkrete Lebenssituation der Figuren, ihren Beruf und ihre Geschichte, die tiefere Bedeutung ihrer persönlichen Beziehungen und Identitäten, ihrer Sexualität usw. ausklammert, ist nicht so leicht zu erkennen.) All dies gehört indessen immer noch dem an, was man ›Inhaltsanalyse‹ nennen könnte, der Blick darauf, was gesagt wird, und nicht so sehr darauf, wie es gesagt wird, mehr auf das ›Thema‹ als auf die ›Form‹. Aber wir können diese Überlegungen auf die ›Form‹ selbst übertragen – darauf, wie der Roman seine Geschichte erzählt und strukturiert, wie er die Figuren schildert, welchen Erzähl-Standpunkt er einnimmt. Es scheint zum Beispiel offensichtlich, daß sich der Text selbst weitestgehend, wenn auch keineswegs vollständig, mit Pauls eigener Sichtweise identifiziert und ihr beipflichtet: da die Geschichte im wesentlichen aus seiner Sicht gesehen wird, haben wir außer ihm keine weiteren Belegquellen. Während Paul in den Vordergrund der Geschichte tritt, zieht sich sein Vater in den Hintergrund zurück. Der Roman ist in seiner Behandlung von Mrs. Morel im allgemeinen auch stärker ›nach innen gerichtet‹ als gegenüber ihrem Mann: man könnte durchaus behaupten, daß er auf eine Art und Weise gestaltet ist, die sie beleuchtet und ihn im Dunkeln läßt, ein formales Vorgehen, das die Haltungen der Protagonisten selbst verstärkt. Die Struktur der Erzählung selbst verbindet sich mit anderen Worten bis zu einem gewissen Grad mit Pauls Unbewußtem: es wird uns beispielsweise nicht klar, ob Miriam, wie der Text sie uns vorstellt, sehr aus der Sichtweise Pauls, die Reizbarkeit und Ungeduld, die sie in ihm hervorruft, wirklich verdient hat, und viele Leser könnten das unangenehme Gefühl bekommen, daß der Roman in gewissem Sinne ›ungerecht‹ mit ihr umgeht. (Die wirkliche Miriam, Jessie Chambers, war aufs heftigste dieser Ansicht, aber das spielt für unser augenblickliches Vorhaben keine Rolle.) Aber wie können wir die Berechtigung dieses Ungerechtigkeitsgefühls erklären, wenn doch Pauls Sichtweise ständig als unsere vermeintlich verläßliche Informationsquelle im ›Vordergrund‹ steht?

Andererseits gibt es Aspekte des Romans, die dieser ›auf einen Blickwinkel ausgerichteten‹ Darstellung zuwiderlaufen.

H. M. Daleski drückt diese Wahrnehmung so aus: »Das Gewicht der feindseligen Kommentare, die Lawrence gegen Morel richtet, wird durch die unbewußte Zuneigung ausgeglichen, mit der er dramatisch dargestellt wird, während die offene Zelebrierung von Mrs. Morel durch die charakterliche Härte ihrer Handlungen in Frage gestellt wird« (S. 43). Mit den Worten, die wir für Lacan gebraucht haben, sagt der Roman nicht genau, was er meint, oder meint nicht, was er sagt. Dies kann wiederum seinerseits psychoanalytisch erklärt werden: die ödipale Beziehung des Knaben zu seinem Vater ist ambig, denn der Vater wird sowohl geliebt als auch unbewußt als Rivale gehaßt, und das Kind versucht, den Vater vor seinen eigenen unbewußten Aggressionen gegen ihn zu schützen. Ein weiterer Grund für diese Ambiguität besteht indessen darin, daß der Roman auf einer bestimmten Ebene sehr wohl sieht, daß, wenngleich Paul die enge, gewalttätige Welt der Bergarbeiter für seinen gewagten Aufbruch ins Mittelschicht-Bewußtsein verwerfen muß, dieses Bewußtsein keineswegs nur positiv gesehen werden kann. Wie wir am Charakter der Mrs. Morel sehen können, gibt es neben dem Positiven auch viel Herrisches und Lebensverneinendes darin. Der Text teilt uns mit, daß Walter Morel derjenige ist, der »den Gott in sich verleugnet hat«, aber es ist schwer nachzufühlen, wie dieser gewichtige auktoriale Einschub, so ernst und aufdringlich er auch ist, wirklich aufrechterhalten werden kann. Denn derselbe Roman, der uns das *sagt, zeigt* uns auch das Gegenteil. Er zeigt uns, in welcher Weise Morel tatsächlich noch lebendig ist; er kann uns nicht davon abhalten, zu bemerken, daß Morels Herabsetzung viel mit seiner eigenen Erzählstruktur zu tun hat, indem er sich von ihm ab- und seinem Sohn zuwendet; und er zeigt uns auch, mit oder ohne Absicht, daß selbst wenn Morel ›den Gott in sich verleugnet‹ *hat*, die Schuld letztendlich nicht ihm, sondern dem räuberischen Kapitalismus gegeben werden muß, der keine bessere Verwendung für ihn findet als die eines Zahnrädchens im Produktionsgetriebe. Paul selbst kann es sich in seiner festen Absicht, sich der Welt seines Vaters zu entziehen, nicht leisten, diesen Tatsachen ins Auge zu sehen, und explizit kann dies auch der Roman nicht: indem er *Sons and Lovers* schrieb, schrieb Lawrence nicht einfach nur über die Arbeiterklasse, sondern er schrieb sich seinen Weg aus ihr heraus. Aber in so vielsagenden Ereignissen wie der schließlichen Wiedervereinigung von Baxter Dawes (in mancher Hinsicht eine Parallelfigur zu Morel) mit seiner ihm entfremdeten Frau Clara gleicht der Roman ›unbewußt‹ die

Aufwertung Pauls (den dieses Ereignis in einem sehr viel negativeren Licht zeigt) auf Kosten seines Vaters wieder aus. Lawrences endgültige Wiedergutmachung für Morel sollte Mellors sein, der ›feminine‹, doch starke Protagonist in *Lady Chatterley's Lover*. Paul darf im Roman nie die volle, bittere Kritik an seiner besitzergreifenden Mutter aussprechen, die einige der ›objektiven‹ Gegebenheiten zu fordern scheinen; und doch erlaubt *uns* die Art, in der die Beziehung zwischen Mutter und Sohn tatsächlich inszeniert wird, zu erkennen, warum dies so ist.

Wenn wir diese Aspekte des Romans beim Lesen von *Sons and Lovers* im Auge behalten, erstellen wir etwas, was man einen ›Subtext‹ für das Werk nennen könnte – einen Text innerhalb des eigentlichen Textes, der an einigen ›symptomatischen‹ Punkten der Ambiguität, des Ausweichens oder der allzugroßen Emphase sichtbar wird und den wir als Leser ›schreiben‹ können, auch wenn der Roman selbst es nicht tut. Alle literarischen Werke enthalten einen oder mehrere solcher Subtexte, und man kann sie in gewissem Sinne als das ›Unbewußte‹ des Werkes selbst bezeichnen. Die Einsichten des Werkes sind, wie bei jeder Form des Schreibens, tief mit seinen Blindheiten verbunden: was es nicht sagt, und wie es nicht gesagt wird, kann so wichtig sein wie das, was ausgesprochen wird; was an ihm fehlend, marginal oder ambivalent erscheint, kann einen wichtigen Schlüssel zu seiner Bedeutung liefern. Wir weisen das, ›was im Roman steht‹, nicht einfach zurück oder verkehren es ins Gegenteil, indem wir zum Beispiel behaupten, daß Morel der eigentliche Held und seine Frau der Bösewicht sei. Pauls Sichtweise ist nicht einfach ungültig: seine Mutter stellt in der Tat eine unvergleichlich reichere Quelle der Zuneigung dar als sein Vater. Wir richten unseren Blick vielmehr darauf, was solche Feststellungen unweigerlich zum Schweigen bringen oder unterdrücken müssen, und untersuchen, inwiefern der Roman nicht völlig mit sich selbst identisch ist. Psychoanalytische Literaturkritik kann mit anderen Worten mehr, als Phallus-Symbolen nachzujagen: sie kann uns etwas darüber mitteilen, wie literarische Texte eigentlich geformt sind, und sie kann etwas von der Bedeutung dieser Form enthüllen.

Die psychoanalytische Literaturkritik kann in Abhängigkeit davon, was sie zum Gegenstand ihrer Aufmerksamkeit macht, grob in vier Arten unterteilt werden. Sie kann sich dem *Autor* des Werkes zuwenden; oder seinem *Inhalt*; seinem *formalen Aufbau;* oder *dem/der Leser/in*. Die Mehrheit der psychoanalytischen Kritik gehört den ersten beiden Arten an, die in Wirklichkeit die begrenztesten und problematischsten sind. Den Autor zu psychoanalysieren, ist eine spekulative Angelegenheit und mündet genau in derselben Art von Problemen, die im Zusammenhang mit der Bedeutung der ›Intention‹ des Autors für ein literarisches Werk erörtert wurden. Die Psychoanalyse des ›Inhalts‹ – Auslassungen über die unbewußten Motive der Figuren oder die psychoanalytische Bedeutung der Gegenstände oder Ereignisse im Text – ist von begrenztem Wert, aber, wenn sie nach Art der üblichen notorischen Fahndung nach dem Phallussymbol abläuft, allzuhäufig reduktiv. Freuds eigene sporadische Abenteuerreisen in den Bereich von Kunst und Literatur gehörten hauptsächlich diesen beiden Arten an. Er schrieb eine faszinierende Monographie über Leonardo da Vinci, einen Aufsatz über Michelangelos Skulptur ›Moses‹ und einige literarische Analysen, besonders über die Novelle *Gradiva* des dänischen Autors Johannes Vilhelm Jensen. Diese Aufsätze bieten entweder eine psychoanalytische Darstellung des Autors selbst, wie er sich in seinem Werk zeigt, oder sie untersuchen Symptome des Unbewußten in der Kunst auf dieselbe Weise, wie man dies in der Realität tun würde. In beiden Fällen wird die ›materielle Natur‹ des Kunstwerkes selbst, sein spezifischer formaler Aufbau, gewöhnlich übersehen.

Freuds bekannteste Ansicht über die Kunst ist gleichermaßen inadäquat: er vergleicht sie mit der Neurose (»Der Wahn und die Träume in V. Jensens *Gradiva*«). Damit meinte er, daß der Künstler, ähnlich dem Neurotiker, von ungewöhnlich mächtigen instinktiven Bedürfnissen gequält wird, die ihn dazu bringen, sich von der Realität ab- und der Phantasie zuzuwenden. Ungleich anderen Phantasten vermag der Künstler indessen seine eigenen Tagträume zu überarbeiten, zu formen und abzuschwächen, so daß sie für andere akzeptabel werden – denn nach Freuds Ansicht neigen wir dazu, neiderfüllte Egoisten, die wir sind, die Tagträume anderer abstoßend zu finden. Für diese Formgebung und Abschwächung ist die Kraft der künstlerischen Form von zentraler Bedeutung, die dem Leser oder Betrachter das gewährt, was Freud ›Vorlust‹ nennt, seinen Widerstand gegen die Wunscherfüllung anderer zum Erliegen bringt und ihn so in die Lage versetzt, seine Verdrängung für einen kurzen Augenblick aufzuheben und verbotenes Vergnügen an seinen eigenen unbewußten Vorgängen zu finden. Dasselbe trifft in groben Zügen für Freuds Witztheorie in »Der Witz und seine Beziehung zum Unbewußten« (1905) zu; der Witz drückt den aggressiven oder libidinösen Impuls aus, der normalerweise der Zensur unterliegt, aber dies wird durch die ›Form‹ des Witzes, seine Pointe und seine Wortspiele, gesellschaftlich akzeptabel.

Formfragen kommen also in Freuds Überlegungen zur Kunst durchaus vor; aber das Bild des Künstlers als Neurotiker ist mit Sicherheit viel zu simpel, die Karikatur des verwirrten, mondsüchtigen Romantikers, wie ihn sich ein solider Bürger so vorstellt. Viel anregender für eine psychoanalytische Literaturtheorie ist Freuds Kommentar zum Wesen des Traums in seinem Meisterwerk *Die Traumdeutung* (1900). Natürlich implizieren literarische Werke bewußte Arbeit, während dies Träume nicht tun: in diesem Sinne sind sie Träumen weniger ähnlich als Witzen. Aber wenn man diese Einschränkung nicht außer acht läßt, sind Freuds Erörterungen in diesem Buch höchst bedeutsam. Das ›Rohmaterial‹ des Traumes, das Freud den ›latenten Trauminhalt‹ nennt, sind unbewußte Wünsche, körperliche Stimuli während des Schlafes, Bilder aus der Vielzahl der Ereignisse des vergangenen Tages: aber der Traum selbst ist das Ereignis einer völligen Umformung dieser Ausgangsmaterialien, die als ›Traumarbeit‹ bekannt ist. Die Mechanismen der Traumarbeit haben wir bereits betrachtet: es sind die Techniken des Unbewußten, sein Material zu verdichten und zu verschieben und zugleich verständliche Wege für seine Darstellung zu finden. Der Traum, der durch diese Arbeit zustande kommt, der Traum, an den wir uns dann erinnern, wird bei Freud der »manifeste Trauminhalt« genannt. Der Traum ist also nicht ›Ausdruck‹ oder ›Reproduktion‹ des Unbewußten: zwischen das Unbewußte und den Traum, den wir haben, ist ein ›Produktions‹- oder Transformationsprozeß getreten. Das ›Wesen‹ des Traums ist in Freuds Betrachtung nicht das Rohmaterial oder der ›latente Trauminhalt‹, sondern die Traumarbeit selbst: diese ›Praxis‹ ist der Gegenstand seiner Untersuchung. Ein Stadium der Traumarbeit, das als ›sekundäre Bearbeitung‹ bekannt ist, besteht in der Neuordnung des Traumes, um ihn in Form einer relativ konsistenten und verständlichen Geschichte darstellen zu können. Die sekundäre Bearbeitung systematisiert den Traum, füllt seine Lücken und glättet seine Widersprüche, ordnet seine chaotischen Bestandteile in einer zusammenhängenden Geschichte neu.

Der größte Teil der Literaturtheorie, die wir bisher untersucht haben, könnte als eine Art ›sekundäre Bearbeitung‹ angesehen werden. In ihrer zwanghaften Suche nach ›Harmonie‹, ›Kohärenz‹, ›Tiefenstruktur‹ oder der ›eigentlichen Bedeutung‹

füllt diese Art von Theorie die Lücken des Textes und glättet seine Widersprüche, indem sie seine disparaten Aspekte domestiziert und seine Konflikte entschärft. Dies tut sie, damit der Text sozusagen leichter ›konsumierbar‹ wird – um dem Leser den Weg geradeaus zu bahnen, der dann nicht mehr durch irgendwelche unerklärten Unregelmäßigkeiten aus der Ruhe gebracht wird. Häufig ist die Literaturtheorie völlig diesem Zweck ergeben, ›löst‹ kurzentschlossen Ambiguitäten ›auf‹ und nagelt den Text für die ungestörte Betrachtung durch den Leser fest. Ein Extrembeispiel für eine solche sekundäre Bearbeitung, wenngleich nicht ganz untypisch für die meisten kritischen Interpretationen, ist der Typ der Darstellung von T. S. Eliots *The Waste Land*, der das Gedicht als die Geschichte eines kleinen Mädchens liest, das mit ihrem Onkel, dem Erzherzog, schlittenfahren ging, in London ein paar Mal das Geschlecht gewechselt hat, in die Suche nach dem heiligen Gral geriet und damit endet, daß sie mürrisch am Rande einer vertrockneten Ebene Fische angelt. Die disparaten, verschiedenartigen Stoffe des Gedichtes sind zu einer kohärenten Erzählung gezähmt worden, die zerrütteten menschlichen Subjekte des Werkes zu einem einzigen Ich vereint.

Von der Literaturkritik, die wir betrachtet haben, neigt vieles auch dazu, das literarische Werk als ›Ausdruck‹ oder ›Widerspiegelung‹ der Wirklichkeit zu sehen: es inszeniert menschliche Erfahrungen oder verkörpert die Intentionen des Autors, oder seine Strukturen geben die Strukturen des menschlichen Denkens wieder. Freuds Interpretation des Traumes ermöglicht es uns im Gegensatz hierzu, das literarische Werk nicht als eine Widerspiegelung, sondern als eine Form der Produktion zu sehen. Wie der Traum nimmt das literarische Werk einige ›Rohmaterialien‹ – die Sprache, andere literarische Texte, Arten der Weltwahrnehmung – und formt sie vermittels bestimmter Techniken in ein Produkt um. Die Techniken, mit denen dieses Produkt hergestellt wird, sind die verschiedenen Verfahren, die man als ›literarische Form‹ bezeichnet. Indem er seine Rohmaterialien bearbeitet, wird der literarische Text sie gewöhnlich seiner eigenen Art von sekundärer Bearbeitung unterwerfen: wenn es sich nicht um einen ›revolutionären Text‹ wie *Finnegans Wake* handelt, wird er sie zu einem einigermaßen kohärenten, konsumierbaren Ganzen zu ordnen versuchen, auch wenn er damit, wie bei *Sons and Lovers*, nicht immer Erfolg hat. Aber genau wie der Traumtext auf eine Weise analysiert, dechiffriert, auseinandergenommen werden kann, die uns etwas von den

Vorgängen aufzeigt, durch die er zustandegekommen ist, so auch das literarische Werk. Eine ›naive‹ Literaturlesart hält vielleicht beim Textprodukt selbst inne, wie ich vielleicht Ihrem spannenden Bericht über einen Traum zuhören kann, ohne weitere Anstrengungen zu unternehmen, ihn zu analysieren. Die Psychoanalyse ist andererseits mit den Worten eines ihrer Interpreten eine ›Hermeneutik des Mißtrauens‹: ihr Anliegen ist nicht einfach, den ›Text des Unbewußten zu lesen‹, sondern die Vorgänge, die Traumarbeit aufzudecken, durch die der Text entstanden ist. Zu diesem Zwecke konzentriert sie sich besonders auf das, was die ›symptomatischen‹ Orte im Traumtext genannt worden sind – Verzerrungen, Mehrdeutigkeiten, Fehlendes und Auslassungen, die einem besonders wertvolle Zugangsweisen zum ›latenten Trauminhalt‹ oder den unbewußten Trieben liefern können, die zu seiner Entstehung beigetragen haben. Die Literaturkritik kann, wie wir im Falle des Romans von Lawrence gesehen haben, etwas Vergleichbares tun: indem sie ihre Aufmerksamkeit dem zuwendet, was als Ausweichen, Ambivalenzen und Augenblicke besonderer Dichte in der Erzählung erscheinen mag – Worte, die nicht ausgesprochen werden, Worte, die mit ungewöhnlicher Häufigkeit gebraucht werden, Wiederholungen und sprachliche Ausrutscher –, kann sie mehr und mehr durch die Schichten der sekundären Bearbeitung dringen und ein Stück des ›Subtextes‹ bloßlegen, der das Werk wie ein unbewußter Wunsch zugleich ver- und enthüllt. Sie kann sich mit anderen Worten nicht nur dem zuwenden, was der Text erzählt, sondern seinem *Funktionieren* (vgl. Macherey und Eagleton 1976).

Ein Teil der Freudianischen Literaturkritik hat dieses Vorhaben bis zu einem gewissen Grad verfolgt. In seinem *The Dynamics of Literary Response* (1968) sieht der amerikanische Kritiker Norman N. Holland die literarischen Werke im Gefolge Freuds als etwas, was im Leser ein Wechselspiel von unbewußten Phantasien und bewußten Abwehrmechanismen gegen sie in Bewegung setzt. Wir können das Werk genießen, da es unsere tiefsten Ängste und Wünsche durch abgelegene formale Mittel in gesellschaftliche akzeptable Bedeutungen umformt. Wenn es diese Wünsche nicht durch Form und Sprache ›abschwächen‹ und uns damit ausreichende Herrschaft über und Abwehr gegen sie ermöglichen würde, würde es sich als inakzeptabel erweisen; aber dies wäre auch der Fall, wenn es nur unsere Verdrängungen verstärkte. Dies ist in der Tat wenig mehr als eine Neuauflage des alten romantischen Gegensatzes zwischen turbulentem Inhalt und harmonisierender Gestalt in Freudscher Gewandung. Die literarische Form hat für den amerikanischen Kritiker Simon Lesser in seinem *Fiction and the Unconscious* (1957) einen ›beruhigenden Einfluß‹, indem sie Ängste bekämpft und unsere Bindung an das Leben, die Liebe und die Ordnung feiert. Nach Lesser ›erweisen wir dadurch unserem Über-Ich Reverenz‹. Aber was ist mit modernistischen Formen, die die Ordnung zermalmen, die Bedeutung untergraben und unsere Selbstsicherheit zum Platzen bringen? Ist die Literatur einfach eine Art Therapie? Hollands späteres Werk legt nahe, daß er dieser Meinung ist: *Five Readers Reading* (1975) untersucht die unbewußten Reaktionen der Leser auf literarische Texte, um zu erkennen, wie diese Leser im Verlauf der Interpretation ihre Identität anpassen und dabei doch eine beruhigende Einheit in sich selbst entdecken. Hollands Überzeugung, daß man aus dem Leben eines Individuums ein ›unveränderliches Wesen‹ der persönlichen Identität abstrahieren kann, verbindet sein Werk mit der sogenannten amerikanischen ›Ich-Psychologie‹ – eine gemäßigte Version des Freudianismus, die die Aufmerksamkeit vom ›gespaltenen Subjekt‹ ablenkt und stattdessen auf die Einheit des Ich richtet. Es handelt sich um eine Psychologie, die sich mit der Anpassung des Ich an das soziale Leben beschäftigt: das Individuum wird durch therapeutische Techniken an seine natürliche, gesunde Rolle als künftiger leitender Angestellter mit der angemessenen Automarke ›angepaßt‹, und sämtliche störenden Persönlichkeitsmerkmale, die von dieser Norm abweichen, werden ›behandelt‹. Mit dieser Sorte Psychologie wird der Freudianismus, der als Skandal und Affront gegen die Mittelschichtgesellschaft begann, zu einer Unterschrift unter ihre Wertvorstellungen.

Zwei sehr unterschiedliche amerikanische Kritiker im Gefolge Freuds sind Kenneth Burke, der Freud, Marx und die Linguistik eklektisch zusammenmischt, um so zu seiner eigenen anregenden Sichtweise des literarischen Werkes als eine Form symbolischer Handlung zu kommen, und Harold Bloom, der Freuds Werk benutzt, um eine der mutigsten und eigenwilligsten Literaturtheorien der vergangenen 10 Jahre zu lancieren. Was Bloom in Wirklichkeit tut, ist, die Literaturgeschichte unter dem Aspekt des Ödipuskomplexes neu zu schreiben. Dichter leben ebenso angstvoll im Schatten eines ›starken‹ Dichters, der vor ihnen da war, wie Söhne von ihren Vätern unterdrückt werden; und jedes beliebige Gedicht kann als ein Versuch gelesen werden, dieser ›Angst vor Beeinflussung‹ durch systematische Umformung eines vorausgegangenen Gedichtes zu entkommen. Der Dichter, in ödipaler Rivalität mit seinem kastrierenden ›Vorläufer‹ gefangen, versucht diese Kraft zu entwaffnen, indem er sie von innen angeht und in einer Weise schreibt, die das Vorgänger-Gedicht revidiert, ersetzt und verwirft; in diesem Sinne können alle Gedichte als Neufassungen anderer Gedichte und als ihre ›Fehl-Lesungen‹ oder Miß-Deutungen gelesen werden, Versuche, ihre übermächtige Kraft zu begrenzen, so daß sich der Dichter einen Freiraum für seine eigene imaginative Originalität schaffen kann. Jeder Dichter kommt ›zu spät‹, als letzter in einer Tradition; derjenige ist ein großer Dichter, der den Mut hat, dieses Zuspätkommen anzuerkennen und sich an die Untergrabung der Macht des Vorgängers zu machen. Jedes Gedicht ist in Wirklichkeit *nichts anderes als* ein solches Untergraben – eine Folge von Vorgehensweisen, die sowohl als rhetorische Strategien wie auch als psychoanalytische Abwehrmechanismen gesehen werden können, um ein anderes Gedicht ungeschehen zu machen und zu überbieten. Die Bedeutung eines Gedichtes ist ein anderes Gedicht.

Blooms Literaturtheorie stellt eine leidenschaftliche, trotzige Rückkehr zu der protestantischen romantischen ›Tradition‹ dar, die von Spenser und Milton bis zu Blake, Shelley und Yeats reicht, einer Tradition, die durch die von Eliot, Leavis und ihren Nachfolgern abgesteckte anglo-katholische Linie (Donne, Herbert, Pope, Johnson, Hopkins) verdrängt wurde. Bloom ist der prophetische Wortführer der schöpferischen Einbildungskraft im modernen Zeitalter, der die Literaturgeschichte als einen heroischen Kampf der Giganten oder als mächtiges Psychodrama liest und auf den ›Ausdruckswillen‹ des starken Dichters in seinem Kampf um Selbstverwirklichung vertraut. Ein solch beherzter romantischer Individualismus steht in heftigstem Widerspruch zum skeptischen, anti-humanistischen *Ethos* eines Zeitalters der Dekonstruktion, und tatsächlich verteidigt Bloom den Wert der individuellen ›Stimme‹ des Dichters gegen seine Derridaschen Kollegen (Hartman, de Man, Hillis Miller) in Yale. Seine Hoffnung besteht darin, daß er den Klauen einer dekonstruktiven Kritik, die er in gewisser Hinsicht respektiert, einen romantischen Humanismus entreißen kann, der dem Autor, der Intention und der Einbildungskraft wieder zu ihrem Recht verhilft. Ein solcher Humanismus wird Krieg gegen den ›heiteren linguistischen Nihilismus‹ führen, den Bloom im amerikanischen Dekonstruktivismus häufig zurecht erkennt, und wird sich dabei von der bloßen endlosen

Auflösung der festen Bedeutung ab- und einer Vision der Dichtung als Ausdruck des menschlichen Willens und Bestätigung zuwenden. Der eifrige, kämpferische, apokalyptische Ton vieler seiner eigenen Schriften mit seiner merkwürdigen Art, esoterische Termini auszuhecken, zeugt von der Anstrengung und Verzweiflung dieser Unternehmung. Blooms Kritik zeigt das Dilemma des modernen Liberalen oder romantischen Humanisten aufs deutlichste – die Tatsache, daß nach Marx, Freud und dem Poststrukturalismus einerseits keine Rückkehr zu einem heiteren, optimistischen menschlichen Glauben mehr möglich ist, daß aber andererseits jeglicher Humanismus, der wie derjenige Blooms den quälenden Druck solcher Lehrmeinungen angenommen hat, dazu verurteilt ist, von ihnen tödlich kompromittiert und vergiftet zu werden. Blooms epische Schlachten der poetischen Giganten enthalten noch den psychischen Glanz eines vor-Freudschen Zeitalters, haben aber dessen Unschuld verloren: sie sind Familienszenen, Szenen der Schuld, des Neides, der Angst und der Aggression. Keine humanistische Literaturtheorie, die diese Realität übersieht, könnte sich überhaupt als einigermaßen ›modern‹ ausgeben; aber jede Theorie, die sie aufnimmt, ist dazu verurteilt, dadurch eine solche Ernüchterung und Verbitterung zu erfahren, daß sie an einen Punkt gerät, wo ihre eigene Bejahungsfähigkeit geradezu manisch starrsinnig wird. Bloom folgt dem rosigen Pfad des amerikanischen Dekonstruktivismus weit genug, um nur noch mit einer Nietzscheschen Anrufung des ›Willens zur Macht‹ und des ›Willens zur Wahrheit‹ der individuellen Vorstellungskraft zum heroisch Humanen zurückklettern zu können, einer Anrufung, die eine willkürliche Geste bleiben muß. In dieser ausschließlich patriarchalischen Welt der Väter und Söhne konzentriert sich alles mit immer schrillerer Rhetorik auf Macht, Kampf, Stärke und Willen; die Literaturkritik selbst ist für Bloom ebensosehr eine Dichtungsform, wie Gedichte implizit die literarische Kritik anderer Gedichte darstellen, und ob eine kritische Lesart ›Erfolg‹ hat, ist letztendlich keine Frage ihres Wahrheitswertes, sondern der rhetorischen Kraft des Kritikers selbst. Dies ist Humanismus am Rande des Abgrunds, auf nichts als seinem eigenen ausdrücklichen Glauben begründet, gestrandet zwischen einem diskreditierten Rationalismus einerseits und einem unerträglichen Skeptizismus andererseits.

Als Freud seinem Enkel einmal beim Spielen im Kinderwagen zusah, beobachtete er ihn dabei, wie er ein Spielzeug aus dem Kinderwagen warf und dabei *fort*! rief, um es dann mit dem Ruf *da*! an einer Schnur wieder hineinzuziehen. Dies, das berühmte Fort-da-Spiel, interpretierte Freud in *Jenseits des Lustprinzips* (1920) als die symbolische Bewältigung der Abwesenheit der Mutter durch das Kind; aber es kann auch als das erste Aufflakkern des Geschichtenerzählens gesehen werden. Fort-da ist vielleicht die kürzeste Geschichte, die wir uns ausdenken können: ein Objekt wird verloren und dann wiedergefunden. Aber auch die komplizierteste Erzählung kann als Variation dieses Modells gelesen werden: das Grundmuster der klassischen Erzählung besteht darin, daß eine ursprüngliche Anordnung zerstört wird, um dann letztendlich wiederhergestellt zu werden. So gesehen ist das Geschichtenerzählen eine Quelle des Trostes: der Verlust eines Objekts macht uns Angst, da er bestimmte tieferliegende unbewußte Verlusterfahrungen symbolisiert (der Geburt, der Fäkalien, der Mutter), und es ist stets angenehm, etwas dann wieder sicher an seinem angestammten Platz zu finden. In der Theorie Lacans ist es ein ursprüngliches verlorenes Objekt – der Körper der Mutter –, das die Geschichte unseres Lebens vorantreibt, das uns dazu treibt, in der endlosen metonymischen Bewegung des Begehrens nach einem Ersatz für dieses verlorene Paradies zu suchen. Für Freud hält der Wunsch, an einen Ort zurückzukehren, wo uns niemand etwas antun kann, in die anorganische Existenzform, die allem bewußten Leben vorangeht, unser Vorwärtsstreben aufrecht: unsere ruhelosen Bindungen (Eros) sind ein Sklave des Todestriebes (Thanatos). Damit eine Geschichte sich überhaupt entwickeln kann, muß irgendetwas verloren oder abwesend sein: wenn alles an seinem Ort bliebe, gäbe es nichts zu erzählen. Dieser Verlust ist quälend, aber zugleich auch aufregend: das Begehren wird von dem stimuliert, was wir nicht ganz besitzen können, und dies ist eine Quelle der erzählerischen Befriedigung. Wenn wir es indessen *niemals* besitzen könnten, könnte unsere Erregung unerträglich werden und sich in Unlust verwandeln; daher müssen wir uns sicher sein, daß das Objekt am Ende zu uns zurückkehren wird, daß Tom Jones nach Paradise Hall zurückfinden und Hercule Poirot den Mörder aufspüren wird. Unsere Spannung wird auf das angenehmste gelöst; unsere Kräfte sind von den spannenden Momenten und den Wiederholungen der Erzählung nur in Vorbereitung auf ihre lustvolle Verausgabung kunstvoll ›gebunden‹ worden (vgl. P. Brooks). Wir konnten das Verschwinden des Objektes ertragen, weil unsere beunruhigende Spannung die ganze Zeit von dem heimlichen Wissen durchdrungen war, daß es am Ende zurückkehren würde. *Fort* hat nur im Verhältnis zu *da* eine Bedeutung.

Aber natürlich auch umgekehrt. Sobald wir unseren Platz in der symbolischen Ordnung eingenommen haben, können wir kein Objekt betrachten oder besitzen, ohne es unbewußt im Lichte seiner möglichen Absenz zu sehen und zu wissen, daß seine Präsenz in gewissem Sinne willkürlich und provisorisch ist. Wenn die Mutter weggeht, so ist das nur eine Vorbereitung zu ihrer Rückkehr, aber wenn sie wieder bei uns ist, können wir die Tatsache, daß sie jederzeit wieder verschwinden und vielleicht nie wiederkehren kann, nicht vergessen. Die klassische Erzählung realistischer Art stellt insgesamt gesehen eine ›konservative‹ Form dar, die unsere Angst unter dem tröstlichen Zeichen von Präsenz zur Absenz dahingleiten läßt; viele moderne Texte wie etwa die von Brecht oder Beckett erinnern uns daran, daß das, was wir sehen, sich immer auch anders abgespielt oder vielleicht auch überhaupt nicht ereignet haben könnte. Wenn der Prototyp der Absenz für die Psychoanalyse die Kastration ist – die Angst des kleinen Jungen, daß er sein Sexualorgan verlieren könnte, die unterstellte Enttäuschung des kleinen Mädchens darüber, daß sie ihres ›verloren‹ hat –, dann haben solche Texte, wie der Poststrukturalismus sagen würde, die Realität der Kastration, die Unausweichlichkeit von Verlust, Absenz und Differenz im menschlichen Leben akzeptiert. Indem wir sie lesen, werden auch wir dazu gebracht, uns dieser Realität zu stellen – uns vom Imaginären, wo Verlust und Differenz undenkbar sind und wo es so schien, als sei die Welt für uns geschaffen und wir für die Welt, loszureißen. Im Imaginären gibt es keinen Tod, da die fortwährende Existenz der Welt ebensosehr von meinem Leben abhängt wie mein Leben von ihr; erst wenn wir in die symbolische Ordnung eintreten, werden wir mit der Wahrheit unserer Sterblichkeit konfrontiert, da die Existenz der Welt nicht wirklich von uns abhängt. Solange wir in einem imaginären Seinsbereich verharren, verkennen wir unsere eigene Identität, da wir sie als fest und abgeschlossen betrachten, und halten die Wirklichkeit fälschlich für etwas Unveränderliches. Wir verharren in Althussers Terminologie im Zugriff der Ideologie, indem wir die gesellschaftliche Realität als ›natürlich‹ affirmieren, statt kritisch zu fragen, wie sie und wir selbst zustandegekommen sind und also möglicherweise verändert werden könnten.

Bei der Besprechung Roland Barthes' haben wir gesehen, wie sehr die Literatur schon in ihrer bloßen Form dahingehend wirkt, solche kritischen Fragen zu verhindern. Barthes' ›natürliches‹ Zeichen entspricht Lacans ›Imaginärem‹: in beiden Fällen wird eine entfremdete persönliche Identität durch eine ›vorgegebene‹, unabänderliche Welt bestätigt. Das heißt nicht, daß so geschriebene Literatur notwendigerweise in dem, was darin *steht*, konservativ ist; aber die Radikalität ihrer Aussagen kann durch die Form, in der sie gemacht werden, untergraben werden. Raymond Williams hat auf den interessanten Widerspruch zwischen der sozialen Radikalität, die das naturalistische Drama (so z. B. Shaw) mehrheitlich zeigt, und seinen formalen Methoden hingewiesen. Der Diskurs des Stückes kann Veränderung, Kritik, Rebellion fordern; aber die dramatische Form – die genaue Auflistung der einzelnen Möbelstücke und das Suchen nach exakter ›Wirklichkeitstreue‹ – flößen uns unausweichlich ein Gefühl der Unabänderlichkeit ein, was diese gesellschaftliche Welt betrifft, bis hinunter zur Strumpffarbe der Hausangestellten (vgl. R. Williams). Um mit dieser Sichtweise zu brechen, müßte das Drama sich gänzlich über den Naturalismus hinausbewegen und eine experimentellere Form annehmen – wie dies der spätere Ibsen und Strindberg tatsächlich taten. Solche veränderten Formen können das Publikum möglicherweise aus der beruhigenden Wirkung des Wiedererkennens aufrütteln – aus der Selbstsicherheit, die aus der Betrachtung einer vertrauten Welt herrührt. In dieser Hinsicht kann Shaw Bertolt Brecht gegenübergestellt werden, der bestimmte dramentechnische Verfahren (den sogenannten ›Verfremdungseffekt‹) verwendet, um die selbstverständlichsten Aspekte der gesellschaftlichen Realität zu etwas schockierend Fremdem zu machen und das Publikum damit zu einer neuen, kritischen Wahrnehmung dieser Aspekte zu bringen. Weit davon entfernt, das Vertrautheitsgefühl des Publikums bestärken zu wollen, möchte Brecht, wie er sagt, ›das Publikum spalten‹ – seine Überzeugungen erschüttern, seine vorgegebene Identität enthüllen und neu gestalten und die Einheitlichkeit dieses Selbst als eine ideologische Illusion entlarven.

Ein weiteres Zusammentreffen politischer und psychoanalytischer Theorien kann man im Werk der feministischen Philosophin Julia Kristeva finden. Kristevas Denken ist stark von Lacan beeinflußt: aber ein solcher Einfluß stellt für eine Feministin ganz offensichtlich ein Problem dar. Denn die symbolische Ordnung, von der Lacan schreibt, ist in Wirklichkeit die patriarchalische geschlechtliche und gesellschaftliche Ordnung der modernen Klassengesellschaft, die vom ›transzendentalen Signifikanten‹ des Phallus strukturiert und von dem Gesetz beherrscht wird, das der Vater verkörpert. Für eine Feministin oder einen pro-feministisch eingestellten Menschen gibt es somit keine Möglichkeit, die symbolische Ordnung auf Kosten des Imaginären unkritisch zu verherrlichen: die Unterdrükkungsmechanismen der realen gesellschaftlichen und Geschlechter-Beziehungen eines solchen Systems sind im Gegenteil gerade das Ziel der feministischen Kritik. In ihrem Buch *Die Revolution der poetischen Sprache* (1974/dt. 1978) stellt Kristeva demzufolge dem Symbolischen nicht so sehr das Imaginäre als vielmehr das ›Semiotische‹ gegenüber. Damit meint sie ein Grundmuster oder Spiel der Kräfte, das wir innerhalb der Sprache entdecken können und das eine Art Überbleibsel aus der prä-ödipalen Phase darstellt. In der prä-ödipalen Phase hat das Kleinkind noch keinen Zugang zur Sprache (›Kleinkind‹ bedeutet ›sprachlos‹), aber wir können uns seinen Körper als kreuz und quer von einer Flut von ›Energieschüben‹ oder Trieben durchflutet vorstellen, die zu diesem Zeitpunkt noch relativ ungeordnet sind. Dieses rhythmische Muster kann als eine Art Sprache angesehen werden, obgleich es noch nichts bedeutet. Damit die Sprache als solche stattfinden kann, muß dieser heterogene Fluß aufgesplittert, in feste Begriffe zergliedert werden, so daß dieser ›semiotische‹ Prozeß mit dem Eintritt in die symbolische Ordnung verdrängt wird. Die Verdrängung ist indessen nicht vollständig: denn das Semiotische kann immer noch als eine Art Pulsieren in der Sprache selbst, in Ton, Rhythmus, den körperlichen und materiellen Eigenschaften der Sprache, aber auch in Widersprüchen, Sinnlosigkeiten, Unterbrechungen, Schweigen und Abwesenheit entdeckt werden. Das Semiotische ist das ›Andere‹ der Sprache, das trotzdem innig mit ihr verbunden ist. Da es aus der prä-ödipalen Phase stammt, ist es mit dem Körperkontakt des Kindes zum Körper der Mutter verknüpft, während das Symbolische, wie wir gesehen haben, mit dem Gesetz des Vaters zusammenhängt. Das Semiotische ist somit eng mit der Weiblichkeit verbunden: aber da es aus der prä-ödipalen Phase herrührt, die noch keinen Unterschied zwischen den Geschlechtern kennt, stellt es keineswegs eine exklusiv weibliche Sprache dar.

Kristeva sieht diese ›Sprache‹ des Semiotischen als ein Mittel an, die symbolische Ordnung zu untergraben. In den Schriften einiger französischer Symbolisten und anderer Avant-garde-Autoren werden die festen Bedeutungen der ›gewöhnlichen‹ Sprache durch diesen Fluß der Signifikation ständig gestört und unterbrochen, der das sprachliche Zeichen in seine äußersten Grenzen zurückdrängt, seine rhythmischen, materiellen und

Klang-Eigenschaften bewertet und ein Spiel der unbewußten Triebe im Text aufbaut, das die üblichen gesellschaftlichen Bedeutungen zu zersplittern droht. Das Semiotische ist fließend und vielfältig, eine Art lustvolles, kreatives Überschreiten der gesellschaftsüblichen Bedeutungen, und es findet in der Zerstörung oder Negierung solcher Zeichen ein sadistisches Vergnügen. Es steht allen festgelegten, transzendentalen Bedeutungen konträr gegenüber; und da die Ideologien der modernen männerbeherrschten Klassengesellschaft in ihrer Macht von solchen festen Zeichen (Gott, Vater, Staat, Ordnung, Eigentum) abhängig sind, wird diese Literatur im Bereich der Sprache zu einer Art Entsprechung zur Revolution in der politischen Sphäre. Der Leser/die Leserin solcher Texte wird durch diese sprachliche Kraft gleichermaßen gespalten oder ›dezentriert‹, in einen Widerspruch gestürzt, unfähig, irgendeine einfache ›Subjektposition‹ in Bezug auf diese polymorphen Werke einzunehmen. Das Semiotische bringt jede scharfe Trennung zwischen dem Maskulinen und dem Femininen durcheinander – es ist eine ›bisexuelle‹ Art des Schreibens – und bietet die Möglichkeit der Dekonstruktion aller fein säuberlich binären Oppositionen – richtig/falsch, Norm/Abweichung, vernünftig/verrückt, mein/dein, Autorität/Gehorsam –, kraft derer Gesellschaften wie die unseren überleben.

Der englischsprachige Schriftsteller, der Kristevas Thesen vielleicht am eindruckvollsten verdeutlicht, ist James Joyce (vgl. McCabe). Aber Teilaspekte werden auch in den Schriften Virginia Woolfs deutlich, deren fließender, diffuser, sinnlicher Stil der Art von männlicher metaphysischer Welt Widerstand entgegensetzt, die durch den Philosophen Mr. Ramsay in *To the Lighthouse* symbolisiert wird. Ramsays Welt basiert auf abstrakten Wahrheiten, scharfen Trennungen und festgelegten Wesenheiten: es ist eine patriarchalische Welt, denn der Phallus ist das Symbol sicherer, mit sich selbst identischer Wahrheit und darf nicht in Frage gestellt werden. Die moderne Gesellschaft ist, wie die Poststrukturalisten sagen würden, ›phallozentrisch‹. Sie ist, wie wir gesehen haben, auch logozentrisch, indem sie glaubt, daß ihre Diskurse uns unmittelbaren Zugang zur Wahrheit und zur eigentlichen Natur der Dinge gewähren. Jacques Derrida hat diese beiden Begriffe im Kompositum ›phallogozentrisch‹ zusammengefaßt. Man könnte Woolfs ›semiotische‹ Dichtung als einen Angriff auf diese männliche Überheblichkeit betrachten, aufgrund derer die Inhaber sexueller und gesellschaftlicher Macht alles unter Kontrolle halten.

Dies führt zu der verdrießlichen, in der feministischen Literaturtheorie vieldiskutierten Streitfrage, ob es eine spezifisch weibliche Art des Schreibens gibt. Kristevas ›Semiotisches‹ ist, wie wir gesehen haben, nichts *inhärent* Weibliches: tatsächlich sind die meisten ›revolutionären‹ Schriftstellerinnen, die sie untersucht, männlich. Aber da das Semiotische eng mit dem Körper der Mutter verbunden ist und weil es vielfältige psychoanalytische Gründe dafür gibt, Frauen eine engere Beziehung zu diesem Körper zuzuschreiben als Männern, könnte man erwarten, daß diese Art des Schreibens insgesamt eher für Frauen typisch ist. Einige Feministinnen haben diese Theorie aus der Befürchtung heraus, daß sie einfach ein neues, non-kulturelles ›Wesen der Frau‹ erfindet, scharf zurückgewiesen, vielleicht auch aus dem Verdacht heraus, daß sie nicht mehr als eine höchst anmaßende Version der sexistischen Ansicht darstellen könnte, daß Frauen nur sinnlos plappern. Keine dieser Überzeugungen wird aus meiner Sicht notwendigerweise durch Kristevas Theorie impliziert. Es ist wichtig zu sehen, daß das Semiotische keine *Alternative* zur symbolischen Ordnung darstellt: es ist vielmehr ein Prozeß *innerhalb* unserer konventionellen Zeichen-Systeme, der sie in Frage stellt und ihre Grenzen überschreitet. In der Theorie Lacans würde jeder, der überhaupt nicht in die symbolische Ordnung eintreten kann, seine Erfahrung nicht durch Sprache ausdrücken kann, psychotisch werden. Man könnte das Semiotische als eine Art innere Grenze der symbolischen Ordnung ansehen; und in diesem Sinne könnte auch das ›Weibliche‹ als an einer solchen Grenze stehend gesehen werden. Denn das Weibliche steht, wie jedes Geschlecht, innerhalb der symbolischen Ordnung, und wird doch zugleich an ihren Rand gedrängt, als der männlichen Macht unterlegen beurteilt. Die Frau steht zugleich ›innerhalb‹ und ›außerhalb‹ der Männergesellschaft, ist zugleich ein romantisch idealisierter Teil davon und eine zum Opfer gemachte Ausgestoßene. Manchmal ist sie das, was zwischen dem Mann und dem Chaos steht, und manchmal die Verkörperung des Chaos selbst. Aus diesem Grund stört sie die geordneten Kategorien einer solchen Herrschaft, indem sie die wohldefinierten Grenzen verwischt. Frauen werden als innerhalb der Männergesellschaft stehend dargestellt, durch Zeichen, Vorstellung und Bedeutung festgelegt, doch da sie zugleich auch die ›negative Seite‹ dieser Gesellschaftsordnung darstellen, gibt es in ihnen immer auch einen Rest, etwas Überschüssiges, Undarstellbares, das sich dort einzupassen weigert.

In dieser Sicht stellt das Weibliche – eine Seins- und Diskursweise, die nicht notwendig mit dem Frau-Sein identisch ist – eine Kraft innerhalb der Gesellschaft dar, die ihr Widerstand leistet. Und dies hat in Gestalt der Frauenbewegung offensichtliche politische Folgen. Die politische Entsprechung zu Kristevas eigenen Theorien – die einer semiotischen Kraft, die alle festen Bedeutungen und Institutionen zerstört – scheint eine Art Anarchismus zu sein. Wenn ein derartiger endloser Umsturz aller festen Strukturen im Bereich der Politik eine inadäquate Reaktion darstellt, so gilt dies auch für die Annahme, daß ein literarischer Text, der die Bedeutung untergräbt, *ipso facto* ›revolutionär‹ ist. Ein Text kann dies durchaus auch im Namen irgendeines rechten Irrationalismus oder auch ohne jedes besondere Anliegen tun. Kristevas Argumentation ist gefährlich formalistisch und leicht karikierbar: wird die Lektüre Mallarmés den bürgerlichen Staat zugrunderichten? Sie behauptet dies natürlich nicht; aber sie schenkt dem politischen *Inhalt* eines Textes, den historischen Bedingungen, unter denen seine Umkehrung des Signifikanten stattfindet, zu wenig Beachtung, und auch den historischen Bedingungen, unter denen all dies interpretiert und verwendet wird. Auch ist die Demontage des einheitlichen Subjekts keineswegs schon in sich selbst ein revolutionärer Akt. Kristeva bemerkt zurecht, daß der bürgerliche Individualismus auf der Grundlage eines solchen Fetischs gedeiht, aber ihr Werk neigt dazu, an der Stelle stehenzubleiben, wo das Subjekt zerbrochen und den Widersprüchen preisgegeben ist. Für Brecht ist im Gegensatz hierzu die Demontage unserer vorgegebenen Identitäten durch die Kunst untrennbar mit der praktischen Hervorbringung einer neuen Art menschlichen Subjekts überhaupt verknüpft, ein Subjekt, das nicht nur innere Zerbrochenheit, sondern auch soziale Solidarität kennen müßte, nicht nur die Freuden der libidinösen Sprache, sondern auch die Erfüllung durch den Kampf gegen politische Ungerechtigkeit erfahren müßte. Der implizite Anarchismus oder Libertinismus der anregenden Theorien Kristevas ist nicht die einzige Art von Politik, die aus ihrer Erkenntnis folgt, daß Frauen und bestimmte ›revolutionäre‹ literarische Werke die existierende Gesellschaft radikal in Frage stellen, gerade weil sie die Grenze markieren, über die sie sich nicht hinauswagt.

Es gibt eine einfache und offenkundige Verbindung zwischen Psychoanalyse und Literatur, die eine kurze Betrachtung zum Abschluß wert ist. Die Freudsche Theorie betrachtet, ob zu Recht oder zu Unrecht, die grundlegenden Motive allen menschlichen Verhaltens als Schmerzvermeidung und Lustgewinn: sie stellt eine Form dessen dar, was in der Philosophie als Hedonismus bekannt ist. Der Grund, warum die große Mehrheit aller Leute Gedichte, Romane und Stücke lesen, liegt darin, daß sie sie vergnüglich finden. Diese Tatsache ist so offensichtlich, daß sie an Universitäten kaum jemals erwähnt wird. Zugegebenermaßen ist es an den meisten Universitäten schwierig, einige Jahre mit dem Studium der Literatur zu verbringen und sie am Ende immer noch mit Vergnügen zu lesen: viele universitäre Literaturkurse scheinen daraufhin angelegt zu sein, dies zu verhindern, und diejenigen, die daraus hervorgehen und sich immer noch an literarischen Werken freuen können, werden vielleicht entweder als heroisch oder als pervers angesehen. Wie wir schon früher gesehen haben, stellte die Tatsache, daß die Lektüre von Literatur im allgemeinen eine angenehme Beschäftigung ist, für diejenigen ein ernstes Problem dar, die sie zuerst als akademisches ›Fach‹ errichtet haben: es war notwendig, die ganze Angelegenheit um einiges einschüchternder und entmutigender zu gestalten, wenn das Fach ›Englisch‹/das Fach ›Deutsch‹ als ernstzunehmende Verwandte der Klassiker standhalten sollte. In der Zwischenzeit fuhren die Leute in der Welt außerhalb der Universität fort, Liebesromane, Thriller und historische Romane zu verschlingen, ohne auch nur im entferntesten auf den Gedanken zu kommen, daß die akademischen Hallen von solchen Ängsten verfolgt wurden.

Daß das Wort ›Vergnügen‹ einen Beigeschmack von Trivialität hat, ist ein Symptom dieser merkwürdigen Situation; es ist ganz sicherlich ein weniger ernsthaftes Wort als ›ernsthaft‹. Einfach zu sagen, daß wir an einem Gedicht intensives Vergnügen haben, scheint irgendwie eine weniger akzeptable kritische Äußerung zu sein als zu behaupten, daß wir es für moralisch tiefschürfend hielten. Es ist schwer, nicht das Gefühl zu haben, daß die Komödie eine oberflächlichere Angelegenheit ist als die Tragödie. Zwischen den Eierköpfen aus Cambridge, die auf entmutigende Art von ›moralischem Ernst‹ sprechen, und den hochmütigen Oxford-Kavalieren, die George Eliot ›amüsant‹ finden, scheint wenig Raum für eine adäquatere Theorie des Vergnügens. Aber die Psychoanalyse ist unter anderem genau dies: ihre waffenstrotzende intellektuelle Rüstkammer ist auf die Untersuchung solcher fundamentaler Dinge wie der Frage angelegt, was Menschen befriedigend finden und was nicht, wie sie von ihrem Elend befreit und glücklicher gemacht werden können. Wenn der Freudianismus eine Wissenschaft ist, die sich mit der unpersönlichen Analyse psychischer Kräfte beschäftigt, so ist er zugleich eine Wissenschaft, die sich der Emanzipation der Menschen von dem, was ihre Erfüllung und ihr Wohlbefinden behindert, verpflichtet fühlt. Die Theorie steht im Dienste einer verändernden Praxis und hat in dieser Hinsicht Parallelen zu radikalen politischen Überzeugungen. Sie erkennt an, daß Lust und Unlust äußerst komplexe Bereiche sind, ganz anders als die Art von traditioneller Literaturkritik, für die Aussagen über persönliche Vorlieben oder Abneigungen bloße ›Geschmacksäußerungen‹ sind, die man nicht weiter analysieren kann. Für einen solchen Kritiker ist die Äußerung, daß man an einem Gedicht Vergnügen gefunden hat, der Endpunkt der Diskussion; für eine andere Art von Kritiker könnte dies genau der Punkt sein, an dem die Diskussion anfängt.

Damit soll nicht nahegelegt werden, daß die Psychoanalyse alleine den Schlüssel zu den Problemen des literarischen Wertes und Vergnügens liefern kann. Uns gefallen oder mißfallen bestimmte Werke der Sprache nicht nur aufgrund des unbewußten Spiels der Triebe, das sie in uns in Gang setzen, sondern wegen bestimmter Einstellungen und Vorlieben, die wir teilen. Zwischen diesen beiden Bereichen besteht eine komplizierte Wechselbeziehung, die in der detaillierten Untersuchung eines bestimmten literarischen Textes aufgezeigt werden muß (vgl. Eagleton, »Poetry, Pleasure and Politics«). Das Problem des literarischen Wertes und der Lust am Text scheint irgendwo an der Kreuzung zwischen Psychoanalyse, Linguistik und Ideologie zu liegen, und hier ist bisher noch wenig geleistet worden. Wir wissen indessen schon genug, um zu vermuten, daß eine Aussage darüber, warum jemand an bestimmten Wort-Arrangements Freude hat, sehr viel eher möglich ist, als die konventionelle Literaturtheorie glaubt.

Was wichtiger ist: möglicherweise kann durch ein umfassenderes Verständnis der Lust und Unlust, die Leser aus der Literatur beziehen, ein bescheidenes, aber bedeutsames Licht auf einige drückendere Probleme des Glücks und Unglücks geworfen werden. Eine der fruchtbarsten Traditionen, die aus den Schriften Freuds hervorgegangen ist, ist von den Beschäftigungen eines Lacan weit entfernt: es handelt sich um eine Form politisch-psychoanalytischer Arbeit, die sich mit der Frage nach dem Glück befaßt, wie sie ganze Gesellschaften betrifft. Aus diesem Erbe ragen das Werk des Psychoanalytikers Wilhelm Reich sowie die Schriften Herbert Marcuses und anderer Mitglieder der sogenannten Frankfurter Schule für Sozialforschung hervor (vgl. »Der autoritäre Charakter«). Wir leben in einer Gesellschaft, die uns einerseits zur sofortigen Wunschbefriedigung drängt und andererseits ganzen Bevölkerungsteilen einen endlosen Erfüllungs-Aufschub aufzwingt. Die Sphären des ökonomischen, politischen und kulturellen Lebens werden ›erotisiert‹, von verführerischen Waren und grellen Bildern durchdrungen, während die sexuellen Beziehungen zwischen Männern und Frauen krank und verwirrt werden. Aggression ist in einer solchen Gesellschaft nicht nur eine Sache von Geschwisterrivalität: sie wird mit steigender Wahrscheinlichkeit zur nuklearen Selbstzerstörung – der Todestrieb, als militärische Strategie legitimiert. Der sadistischen Befriedigung durch die Macht entspricht die masochistische Konformität vieler Machtloser. Unter solchen Bedingungen nimmt der Titel von Freuds *Psychopathologie des Alltagslebens* eine neue, unheilvolle Bedeutung an. Einer der Gründe, warum wir die Dynamik von Lust und Unlust untersuchen müssen, besteht darin, daß wir wissen müssen, wieviel Verdrängung und Erfüllungs-Aufschub eine Gesellschaft wohl erträgt; wie das Begehren von Zielen, die wir hoch einschätzen, auf solche umgelenkt werden kann, die es trivialisieren und degradieren; wie es kommt, daß Menschen manchmal bereit sind, Unterdrückung und Entwürdigung zu ertragen und an welchen Punkten diese Unterwerfung vermutlich versagt. Wir können von der psychoanalytischen Theorie mehr darüber lernen, warum die meisten Leute einen John Keats einem Leigh Hunt vorziehen; wir können auch mehr über die Natur einer ›Zivilisation‹ erfahren, »die eine so große Zahl von Teilnehmern unbefriedigt läßt und sie zur Auflehnung treibt, weder Aussicht hat, sich dauernd zu erhalten, noch es verdient.«

Schluß: Politische Kritik

Im Laufe dieses Buches haben wir eine Anzahl literaturtheoretischer Probleme betrachtet. Aber die wichtigste Frage ist nach wie vor unbeantwortet geblieben. Was ist der Sinn der Literaturtheorie? Warum soll man sich überhaupt damit beschäftigen? Gibt es auf der Welt nicht gewichtigere Angelegenheiten als Codes, Signifikanten und lesende Subjekte?

Um nur eine solche Frage zu betrachten: Während ich dies schreibe, beherbergt die Welt schätzungsweise über 60000 nukleare Sprengköpfe, viele davon mit einer tausendmal größeren Kapazität als die Bombe, die Hiroshima zerstörte. Die Wahrscheinlichkeit, daß diese Waffen noch zeit unseres Lebens auch eingesetzt werden, wächst ständig. Die ungefähren Kosten für diese Waffen betragen 500 Milliarden Dollar im Jahr oder 1,3 Milliarden Dollar am Tag. Fünf Prozent dieser Summe – 25 Milliarden Dollar – könnten die Probleme der von Armut heimgesuchten Dritten Welt drastisch und grundlegend lindern. Jeder, der die Ansicht vertreten würde, daß die Literaturtheorie wichtiger sei als solche Fragen, würde zweifellos für leicht exzentrisch gehalten werden, aber vielleicht nur für etwas weniger exzentrisch als diejenigen, die erwägen, daß diese beiden Themen irgendwie in Beziehung zueinander stehen könnten. Was hat die internationale Politik mit der Literaturtheorie zu tun? Warum dieses abwegige Beharren darauf, die Politik in die Diskussion zu ziehen?

Es besteht in der Tat keine Notwendigkeit, die Politik in die Literaturtheorie hineinzuzerren: wie beim Sport Südafrikas war sie von Anfang an schon da. Mit dem Politischen meine ich nicht mehr als die Art, wie wir unser gesellschaftliches Leben miteinander organisieren, und die Macht-Verhältnisse, die dies impliziert; und was ich durch dieses ganze Buch hindurch zu zeigen versucht habe, ist, daß die Geschichte der modernen Literaturtheorie einen Teil der politischen und ideologischen Geschichte unserer Epoche darstellt. Von Percy Bysshe Shelley bis zu Norman N. Holland war die Literaturtheorie unauflöslich mit politischen Überzeugungen und ideologischen Werten verbunden. Tatsächlich ist die Literaturtheorie weniger ein Gegenstand intellektueller Untersuchungen in seinem eigenen Recht als vielmehr eine spezielle Sichtweise, in der die Geschichte unserer Zeit wahrgenommen wird, Aber dies sollte nicht den geringsten Anlaß zur Überraschung bieten. Denn jeder Theoriebereich, der sich mit menschlicher Bedeutung, Werten, Sprache, Gefühlen und Erfahrungen beschäftigt, verbindet sich unausweichlich mit umfassenderen, tieferen Überzeugungen bezüglich der Natur der menschlichen Individuen und Gesellschaften, den Problemen von Macht und Sexualität, Interpretationen der Vergangenheit, Versionen der Gegenwart und Hoffnungen für die Zukunft. Es ist keine Sache des *Bedauerns,* daß dies so ist – des *Vorwurfs* an die Literaturtheorie, weil sie sich im Gegensatz zu einer ›reinen‹ Literaturtheorie, die davon freigesprochen werden könnte, in solchen Fragen verfangen hat. Eine solche ›reine‹ Literaturtheorie ist ein akademischer Mythos: einige der Theorien, die wir in diesem Buch untersucht haben, sind nirgends deutlicher ideologisch als in ihren Versuchen, Geschichte und Politik insgesamt außer acht zu lassen. Man darf Literaturtheorien nicht vorwerfen, daß sie politisch sind, sondern daß sie es alles in allem heimlich oder unbewußt sind – man muß ihnen die Blindheit vorwerfen, mit der sie Doktrinen als angeblich ›technische‹, ›selbstverständliche‹, ›wissenschaftliche‹ oder ›universelle‹ Wahrheiten ausgeben, die mit ein bißchen Nachdenken als relativ und festigend für ganz bestimmte Interessen ganz bestimmter Gruppen zu ganz bestimmten Zeiten erkannt werden können. Die Überschrift dieses Kapitels ›Schluß: Politische Kritik‹ soll nicht ›am Ende eine politische Alternative‹ heißen; sie soll heißen: ›die Schlußfolgerung ist, daß die untersuchte Literaturkritik politisch ist‹.

Es geht indessen nicht nur darum, daß solche Vorurteile verborgen oder unbewußt sind. Manchmal sind sie weder/ noch, und ein andermal sind sie zwar verborgen, aber nicht im geringsten unbewußt. Nicht der Tatsache, daß Literaturtheorie politisch ist, muß widersprochen werden, und auch nicht einfach dem, daß das häufige Vergessen dieser Tatsache uns leicht in die Irre führt: wogegen wirklich Einwand erhoben werden muß, das ist die Art ihrer Politik. Dieser Einwand kann kurz durch die Feststellung zusammengefaßt werden, daß die große Mehrheit der in diesem Buch skizzierten Literaturtheorien die Annahmen des Machtsystems, dessen heutige Konsequenzen ich gerade beschrieben habe, eher bestärkt als in Frage gestellt haben. Damit meinte ich nicht, daß es nicht eine gehörige Anzahl Literaturtheoretiker gibt, die sich auf die eine oder andere Art von einem System distanzieren würden, in dem die einen durch Profite aus der Rüstungsindustrie immer reicher werden, während andere auf der Straße verhungern. Ich glaube nicht, daß nicht viele, vielleicht die meisten Literaturtheoretiker von einer Welt beunruhigt sind, in der manche Volkswirtschaften, von Generationen kolonialer Ausbeutung stagnierend und einseitig zurückgelassen, durch ihre lähmenden Schuldenrückzahlungen immer noch in finanzieller Abhängigkeit vom Kapitalismus stehen, oder daß alle Literaturtheoretiker eine Gesellschaft wie die unsrige freudig unterstützen würden, in der beträchtlicher privater Reichtum in den Händen einer winzigen Minderheit konzentriert ist, während die sozialen Einrichtungen der Erziehung, Gesundheit, Kultur und Erholung in Fetzen gerissen werden. Sie würden nur die Literaturtheorie für in diesem Zusammenhang völlig unerheblich halten. Meine eigene Ansicht ist, wie ich schon angemerkt habe, daß die Literaturtheorie für dieses politische System eine ganz spezielle Bedeutung hat: sie hat, ob willentlich oder nicht, zum Erhalt und zur Bestärkung seiner Grundannahmen beigetragen.

Die Literatur ist, so sagt man uns, zutiefst mit der Lebenssituation der Menschen verbunden: sie ist eher konkret als abstrakt, zeigt das Leben in all seiner Vielfalt und verwirft fruchtlose konzeptionelle Untersuchungen zugunsten der Frage, wie es sich anfühlt oder schmeckt, lebendig zu sein. Die Geschichte der modernen Literaturtheorie ist paradoxerweise die Geschichte einer Flucht vor solchen Realitäten in eine scheinbar endlose Menge von Alternativen: das Gedicht selbst, die organische Gesellschaft, ewige Wahrheiten, die Einbildungskraft, die Struktur des menschlichen Denkens, der Mythos, die Sprache etc. Solch eine Flucht vor der realen Geschichte ist zum Teil als Reaktion auf die antiquierte, historisch reduktionistische Kritik verständlich, wie sie im 19. Jahrhundert herrschte; aber der Extremismus dieser Reaktion ist dennoch verblüffend. Tatsächlich ist es der *Extremismus* der Literaturtheorie, ihre starrköpfige, perverse, unerschöpfliche Weigerung, die gesellschaftliche und historische Wirklichkeit anzuerkennen, die jedem/r Student/in, der/die ihre Texte untersucht, auffällt, auch wenn ›Extremismus‹ ein Begriff ist, der üblicherweise eher auf die angewendet wird, die die Aufmerksamkeit auf die Rolle der Literatur im wirklichen Leben zu lenken versuchen. Aber noch im Akt der Flucht vor modernen Ideologien enthüllt die Literaturtheorie ihre oft unbewußte Komplizenschaft mit ihnen, indem sie ihre elitäre Haltung, ihren Sexismus oder ihren Individualismus schon in der ›ästhetischen‹ oder ›unpolitischen‹ Sprache verrät, die für den literarischen Text zu gebrauchen sie natürlich findet. Sie geht im wesentlichen davon aus, daß sich im Mittelpunkt der Welt das betrachtende Individuum selbst befindet, das über sein Buch gebeugt ist und danach strebt, mit der Erfahrung, der Wahrheit, der Realität, der Geschichte oder der Tradition in Berührung zu kommen. Auch andere Dinge sind natürlich wichtig – dieses Individuum steht in persönlichen Beziehungen zu anderen, und wir sind immer sehr viel mehr als nur Leser –, aber es ist bemerkenswert, wie oft so ein individuelles Bewußtsein in seinem kleinen Kreis von Beziehungen schließlich zum Prüfstein für alles andere wird. Je weiter wir uns von der reichen Innerlichkeit des persönlichen Lebens entfernen, für die Literatur das erhabenste Beispiel ist, umso eintöniger, mechanischer und unpersönlicher wird die Existenz. Es ist dies eine Sichtweise, die im literarischen Bereich dem entspricht, was im gesellschaftlichen possessiver Individualismus genannt wird, sosehr es auch die erstere Haltung vor der letzteren schaudern mag: sie spiegelt die Werte eines politischen Systems wider, das die Gesellschaftlichkeit des menschlichen Lebens den einzelnen individuellen Unternehmungen unterordnet.

Am Anfang dieses Buchs stand die Behauptung, daß es die Literatur gar nicht gibt. Wie kann es in diesem Fall dann die Literaturtheorie geben? Es gibt zwei bekannte Möglichkeiten, wie eine Theorie sich selbst mit einem klaren Ziel und einer ebensolchen Identität versorgen kann. Sie kann sich entweder über ihre spezifischen Untersuchungs*methoden* definieren; oder sie kann sich über den spezifischen *Gegenstand* definieren, der untersucht wird. Jeder Versuch, die Literaturtheorie über eine festgelegte Methode zu definieren, ist von vorneherein zum Scheitern verurteilt. Literaturtheorie soll über die Natur der Literatur und der Literaturkritik nachdenken. Aber man bedenke nur, wieviele Methoden an der Literaturkritik beteiligt sind. Man kann die asthmatische Kindheit der Dichterin besprechen oder ihren speziellen Gebrauch der Syntax untersuchen; man kann das Rascheln der Seide im Zischen der s-Laute entdecken, die Phänomenologie des Lesens erforschen, das literarische Werk zur jeweiligen Phase des Klassenkampfes in Beziehung setzen oder auch herausfinden, wieviele Exemplare davon verkauft worden sind. Diese Methoden haben aber auch gar nichts gemeinsam, was von Bedeutung wäre. Tatsächlich haben sie mit anderen ›Fächern‹ – Linguistik, Geschichte, Soziologie etc. –

mehr gemeinsam als untereinander. Methodisch gesprochen ist die Literaturkritik ein Nicht-Gegenstand. Und wenn die Literaturtheorie eine Art ›Metakritik‹ darstellt, eine kritische Betrachtung der Kritik, dann folgt, daß sie ebenfalls ein Nicht-Gegenstand ist.

Vielleicht muß die Einheit des Literaturstudiums also anderswo gesucht werden. Vielleicht deuten Literaturkritik und Literaturtheorie einfach auf jede Art von Sprechen (natürlich nur auf einer bestimmten Ebene der ›Kompetenz‹) über einen Gegenstand namens Literatur. Vielleicht ist es der Gegenstand und nicht die Methode, die den Diskurs von anderen abhebt und eingrenzt. Solange dieser Gegenstand relativ festgelegt bleibt, können wir uns gleichmütig von biographischen zu mythologischen zu semiotischen Methoden bewegen und immer noch wissen, woran wir sind. Aber wie ich in der Einführung dargelegt habe, verfügt die Literatur nicht über eine derartige Stabilität. Die Einheitlichkeit der Gegenstände ist so illusorisch wie die der Methode. ›Literatur‹ ist, wie Roland Barthes bemerkt hat, ›das, was gelehrt wird‹.

Vielleicht sollte uns dieser Mangel an methodischer Einheitlichkeit in Literaturuntersuchungen nicht über Gebühr beunruhigen. Schließlich wäre es auch vorschnell, Geographie oder Philosophie zu definieren, fein säuberlich zwischen Soziologie und Anthropologie zu unterscheiden oder eine flotte Definition von ›Geschichte‹ vorzulegen. Vielleicht sollten wir die Pluralität der kritischen Methoden positiv sehen, eine tolerante, ökumenische Haltung einnehmen und uns über unsere Unabhängigkeit von der Tyrannei einer einzelnen Vorgehensweise freuen. Bevor wir allerdings zu euphorisch werden, sollten wir beachten, daß auch hier gewisse Probleme liegen. Zum einen sind nicht alle diese Methoden miteinander kompatibel. Wie großzügig liberal-gesinnt wir uns auch zu sein bemühen, der Versuch, den Strukturalismus, die Phänomenologie und die Psychoanalyse miteinander zu verbinden, führt mit größerer Wahrscheinlichkeit zu einem Nervenzusammenbruch als zu einer glänzenden literaturwissenschaftlichen Karriere. Diejenigen Kritiker, die ihren Pluralismus zur Schau stellen, können dies gewöhnlich deshalb tun, weil die verschiedenen Methoden, die sie im Kopf haben, letztendlich gar nicht so sehr verschieden sind. Andererseits sind einige dieser ›Methoden‹ kaum überhaupt als Methoden anzusehen. Vielen Literaturkritikern gefällt der ganze Methoden-Gedanke nicht, und sie ziehen es vor, auf der Basis von Schimmern und Ahnungen, Intuitionen und plötzlichen Einfällen zu arbeiten. Vielleicht ist es ganz gut, daß diese Vorgehensweise noch nicht in die Medizin oder in die Raumfahrttechnik eingedrungen ist; dennoch sollte man diese bescheidene Ablehnung von Methoden nicht allzu ernst nehmen, denn was da schimmert und einem ahnt, hängt von einer verborgenen Struktur von Annahmen ab, die oft genauso eigensinnig sind wie die irgendeines Strukturalisten. Es ist bemerkenswert, daß eine solche ›intuitive‹ Kritik, die sich nicht auf ›Methoden‹, sondern auf ›intelligentes Einfühlungsvermögen‹ verläßt, beispielsweise das Vorhandensein ideologischer Wertvorstellungen in der Literatur nicht gerade oft intuitiv wahrzunehmen scheint. Und doch gibt es nach ihrer eigenen Einschätzung keinen Grund, warum sie das nicht tun sollte. Einige traditionellen Kritiker scheinen zu glauben, daß andere Leute sich irgendwelchen Theorien anschließen, während sie selbst es vorziehen, ›redlich‹ Literatur zu lesen. Mit anderen Worten, keinerlei theoretische oder ideologische Vorlieben vermitteln zwischen ihnen und dem Text: die Welt der späteren George Eliot als ›reife Resignation‹ zu beschreiben, ist nicht ideologisch, wohingegen die Behauptung, daß sie Ausflucht und Kompromiß enthüllt, dies ist. Daher ist es schwierig, mit solchen Kritikern eine Debatte über das ideologische Vorverständnis zu führen, da die Macht, die die Ideologie über sie hat, nirgends deutlicher wird als in ihrer ehrlichen Überzeugung, daß ihre Lesart ›unschuldig‹ ist. Es war F. R. Leavis, der in seinem Angriff gegen Milton ›doktrinär‹ war und nicht C. S. Lewis mit seiner Verteidigung Miltons; es sind die feministischen Kritikerinnen, die auf einer Vermengung von Literatur und Politik bestehen, indem sie fiktionale Geschlechterbilder untersuchen, und es ist nicht etwa so, daß die konventionellen Kritiker politisch wären, wenn sie behaupten, daß Richardsons Clarissa für ihre Vergewaltigung im wesentlichen selbst verantwortlich sei.

Dennoch erweist sich die Tatsache, daß einige kritische Methoden weniger methodisch sind als andere, als eine gewisse Schwierigkeit für die Pluralisten, die glauben, daß in allem ein Körnchen Wahrheit steckt. (Dieser theoretische Pluralismus hat auch seine politische Entsprechung: das Bestreben, den Standpunkt eines jeden zu verstehen, zeigt oft an, daß man sich selbst neutral oben in der Mitte befindet, und der Versuch, einander widersprechende Sichtweisen in einem Konsens aufzulösen, impliziert eine Zurückweisung der Tatsache, daß manche Konflikte nur auf einer Seite gelöst werden können.) Die Literaturkritik ähnelt einem Laboratorium, in dem einige der Beschäftigten in weißen Kitteln an Kontrollpulten sitzen, während andere Stäbe in die Luft werfen oder Münzen drehen. Vornehme Amateure rempeln mit hartgesottenen Professionellen zusammen, und nach einem Jahrhundert oder so haben sie immer noch nicht entschieden, in welches Lager das Fach ›Englisch‹ eigentlich gehört. Dieses Dilemma ist das Ergebnis der besonderen Geschichte des Faches, und es kann nicht wirklich gelöst werden, da das, was auf dem Spiel steht, sehr viel mehr ist als eine Meinungsverschiedenheit über Methoden oder ihren Mangel. Der wahre Grund dafür, daß die Pluralisten Wunschdenker sind, liegt darin, daß der strittige Punkt im Streit zwischen den verschiedenen Literaturtheorien oder ›Nicht-Theorien‹ miteinander im Wettstreit stehende ideologische Strategien sind, die zum Schicksal des Faches in der modernen Gesellschaft in Beziehung stehen. Das Problem mit der Literaturtheorie ist, daß sie die vorherrschenden Ideologien des späten Industriekapitalismus weder besiegen noch sich ihnen anschließen kann. Der liberale Humanismus mit seiner Abneigung gegen die Technokratie und seinem Hegen der geistigen Ganzheitlichkeit in einer feindlichen Welt sucht sich solchen Ideologien zu widersetzen oder sie zumindest zu modifizieren; bestimmte Arten des Formalismus und des Strukturalismus versuchen, die technokratische Rationalität einer solchen Gesellschaft zu übernehmen und sich damit in sie einzugliedern. Northrop Frye und die anderen Vertreter des New Criticism dachten, daß sie eine Synthese der beiden Richtungen zustande gebracht hätten; aber wieviele Literaturstudenten lesen sie heute noch? Der liberale Humanismus ist zu dem ohnmächtigen Bewußtsein der bürgerlichen Gesellschaft zusammengeschrumpft, sanft, empfindsam und wirkungslos; der Strukturalismus ist bereits mehr oder weniger im Literaturmuseum verschwunden.

Die Ohnmacht des liberalen Humanismus ist ein Symptom seiner im Grunde widersprüchlichen Beziehung zum modernen Kapitalismus. Denn obgleich er einen Teil der ›offiziellen‹ Ideologie einer solchen Gesellschaft darstellt und die ›Geisteswissenschaften‹ zu ihrer Reproduktion da sind, hat die Gesellschaftsordnung, innerhalb derer er existiert, in gewissem Sinne überhaupt sehr wenig Zeit für ihn. Wen kümmern im Auswärtigen Amt oder im Sitzungssaal von Standard Oil die Einzigartigkeit des Individuums, die unvergänglichen Wahrheiten der menschlichen Natur oder die sinnlichen Strukturen gelebter Erfahrung? Wenn der Kapitalismus ehrerbietig vor den Künsten den Hut zieht, ist das offenkundige Heuchelei, außer, wenn er sie sich als vernünftige Investition an die Wand hängen kann. Dennoch geben die Kapitalisten weiterhin Gelder an höhere geisteswissenschaftliche Bildungseinrichtungen, und obgleich solche Fachbereiche bei den periodisch auftretenden Krisen des Kapitalismus gewöhnlich die ersten sind, die dem Rotstift anheimfallen, kann man daran zweifeln, ob es wirklich nur Heuchelei ist, die Angst davor, genauso philisterhaft zu erscheinen, wie dies der Wahrheit entspricht, die diese widerwillige Unterstützung erzwingt. In Wahrheit ist der liberale Humanismus weitgehend wirkungslos und zugleich die beste Ideologie, die die gegenwärtige bürgerliche Gesellschaft aufbieten kann. Die ›Einzigartigkeit des Individuums‹ wird tatsächlich dann wichtig, wenn es um die Verteidigung der Unternehmerrechte geht, Profit zu machen, während Männern und Frauen ihre Arbeit genommen wird; das Individuum muß um jeden Preis das ›Recht auf freie Wahl‹ haben, solange damit das Recht gemeint ist, dem eigenen Kind eine teure Privaterziehung zu erkaufen, während anderen Kindern ihre Schulspeisung genommen wird, und nicht das Recht der Frauen, zunächst einmal selbst zu entscheiden, ob sie Kinder haben wollen oder nicht. Die ›unvergänglichen Wahrheiten der menschlichen Natur‹ umfassen solche Wahrheiten wie Freiheit und Demokratie, deren Wesen in unserer spezifischen Lebensweise verkörpert wird. Die ›sinnlichen Strukturen gelebter Erfahrung‹ kann man grob als ›aus dem Bauch heraus reagieren‹ übersetzen – ein Urteilen nach Gewohnheit, Vorurteil und ›gesundem Menschenverstand‹, und nicht nach einer Reihe bestimmter unbequemer ›trockener theoretischer‹ Ideen, über die man diskutieren könnte. Es gibt schließlich doch noch Raum für die Geisteswissenschaften, so sehr diejenigen, die unsere Freiheit und Demokratie garantieren, sie auch verachten.

Literaturfachbereiche an höheren Bildungseinrichtungen sind also ein Teil des ideologischen Apparats des modernen kapitalistischen Staates. Sie sind keine völlig zuverlässigen Apparate, denn einerseits enthalten die Geisteswissenschaften viele Werte, Bedeutungen und Traditionen, die den gesellschaftlichen Prioritäten des Staates konträr gegenüberstehen, die über einen reichen Schatz an Weisheit und Erfahrung verfügen, der sich seinem Verständnis entzieht. Wenn man indessen einer großen Zahl junger Leute gestattet, einige Jahre lang nichts anderes zu tun, als Bücher zu lesen und miteinander darüber zu sprechen, dann ist es andererseits möglich, daß sie unter bestimmten allgemeinen historischen Bedingungen nicht nur anfangen werden, einige der ihnen vermittelten Werte in Frage zu stellen, sondern auch die Autorität selbst, die sie ihnen vermittelt hat. Natürlich schadet es nicht, wenn Studenten die ihnen vermittelten Werte in Frage stellen: tatsächlich gehört es zum Wesen der höheren Bildung selbst, daß sie dies tun. Unabhängiges Denken, kritischer Widerspruch und vernunftbestimmte Dialektik gehören zum Wesen der geisteswissenschaftlichen Bildung selbst; wie ich schon früher bemerkt habe, wird kaum jemand erwarten, daß Ihr Aufsatz über Chaucer oder Baudelaire unweigerlich zu bestimmten vorgegebenen Schlußfolgerungen kommen muß. Alles, was verlangt wird, ist, daß man in akzeptabler Weise mit einer spezifischen Sprache umgeht. Vom Staat bescheinigt zu bekommen, daß man sich als Meister in literarischen Studien erwiesen hat, ist eine Sache der Fähigkeit, auf bestimmte Weise zu sprechen und zu schreiben. Dies ist es, was gelehrt, geprüft und bescheinigt wird, und nicht, was man persönlich denkt oder glaubt, obgleich das, was denkbar ist, natürlich von der Sprache selbst vorgegeben ist. Solange man diese spezifische Sprache spricht, kann man denken oder glauben, was man will. Niemand interessiert sich besonders dafür, was man sagt, welche extremen, moderaten, radikalen oder konservativen Positionen man vertritt, solange sie mit einer spezifischen Diskursform kompatibel sind und in ihr geäußert werden können. Das Literaturstudium ist mit anderen Worten eine Frage des Signifikanten und nicht des Signifikats. Diejenigen, die dazu eingestellt worden sind, diese Diskursform zu lehren, werden sich noch lange, nachdem sie vergessen haben, was man gesagt hat, daran erinnern, ob man sie angemessen verwenden konnte.

Literaturtheoretiker, Kritiker und Lehrer sind also nicht so sehr die Lieferanten einer Doktrin als vielmehr die Wächter eines Diskurses. Ihre Aufgabe besteht darin, diesen Diskurs zu bewahren und soweit nötig auszuweiten und auszuarbeiten, ihn gegen andere Diskursformen zu verteidigen, Neulinge in ihn einzuweihen und zu entscheiden, ob sie ihn erfolgreich in den Griff bekommen haben. Der Diskurs selbst hat kein festes Signifikat, was nicht heißen soll, daß er keine Grundannahmen enthält: er ist wie ein Netz von Signifikanten, die ein ganzes Feld von Bedeutungen, Gegenständen und Praktiken umhüllen können. Bestimmte Texte werden als diejenigen ausgewählt, die diesem Diskurs eher als andere entsprechen, und dies ist es, was als Literatur oder ›Literatur-Kanon‹ bekannt ist. Die Tatsache, daß dieser Kanon üblicherweise als einigermaßen festgelegt, mitunter sogar als ewig und unveränderlich angesehen wird, entbehrt nicht der Ironie, denn da der literaturkritische Diskurs kein festgelegtes Signifikat hat, kann er, wenn er will, seine Aufmerksamkeit mehr oder weniger jeder Art von Schreiben zuwenden. Einige von denen, die den Kanon am hitzigsten verteidigen, zeigen von Zeit zu Zeit, wie der Diskurs auf ›nichtliterarisches‹ Schreiben angewandt werden kann. Tatsächlich ist die Schwierigkeit der Literaturkritik die, daß sie sich für einen ganz bestimmten Gegenstand, die Literatur, definiert, während sie als eine Reihe von Diskurstechniken existiert, die keinerlei Grund haben, bei diesem Gegenstand stehenzubleiben. Wenn man auf einer Party nichts besseres zu tun hat, kann man sich immer an ihrer literaturkritischen Analyse versuchen, von ihren Stilebenen und Gattungen sprechen, ihre bedeutungsvollen Nuancen unterscheiden oder ihre Zeichensysteme formalisieren. Ein solcher Text kann sich als genauso ›reichhaltig‹ erweisen wie eines der kanonischen Werke und seine kritische Zergliederung als so geistreich wie die Shakespeares. Also muß die Literaturkritik entweder zugeben, daß sie mit Partys genausogut umgehen kann wie mit Shakespeare, in welchem Fall sie Gefahr läuft, zusammen mit ihrem Gegenstand auch ihre Identität zu verlieren; oder sie einigt sich darauf, daß Partys auf interessante Weise analysiert werden können, vorausgesetzt, man nennt dies anders: Ethnomethodologie oder vielleicht hermeneutische Phänomenologie. Sie selbst ist mit Literatur befaßt, da die Literatur wertvoller und dankbarer als alle anderen Texte ist, auf die sich der kritische Diskurs anwenden ließe. Der Nachteil dieser Behauptung liegt in seiner glatten Unwahrheit: viele Filme oder philosophischen Werke sind beträchtlich wertvoller als das, was der ›Literaturkanon‹ enthält. Es geht nicht darum, daß sie auf eine andere Weise wertvoller wären: sie könnten genau in dem Sinne, in dem die Kritik den Begriff definiert, Gegenstände von Wert sein. Ihr Ausschluß als Untersuchungsgegenstand erfolgt nicht auf Grund dessen, daß sie dem Diskurs ›unzugänglich‹ sind: er ist eine Sache der willkürlichen Autorität der literarischen Institution.

Ein weiterer Grund dafür, daß die Literaturkritik ihre Selbstbeschränkung auf bestimmte Gegenstände nicht durch die Berufung auf deren ›Wert‹ rechtfertigen kann, besteht darin, daß die Kritik ein Teil der literarischen Institution ist, die den Wert dieser Werke überhaupt erst festlegt. Nicht nur Partys müssen durch eine bestimmte Bearbeitungsweise erst zu lohnenden literarischen Gegenständen *gemacht* werden, sondern auch Shakespeare. Shakespeare war nicht große Literatur, die bequem zur Hand war und dann von der literarischen Institution glücklich entdeckt wurde: er ist große Literatur, weil ihn die Institution als solche konstituiert. Was nicht heißen soll, daß er nicht ›wirklich‹ große Literatur ist – das ist einfach eine Ansichtssache –, da es so etwas wie Literatur, die unabhängig von der Art ihrer Behandlung innerhalb bestimmter Formen des gesellschaftlichen und institutionellen Lebens ›wirklich‹ groß oder ›wirklich‹ irgendetwas ist, einfach nicht gibt. Es gibt eine unbestimmte Zahl von Betrachtungsmöglichkeiten für Shakespeare, aber nicht alle zählen als literaturkritisch. Vielleicht sprachen Shakespeare selbst, seine Freunde und seine Schauspieler nicht in einer Art über seine Stücke, die wir als literaturkritisch ansehen könnten. Vielleicht würden einige der interessantesten Aussagen, die über das Drama Shakespeares gemacht werden könnten, auch nicht zur Literaturkritik gezählt werden. Die Literaturkritik wählt, bearbeitet, verbessert Texte und schreibt sie neu, alles in Übereinstimmung mit bestimmten institutionalisierten Normen des ›Literarischen‹ – Normen, die jederzeit diskutiert werden können und die immer historisch veränderlich sind. Denn obgleich ich gesagt habe, daß der kritische Diskurs kein festes Signifikat hat, so gibt es doch eine ganze Menge Arten, über Literatur zu sprechen, die er ausschließt, und eine ganze Menge diskursiver Bewegungen und Strategien, die er als wertlos, unerlaubt, unkritisch, unsinnig abtut. Seiner scheinbaren Großzügigkeit auf der Ebene des Signifikates entspricht nur seine sektiererische Intoleranz auf der Ebene des Signifikanten. Sozusagen regionale Dialekte des Diskurses werden anerkannt und manchmal toleriert, aber es darf nicht so klingen, als spräche man überhaupt eine ganz andere Sprache. Dies zu tun heißt, haarscharf zu erkennen, daß der kritische Diskurs eine Macht darstellt. Sich im Inneren dieses Diskurses zu befinden, heißt, für diese Macht blind zu sein, denn was ist natürlicher und undespotischer, als die eigene Sprache zu sprechen?

Die Macht des kritischen Diskurses bewegt sich auf mehreren Ebenen: die Macht der ›Überwachungs‹-Sprache – der Festlegung, daß bestimmte Äußerungen ausgeschlossen werden müssen, weil sie nicht dem entsprechen, was akzeptabel gesagt werden kann; die Macht, das Schreiben selbst zu überwachen, es als ›literarisch‹ oder ›unliterarisch‹, als dauerhaft Großes und populäre Eintagsfliegen zu klassifizieren. Es ist die Macht der Autorität gegenüber anderen – der Machtverhältnisse zwischen denen, die den Diskurs definieren und aufrechterhalten, und denen, die selektiv zu ihm zugelassen werden: die Macht, denen Zeugnisse auszustellen oder zu verweigern, deren Fähigkeit, den Diskurs zu sprechen, als besser oder schlechter beurteilt worden ist. Und schließlich ist es eine Frage der Machtverhältnisse zwischen der literarisch-akademischen Institution, wo all dies vor sich geht, und den herrschenden Machtinteressen der Gesellschaft im Großen, deren ideologischen Bedürfnissen gedient wird und deren Personal durch den Erhalt und die kontrollierte Ausweitung des in Frage stehenden Diskurses reproduziert wird.

Ich habe behauptet, daß die theoretisch unendliche Ausweitung des kritischen Diskurses, die Tatsache, daß er nur willkürlich auf ›Literatur‹ beschränkt ist, für die Wächter des Kanons ein peinliches Problem darstellt oder darstellen sollte. Die Gegenstände der Kritik sind wie die der Freudschen Triebe in gewissem Sinne zufällig und austauschbar. Ironischerweise wurde sich die Kritik dieser Tatsache erst bewußt, als sie sich hilfesuchend ehrgeizigeren oder rigoroseren kritischen Methoden zuwandte, da sie spürte, daß ihr eigener liberaler Humanismus an Antriebskraft verlor. Sie dachte, daß sie durch das Hinzufügen einer wohlbemessenen Prise historischer Analyse hier und die Einnahme einer ungefährlichen Dosis Strukturalismus dort diese ansonsten fremdartigen Ansätze dazu benutzen könnte, ihr eigenes schwindendes geistiges Kapital zu ergänzen. Der Schuh könnte sich indessen als der falsche erweisen. Denn man kann sich nicht mit einer historischen Analyse der Literatur beschäftigen, ohne zu erkennen, daß die Literatur selbst eine historische Erfindung jüngeren Datums ist; man kann nicht strukturalistisches Handwerkszeug auf Miltons *Paradise Lost* anwenden, ohne zu erkennen, daß dieselben Mittel auch auf die Bildzeitung angewandt werden können. Die Kritik kann sich somit nur auf die Gefahr hin ausstatten, ihren Bestimmungsgegenstand zu verlieren; sie hat die wenig beneidenswerte Wahl zwischen Pest und Cholera. Wenn die Literaturtheorie ihre eigenen Implikationen zu weit treibt, dann redet sie sich um die Existenz.

Das wäre meiner Ansicht nach das beste, was ihr passieren könnte. Der letzte logische Zug in einem Prozeß, der mit der Erkenntnis begann, daß Literatur eine Illusion ist, wäre die Einsicht, daß die Literaturtheorie ebenfalls eine Illusion darstellt. Natürlich handelt es sich nicht in dem Sinne um eine Illusion, daß ich die verschiedenen Leute, die in diesem Buch diskutiert wurden, erfunden hätte: Northrop Frye gibt es wirklich, und F. R. Leavis gab es ebenfalls. Sie ist zunächst in dem Sinne eine Illusion, als die Literaturtheorie, wie ich gezeigt zu haben hoffe, in Wirklichkeit nicht mehr als ein Zweig der gesellschaftlichen Ideologien ist, völlig ohne jede Einigkeit oder Identität, die sie angemessen von Philosophie, Linguistik, Psychologie, kulturellem oder soziologischem Denken unterscheiden würde; und zweitens in dem Sinne, daß die einzige Hoffnung, die sie für ihre eigene Unterscheidung hat – sich an ein Objekt namens Literatur zu klammern – verfehlt ist. Wir müssen also den Schluß ziehen, daß dieses Buch weniger eine Einführung als vielmehr ein Nachruf ist, und daß wir den Gegenstand, den wir ausgraben wollten, schließlich beerdigt haben.

Mit anderen Worten ist es nicht meine Absicht, den Literaturtheorien, die ich in diesem Buch untersucht habe, meine eigene Theorie gegenüberzustellen, die den Anspruch hätte, politisch akzeptabler zu sein. Jeder Leser, der erwartungsvoll auf eine marxistische Theorie wartet, hat dieses Buch offensichtlich nicht aufmerksam genug gelesen. Es gibt tatsächlich marxistische und feministische Literaturtheorien, die nach meiner Ansicht mehr wert sind als jede der hier diskutierten Theorien und über die sich der Leser in der Bibliographie informieren kann. Aber darum geht es nicht. Es geht darum, ob man von ›Literaturtheorie‹ sprechen kann, ohne die Illusion fortzuschreiben, daß Literatur als ein klar umrissener, bestimmter Erkenntnisgegenstand existiert, oder ob es nicht besser wäre, aus der Tatsache, daß die Literaturtheorie Bob Dylan genausogut wie John Milton behandeln kann, praktische Konsequenzen zu ziehen. Meiner Meinung nach ist es am sinnvollsten, ›Literatur‹ als einen Namen anzusehen, den die Menschen verschiedenen Arten des Schreibens innerhalb des ganzen Feldes dessen, was Michel Foucault die ›diskursiven Praktiken‹ genannt hat, von Zeit zu Zeit aus verschiedenen Gründen geben, und daß, wenn es überhaupt einen Untersuchungsgegenstand geben soll, dieser eher dieses ganze Feld von Praktiken sein sollte als nur die, die ziemlich obskur als ›Literatur‹ etikettiert werden. Ich stelle den in diesem Buch dargelegten Theorien nicht eine *Literatur*-Theorie gegenüber, sondern eine andere Art von Diskurs – ob man dabei von einem Diskurs der ›Kultur‹, der ›Zeichenpraktiken‹ oder von sonst etwas spricht, ist primär nicht so wichtig –, der die Gegenstände, die diese anderen Theorien behandeln (›die Literatur‹), mit einschließt, sie jedoch zugleich umformt, indem er sie in einen breiteren Kontext einordnet.

Aber heißt dies nicht, die Grenzen der Literaturtheorie bis an einen Punkt auszuweiten, an dem jegliche Spezifität verlorengeht? Und würde eine ›Diskurstheorie‹ nicht auf dieselben Probleme der Methode und des Untersuchungsgegenstandes stoßen, denen wir im Falle der Literaturuntersuchungen begegnet sind? Schließlich gibt es eine beliebige Zahl von Diskursen und eine beliebige Zahl von Möglichkeiten, sie zu untersuchen. Das Besondere an der Art von Untersuchung, die mir vorschwebt, wäre indessen ihre Beschäftigung mit den verschiedenen *Wirkungen,* die Diskurse hervorbringen, und damit, wie sie sie hervorbringen. Die Lektüre eines zoologischen Lehrbuchs mit dem Ziel, etwas über Giraffen zu erfahren, ist Teil des Zoologie-Studiums, aber es zu lesen, um die Struktur und Anordnung seines Diskurses zu erkennen und zu untersuchen, welche Effekte diese Formen und Vorgehensweisen bei speziellen Lesern in tatsächlichen Situationen hervorbringen, stellt ein anderes Projekt dar. Dies ist in der Tat die vermutlich älteste Form der ›Literaturkritik‹ auf der Welt, bekannt als Rhetorik. Von der antiken Gesellschaft bis hin zum 18. Jahrhundert stellte die Rhetorik die übliche Form der kritischen Analyse dar; sie untersuchte die Art, wie Diskurse aufgebaut sind, um bestimmte Effekte zu erzielen. Sie kümmerte sich nicht darum, ob ihre Forschungsgegenstände das Sprechen oder das Schreiben waren, Poesie oder Philosophie, Fiktion oder Geschichtsschreibung: ihr Gesichtsfeld war nichts geringeres als das Feld der diskursiven Praktiken in der Gesellschaft als Ganzes, und ihr besonderes Interesse galt der Erfassung solcher Praktiken als Formen der Macht und des Handelns. Das bedeutet nicht, daß sie den Wahrheitswert der in Frage stehenden Diskurse ignorierte, da dies oft von zentraler Bedeutung für die Art von Effekten sein konnte, die sie bei ihren Leserinnen und Zuhörern hervorbrachte. In ihrer Blütezeit war die Rhetorik weder eine ›Geisteswissenschaft‹, die sich auf intuitive Weise mit der Erfahrung der Menschen mit der Sprache befaßte, noch ein ›Formalismus‹, der sich einfach nur mit der Analyse sprachlicher Verfahren beschäftigte. Sie betrachtete solche Verfahren unter dem Aspekt konkreter Handlungen – sie waren die Mittel des Plädierens, des Überredens, des Anspornens etc. – und der Reaktionen der Menschen auf Diskurse unter dem Aspekt sprachlicher Strukturen und der materiellen Umstände, in denen sie fungierten. Sie sah Sprechen und Schreiben nicht bloß als Textgegenstände an, die ästhetischer Kontemplation unterzogen oder endlos dekonstruiert werden können, sondern als *Handlungsformen,* die von den weitergehenden Beziehungen zwischen Schreibenden und Lesenden, Rednern und Publikum nicht getrennt werden können, und das als Phänomen außerhalb der sozialen Zwecke und Bedingungen, in die es eingebettet ist, weitgehend unverständlich ist (vgl. Eagleton 1981).

Wie alle im besten Sinne radikalen Positionen ist auch meine also zutiefst traditionalistisch. Ich möchte die Literaturkritik von bestimmten modischen, frisch aufgeschnappten Denkweisen zurückrufen, durch die sie verführt worden ist – ›Literatur‹ als besonders privilegierter Gegenstand, das ›Ästhetische‹ als von sozialen Determinanten trennbar etc. – und sie auf die antiken Pfade zurückführen, die sie verlassen hat. Obgleich mein Anliegen somit reaktionär ist, bin ich nicht der Ansicht, daß wir die ganze Liste der antiken rhetorischen Begriffe wiederbeleben und an die Stelle der modernen Sprache der Kritik setzen sollten. Das ist nicht nötig, da die in diesem Buch untersuchten Literaturtheorien genügend Vorstellungen enthalten, die uns zumindest einen Anfang ermöglichen. Die Rhetorik oder Diskurstheorie teilt mit dem Formalismus, dem Strukturalismus und der Semiotik ein Interesse an den formalen Verfahren der Sprache, aber wie die Rezeptionstheorie beschäftigt sie sich auch damit, wie diese Verfahren bei der ›Konsumierung‹ tatsächlich wirksam werden; ihre zentrale Beschäftigung mit dem Diskurs als einer Form der Macht und des Begehrens kann viel vom Dekonstruktivismus und der psychoanalytischen Theorie lernen, und ihre Überzeugung, daß der Diskurs den Menschen wandeln kann, hat eine Menge mit dem liberalen Humanismus gemeinsam. Die Tatsache, daß die ›Literaturtheorie‹ eine Illusion darstellt, bedeutet nicht, daß wir ihr nicht viele wertvolle Ideen für eine ganz andere Art von Diskurspraxis entnehmen können.

Es gab natürlich einen Grund, warum sich die Rhetorik die Mühe machte, Diskurse zu analysieren. Sie analysierte sie nicht einfach deshalb, weil sie eben da waren, genausowenig wie die meisten Formen der heutigen Literaturkritik die Literatur nur um ihrer selbst willen untersuchen. Die Rhetorik wollte die wirkungsvollste Art des Plädierens, Überzeugens und Debattierens herausfinden, und die Rhetoriker untersuchten solche Verfahren in der Sprache anderer Menschen, um sie um so ertragreicher in ihrer eigenen zu verwenden. Sie war, wie man heute sagen würde, sowohl eine ›kreative‹ als auch eine ›kritische‹ Aktivität: das Wort ›Rhetorik‹ umfaßt sowohl die Praxis als auch die Wissenschaft des wirkungsvollen Diskurses. Parallel dazu muß es einen Grund geben, warum wir es für der Mühe wert halten würden, eine Untersuchungsweise zu entwickeln, die die verschiedenen Zeichensysteme und Bezeichnungspraktiken in unserer eigenen Gesellschaft betrachten würde, von *Moby Dick* bis zur Muppet-Show, von Dryden und Jean-Luc Godard bis hin zum Bild der Frau in der Werbung und den rhetorischen Techniken von Regierungserklärungen. Jede Theorie und Erkenntnis ist, wie ich zuvor schon sagte, in dem Sinne ›voreingenommen‹, daß man immer fragen kann, warum man sich die Mühe gemacht hat, sie überhaupt zu entwickeln. Es ist eine verblüffende Schwäche der meisten Formalisten und Strukturalisten, daß sie diese Frage nicht beantworten können. Der Strukturalist untersucht die Zeichensysteme wirklich einfach deshalb, weil sie eben zufällig da sind, oder wird, wenn dies nicht standzuhalten scheint, zu einer Rationalisierung gezwungen – das Studium unserer Arten der Sinnerstellung wird unsere kritische Selbstwahrnehmung vertiefen –, die sich von der Standardaussage des liberalen Humanisten nicht wesentlich unterscheidet. Im Falle des liberalen Humanisten liegt die Stärke im Gegensatz hierzu darin, daß er sagen kann, warum die Beschäftigung mit Literatur der Mühe wert ist. Seine Antwort würde, wie wir gesehen haben, ungefähr lauten, daß es einen zu einem besseren Menschen macht. Dies ist zugleich auch die Schwäche des liberalen Humanismus.

Die Antwort des liberalen Humanisten ist indessen nicht deshalb schwach, weil sie glaubt, daß Literatur eine umformende Wirkung haben kann. Sie ist deshalb schwach, weil sie ihre verändernde Kraft gewöhnlich grob überschätzt, sie isoliert von jeglichem gesellschaftlichen Kontext betrachtet und das, was sie mit einem ›besseren Menschen‹ meint, nur mit höchst begrenzten und abstrakten Begriffen ausdrücken kann. Diese Begriffe lassen gewöhnlich die Tatsache außer acht, daß ein Mensch in der westlichen Gesellschaft der 80er Jahre des 20. Jahrhunderts zu sein eine Verwicklung in und in gewissem Sinne auch eine Verantwortung für die Art politischer Bedingungen bedeutet, die ich zu Beginn dieses Schlußkapitels skizziert habe. Der liberale Humanismus ist eine moralische Vorstadt-Ideologie, in der Praxis auf weitgehend persönliche Angelegenheiten beschränkt. Er geht mit Ehebruch unnachsichtiger um als mit der Rüstung, und sein wertvolles Interesse an Freiheit, Demokratie und individuellen Rechten ist einfach nicht konkret genug. Seine Sicht der Demokratie ist zum Beispiel eine abstrakte Vorstellung von Wahlurnen und nicht so sehr eine bestimmte, lebendige und praktische Demokratie, die auch das Vorgehen des Auswärtigen Amtes oder von Standard Oil irgendwie betreffen könnte. Seine Sicht der individuellen Freiheit ist gleichermaßen abstrakt: die Freiheit jedes beliebigen einzelnen Individuums ist gelähmt und parasitär, solange sie von der nutzlosen Schufterei und der aktiven Unterdrückung anderer abhängig ist. Die Literatur mag gegen diese Bedingungen protestieren oder auch nicht, aber sie ist nur auf ihrer Grundlage überhaupt möglich. Wie Walter Benjamin das ausdrückt: »Es ist niemals ein Dokument der Kultur, ohne zugleich ein solches der Barbarei zu sein.« (Benjamin, *Angelus Novus*, S. 311). Die Sozialisten sind diejenigen, die die vollen, konkreten, praktischen Folgerungen aus den abstrakten Vorstellungen von Freiheit und Demokratie ziehen wollen, unter die der liberale Humanismus seinen Namen setzt, indem sie ihn beim Wort nehmen, wenn er die Aufmerksamkeit auf das ›lebendige Besondere‹ lenkt. Deshalb können viele westliche Sozialisten sich im Gefühl, daß diese Ansichten einfach nicht weit genug gehen, nicht mit der liberal-humanistischen Ansicht über die Diktaturen in Osteuropa zufriedengeben: was nötig wäre, um diese Diktaturen zum Sturz zu bringen, wäre nicht einfach nur mehr Redefreiheit, sondern eine Arbeiterrevolution gegen den Staat.

Die Bedeutung dessen, was es heißt, ein ›besserer Mensch‹ zu sein, muß also konkret und praktisch sein – das heißt, die politische Situation der Menschen als Ganzes betreffen – und nicht nur eng abstrakt, nur die unmittelbaren zwischenmenschlichen Beziehungen betreffenden, die von diesem konkreten Ganzen abstrahiert werden können. Es muß eine Frage politischer und nicht nur ›moralischer‹ Argumentation sein: das heißt, es muß eine *genuin* moralische Argumentation sein, die die Beziehung zwischen den individuellen Eigenschaften und Werten und unseren gesamten materiellen Existenzbedingungen sieht. Politische Argumentation ist keine Alternative zur Beschäftigung mit Moral: sie ist eine solche Beschäftigung, die mit all ihren Implikationen ernst genommen wird. Aber die liberalen Humanisten sehen zu Recht einen *Sinn* im Studium der Literatur und auch, daß dieser Sinn letztendlich kein literarischer ist. Was sie behaupten, ist, daß Literatur einen *praktischen Nutzen* hat, obgleich diese Art, es auszudrücken, in ihren Ohren schauderhaft klänge. Wenige Wörter verletzen literarische Ohren mehr als ›praktischer Nutzen‹, ein Ausdruck, der den Gedanken an Büroklammern und Trockenhauben weckt. Der Widerstand der Romantik gegen die utilitaristische Ideologie des Kapitalismus hat ›praktischen Nutzen‹ zu einem unbenutzbaren Ausdruck gemacht: für die Ästheten liegt die Pracht der Kunst in ihrer tiefen Nutzlosigkeit. Und doch wären wenige von uns heutzutage bereit, *das* zu unterschreiben: jede Lektüre eines Werkes ist in gewissem Sinne ein Gebrauch davon. Wir mögen *Moby Dick* nicht dazu verwenden, zu lernen, wie man Wale fängt, aber dennoch ›haben wir etwas davon‹. Jede Literaturtheorie setzt einen gewissen Nutzen der Literatur voraus, auch wenn das, was man davon hat, ihre absolute Nutzlosigkeit ist. Die liberalhumanistische Kritik tut nicht Unrecht daran, daß sie die Literatur benutzt, sondern daran, daß sie sich selbst vormacht, dies nicht zu tun. Sie benutzt sie, um bestimmte moralische Werte zu fördern, die, wie ich gezeigt zu haben hoffe, nicht von bestimmten ideologischen Werten getrennt werden können und letztendlich eine bestimmte Art von Politik implizieren. Sie liest den Text nicht etwa ›unvoreingenommen‹ und unterstellt dann das, was sie gelesen hat, ihren Werten: die Wertvorstellungen steuern den eigentlichen Lesevorgang, formen den Sinn, den die Kritik den untersuchten Werken entnimmt. Ich werde daher nicht für eine ›politische Kritik‹ eintreten, die literarische Texte im Licht bestimmter Werte liest, die zu politischen Überzeugungen und Handlungen in Beziehung stehen; jede Art von Kritik tut das. Die Vorstellung, daß es ›unpolitische‹ Formen der Kritik gibt, ist einfach ein Mythos, der bestimmte politische Formen des Gebrauchs von Literatur um so wirkungsvoller fördert. Der Unterschied zwischen einer ›politischen‹ und einer ›unpolitischen‹ Kritik ist einfach der Unterschied zwischen der Premierministerin und der Monarchin: letztere fördert bestimmte politische Ziele, indem sie vorgibt, es nicht zu tun, während erstere nicht lange fackelt. Es ist immer besser, in solchen Sachen ehrlich zu sein. Der Unterschied zwischen einem konventionellen Kritiker, der von dem ›Chaos der Erfahrung‹ bei Joseph Conrad oder Virginia Woolf spricht, und der Feministin, die die Geschlechterdarstellungen dieser Autoren untersucht, ist nicht ein Unterschied zwischen unpolitischer und politischer Kritik. Es ist ein Unterschied zwischen verschiedenen Arten von Politik – zwischen denen, die der Doktrin anhängen, daß die Geschichte, die Gesellschaft und die menschliche Wirklichkeit insgesamt fragmentarisch, zufällig und ungerichtet ziellos sind, und denen, die andere Interessen haben, die einfach alternative Sichtweisen der Welt implizieren. Es gibt keine Möglichkeit, zu entscheiden, welcher Politik unter dem Aspekt der Literaturkritik der Vorzug zu geben wäre. Man muß schlicht und einfach über Politik diskutieren. Es ist keine Frage dessen, ob ›Literatur‹ zu ›Geschichte‹ in Beziehung gesetzt werden sollte oder nicht: es ist eine Frage verschiedener Lesarten der Geschichte selbst.

Die Feministin untersucht die Darstellung der Geschlechter nicht einfach deshalb, weil sie glaubt, daß dies ihren politischen Zielen dienen wird. Sie ist auch der Überzeugung, daß Geschlecht und Sexualität zentrale Themen in der Literatur wie in anderen Diskursarten sind und daß jede kritische Darstellung, die sie unterdrückt, an einem ernstlichen Mangel leidet. Gleichermaßen sieht der oder die sozialistische Kritiker/in die Literatur nicht unter dem Aspekt von Ideologie und Klassenkampf, weil dies zufällig ihr oder sein politisches Interesse ist, das willkürlich auf literarische Werke projiziert wird. Er oder sie würden behaupten, daß solche Fragen der Stoff sind, aus dem die Geschichte besteht, und daß sie insofern, als Literatur ein historisches Phänomen darstellt, auch der Stoff sind, aus dem die Literatur besteht. Es wäre seltsam, wenn die/der feministische oder sozialistische Kritiker/in der Meinung wären, daß analytische Fragen nach den Geschlechtern oder Klassen nur eine Angelegenheit von akademischem Interesse seien – nur ein Problem im Zusammenhang mit der Erlangung einer befriedigenderen, vollständigeren Darstellung der Literatur. Denn warum sollte es der Mühe wert sein, so etwas zu tun? Liberal-humanistische Kritiker sind nicht bloß auf eine vollständigere Darstellung der Literatur aus: sie wollen die Literatur in einer Weise diskutieren, die unser Leben vertieft, bereichert und erweitert. Sozialistische und feministische Kritiker/innen sind in diesem Punkt mit ihnen durchaus einig: sie wollen nur zeigen, daß eine solche Vertiefung und Bereicherung die Veränderung einer nach Geschlechtern und Klassen geteilten Gesellschaft nach sich zieht. Sie würden gerne sehen, daß der/die liberale Humanist/in die vollen Konsequenzen aus ihrer oder seiner Haltung zieht. Wenn der/die liberale Humanist/in nicht derselben Ansicht ist, dann ist dies eine politische Diskussion und nicht eine Diskussion darüber, ob man die Literatur ›benutzt‹ oder nicht.

Ich habe vorhin behauptet, daß jeder Versuch, das Literaturstudium entweder über seine Methode oder über seinen Gegenstand zu definieren, zum Scheitern verurteilt ist. Aber wir haben nun mit der Erörterung einer anderen Möglichkeit der Erfassung dessen begonnen, was eine Diskursart von einer anderen unterscheidet, ein Weg, der weder ontologisch noch methodologisch ist, sondern *strategisch*. Dies bedeutet, daß nicht die

Frage danach, *was* der Gegenstand ist oder *wie* wir uns ihm nähern sollten, an erster Stelle steht, sondern die, *warum* wir uns überhaupt mit ihm befassen wollen. Die liberal-humanistische Antwort auf diese Frage ist, wie ich ausgeführt habe, zugleich vollkommen vernünftig und, wie die Sache liegt, völlig nutzlos. Wir wollen nun ein bißchen konkreter werden, indem wir fragen, wie die Wiedereinführung der Rhetorik, die ich vorgeschlagen habe (obgleich sie genausogut ›Diskurstheorie‹ oder ›Kulturwissenschaft‹ oder wie auch immer genannt werden könnte) dazu beitragen könnte, uns alle zu besseren Menschen zu machen. Diskurse, Zeichensysteme und Bezeichnungspraktiken aller Art, von Film und Fernsehen bis hin zur Dichtung und zu den Sprachen der Naturwissenschaft, bringen Wirkungen hervor, formen Teile des Bewußtseins, wie des Unbewußten, die zum Erhalt oder zur Veränderung unserer existierenden Machtsysteme in enger Beziehung stehen. Sobald wir dies gesehen haben, kann die Frage nach Theorie und Methode in einem neuen Licht erscheinen. Es geht nicht darum, von bestimmten theoretischen oder methodologischen Problemen auszugehen: es geht darum, von dem auszugehen, was wir *tun* wollen, und dann zu sehen, welche Methoden und Theorien uns bei der Erreichung dieser Ziele am besten helfen können. Eine Entscheidung über die Strategie bestimmt nicht voraus, welche Methoden und Untersuchungsgegenstände am wertvollsten sind. Was den Untersuchungsgegenstand betrifft, so hängt die Entscheidung darüber, was man untersuchen will, sehr stark von der praktischen Situation ab. Es mag am besten scheinen, Proust und *King Lear* zu betrachten, oder aber das Kinderprogramm im Fernsehen oder populäre Liebesromane und Avant-Garde-Filme. Ein radikaler Kritiker ist in dieser Frage recht liberal: er lehnt den Dogmatismus ab, der darauf bestehen würde, daß Proust stets eher eine Untersuchung verdient als die Fernsehwerbung. Radikale Kritiker sind auch in der Frage von Theorie und Methode offen: in dieser Hinsicht neigen sie zum Pluralismus. Jede Theorie oder Methode, die einen Beitrag zum strategischen Ziel der menschlichen Emanzipation, der Schaffung ›besserer Menschen‹ durch eine sozialistische Veränderung der Gesellschaft leistet, ist akzeptabel. Strukturalismus, Semiotik, Psychoanalyse, Dekonstruktivismus, Rezeptionstheorie etc.: all diese Ansätze und auch andere verfügen jeweils über wertvolle Einsichten, die einer Verwendung zugeführt werden können. Indessen werden sich wahrscheinlich nicht alle Literaturtheorien als mit dem in Frage stehenden Ziel vereinbar erweisen: wie mir scheint, gibt es unter denen, die in diesem Buch untersucht werden, einige, die dies höchstwahrscheinlich nicht sind. Was man theoretisch auswählt oder verwirft, hängt somit davon ab, was man praktisch zu tun versucht. Dies war bei der Literaturkritik schon immer so: sie sträubt sich nur häufig dagegen, diese Tatsache anzuerkennen. Bei jeder akademischen Untersuchung wählen wir die Gegenstände und Vorgehensweisen aus, die wir für die wichtigsten halten, und unsere Einschätzung ihrer Wichtigkeit wird von Interessenzusammenhängen gesteuert, die tief in den praktischen Formen unseres gesellschaftlichen Lebens verwurzelt sind. Radikale Kritiker/innen unterscheiden sich in dieser Hinsicht nicht: sie haben nur einfach eine Reihe von Prioritäten, die die meisten Leute momentan eher ablehnen. Dies ist der Grund, warum sie im allgemeinen als ›ideologisch‹ abgetan werden, denn ›Ideologie‹ ist immer eher eine Beschreibung der Interessen anderer Menschen als der eigenen.

Keine Theorie oder Methode wird indessen nur einen strategischen Nutzen haben. Sie können in einer Vielzahl verschiedener Strategien für eine Vielzahl von Zielen mobilisiert werden. Aber nicht alle Methoden sind für bestimmte Ziele gleichermaßen verwendbar. Man muß erst herausfinden (und kann nicht von Anfang an davon ausgehen), ob eine einzelne Methode oder Theorie die richtige ist. Einer der Gründe, warum ich dieses Buch nicht mit einem Bericht über sozialistische oder feministische Literaturtheorie abgeschlossen habe, liegt darin, daß dies den Leser zu dem ermutigen könnte, was die Philosophie einen ›kategorischen Fehler‹ nennt. Es könnte zu dem irrtümlichen Glauben führen, daß ›politische Kritik‹ ein von den diskutierten verschiedener Ansatz des kritischen Vorgehens ist, in seinen Grundannahmen anders, aber ansonsten im wesentlichen dasselbe. Da ich meine Ansicht, daß alle Kritik in einem bestimmten Sinne politisch ist, deutlich gemacht habe und da die Menschen dazu neigen, diejenige Kritik als ›politisch‹ zu bezeichnen, deren politische Ansichten nicht mit ihren eigenen übereinstimmen, kann das nicht der Fall sein. Die sozialistische und die feministische Kritik sind natürlich damit befaßt, Theorien und Methoden zu entwickeln, die ihren Absichten entsprechen: sie betrachten Fragen der Beziehung zwischen Schreiben und Sexualität, oder zwischen Text und Ideologie, was andere Theorien im allgemeinen nicht tun. Sie würden auch behaupten wollen, daß diese Theorien mehr Erklärungskraft haben als andere, denn wenn sie diese nicht hätten, hätte es wenig Sinn, sie als Theorien hervorzuheben. Aber es wäre ein Fehler, das

Besondere solcher Kritikformen in der Entwicklung alternativer Theorien und Methoden zu sehen. Diese Kritikformen unterscheiden sich von anderen, weil sie den Gegenstand der Analyse verschieden definieren, andere Werte, Überzeugungen und Ziele haben und somit andere Strategiearten für die Verwirklichung dieser Ziele.

Ich sage absichtlich ›Ziele‹, denn man sollte nicht denken, daß dieser kritische Ansatz nur ein Ziel hat. Es gibt viele Ziele und viele Wege, sie zu erreichen. In manchen Situationen kann das produktivste Vorgehen darin bestehen, zu erkunden, wie die Signifikantensysteme eines ›literarischen‹ Textes bestimmte ideologische Wirkungen hervorbringen; oder es kann darum gehen, dasselbe mit einem Hollywood-Film zu machen. Solche Projekte können sich im Kulturunterricht für Kinder als besonders wichtig erweisen; aber es kann auch von Wert sein, Literatur dazu zu verwenden, in ihnen ein Gefühl für das sprachliche Potential zu nähren, das ihnen von ihren sozialen Bedingungen verweigert wird. Es gibt derartige ›utopische‹ Verwendungsweisen der Literatur und eine reichhaltige Tradition solchen utopischen Denkens, das nicht leichtfertig als ›idealistisch‹ abgetan werden sollte. Das aktive Vergnügen an kulturellen Kunstwerken sollte indessen nicht an die Grundschulen verbannt werden, um den älteren Schülern die grimmigere Beschäftigung mit der Analyse zu überlassen. Vergnügen, Freude, die möglicherweise verändernden Wirkungen des Diskurses sind genauso ein ›geeigneter‹ Gegenstand für die ›höhere‹ Bildung wie der Einsatz puritanischer Traktate in den Diskursformen des 17. Jahrhunderts. Zu anderen Gelegenheiten kann sich vielleicht nicht die Kritik oder das Vergnügen am Diskurs anderer, sondern die Produktion des eigenen als nützlicher erweisen. Wie in der rhetorischen Tradition kann hier das Studium dessen, was andere Leute gemacht haben, hilfreich sein. Man kann seine eigene bedeutungserzeugende Praxis inszenieren, um die Wirkungen, die die Praxis anderer hervorbringt, zu bereichern, zu bekämpfen, zu modifizieren oder zu transformieren.

In all dieser vielfältigen Aktivität hat auch das Studium dessen, was gegenwärtig als ›Literatur‹ bezeichnet wird, seinen Platz. Aber man sollte nicht a priori annehmen, daß das, was gegenwärtig als ›Literatur‹ bezeichnet wird, immer und überall im Mittelpunkt der Aufmerksamkeit steht. Ein solcher Dogmatismus hat im Bereich der Kulturwissenschaft keinen Platz. Auch werden die Texte, die jetzt zur ›Literatur‹ ernannt worden sind, wahrscheinlich in dem Moment nicht mehr so wahrgenommen und definiert werden, in dem sie den breiteren und tieferen Diskursformen wieder zugerechnet werden, von denen sie ein Teil sind. Sie werden unausweichlich ›neu geschrieben‹, dem Recycling und anderen Verwendungsweisen zugeführt, in neue Beziehungen und Praktiken eingefügt werden. Dies war natürlich schon immer so; aber ein Effekt des Wortes ›Literatur‹ besteht darin, unser Erkennen dieser Tatsache zu verhindern.

Eine solche Strategie hat offensichtlich weitreichende institutionelle Implikationen. Sie würde zum Beispiel bedeuten, daß Fachbereiche für Literatur, wie wir sie aus unserer derzeitigen höheren Bildung kennen, zu existieren aufhören würden. Da die Regierung, während ich schreibe, im Begriff zu sein scheint, dieses Ziel schneller und wirkungsvoller zu erreichen, als ich selbst das könnte, ist die Anmerkung notwendig, daß die erste politische Strategie für alle diejenigen, die an den ideologischen Implikationen solcher Fachbereichsordnungen ihre Zweifel haben, darin bestehen muß, sie bedingungslos gegen Angriffe der Regierung zu verteidigen. Aber diese Priorität kann keinen Verzicht auf die Überlegung bedeuten, wie wir das Studium der Literatur langfristig besser einrichten können. Die ideologischen Wirkungen solcher Fachbereiche liegen nicht nur in den spezifischen Wertvorstellungen, die sie verbreiten, sondern auch in ihrer impliziten und realen Trennung der ›Literatur‹ von anderen kulturellen und sozialen Praktiken. Die knickerige Zulassung solcher Praktiken als literarischer ›Hintergrund‹ mit statischen, distanzierenden Konnotationen spricht Bände. Was auch immer solche Fachbereiche langfristig ersetzen würde – und der Vorschlag ist bescheiden, denn solche Experimente sind in bestimmten Bereichen der höheren Bildung bereits in Gang –, würde die Ausbildung in den verschiedenen Theorien und Methoden der kulturellen Analyse mit einschließen. Die Tatsache, daß eine solche Ausbildung in den meisten vorhandenen Literaturfachbereichen nicht routinemäßig erfolgt, ›fakultativ‹ oder nur am Rande erteilt wird, ist eines ihrer skandalösesten und farcenhaftesten Charakteristika. (Das zweite Charakteristikum ist vielleicht die riesige Energieverschwendung, die Postgraduierten für obskure, oftmals nur vorgebliche Forschungsthemen abverlangt wird, damit sie Dissertationen produzieren, die häufig nicht mehr sind als sterile akademische Fingerübungen und die wenige andere jemals lesen werden.) Der vornehme Dilettantismus, der die Kritik als eine Art spontanen sechsten Sinn ansieht, hat nicht nur viele Literaturstudenten viele Jahrzehnte lang in verständliche Verwirrung gestürzt, sondern dient auch dazu, die Autorität derer, die die Macht haben, zu konsolidieren. Wenn Kritik nicht mehr ist als ein Kunststückchen, wie etwa, wenn man gleichzeitig verschiedene Melodien pfeifen und summen kann, dann ist sie zugleich selten genug, um in den Händen einer Elite zu bleiben, während sie auch ›gewöhnlich‹ genug ist, um keine stringente theoretische Rechtfertigung zu brauchen. Genau dieselbe Kneifzangen-Bewegung ist in der englischen Philosophie der ›normalen Sprache‹ zu Gange. Aber die Antwort hierauf besteht nicht darin, diesen wirren Dilettantismus durch einen gepflegten Professionalismus zu ersetzen, der die Absicht hat, sich vor dem empörten Steuerzahler zu rechtfertigen. Ein solcher Professionalismus ist, wie wir gesehen haben, gleichermaßen jeglicher gesellschaftlichen Bestätigung seiner Aktivitäten beraubt, da er nicht sagen kann, aus welchem Grund er sich überhaupt mit Literatur beschäftigt, als um sie aufzuräumen, Texte ihren jeweils adäquaten Kategorien zuzuorden und sich dann der Meeresbiologie zuzuwenden. Wenn der Sinn der Kritik nicht darin besteht, literarische Werke zu interpretieren, sondern darin, mit unvoreingenommenem Blick die ihnen zugrundeliegenden Zeichen-Systeme, durch die sie erzeugt werden, in den Griff zu bekommen, was soll die Kritik dann machen, wenn sie diese Fähigkeit einmal erreicht hat, was kaum ein Leben lang dauern wird, und vermutlich sogar nicht mehr als ein paar Jahre?

Die augenblickliche Krise auf dem Gebiet der Literaturwissenschaften ist im Grunde eine Krise der Definition des Faches selbst. Daß es sich als schwierig erweist, eine solche Definition zu liefern, ist, wie ich gezeigt zu haben hoffe, kaum überraschend. Wahrscheinlich wird niemand aus seinem akademischen Anstellungsverhältnis entlassen, weil er sich an einer kleinen semiotischen Analyse von Edmund Spenser versucht hat; es ist wahrscheinlich, daß einem die Tür gewiesen oder daß man gar nicht erst eingelassen wird, wenn man nachfragt, ob die ›Tradition‹ von Spenser zu Shakespeare und Milton die beste Methode ist, den Diskurs in einen Lehrplan zu unterteilen. An diesem Punkt wird dann der Kanon ausgerollt, um die Missetäter aus der akademischen Arena hinauszusprengen.

Diejenigen, die auf dem Gebiet der kulturellen Praxisfelder arbeiten, werden ihre Tätigkeit wohl kaum als den Nabel der Welt ansehen. Die Menschen leben nicht von der Kultur allein, und ihre überwältigende Mehrheit wurde durch die Geschichte hindurch der Möglichkeit beraubt, überhaupt davon zu leben, und die wenigen, die nun dazu in der Lage sind, können dies auf Grund der Arbeit derer, die es nicht sind. Jede kritische oder Kultur-Theorie, die nicht von dieser einzig wichtigen Tatsache ausgeht und sie bei ihren Tätigkeiten ständig im Auge behält, wird meiner Meinung nach wahrscheinlich nicht viel wert sein. Es ist niemals ein Dokument der Kultur, ohne zugleich ein solches der Barbarei zu sein. Aber sogar in Gesellschaften wie der unsrigen, die, wie Marx uns erinnert, keine Zeit für Kultur haben, gibt es Zeiten und Orte, an denen sie plötzlich wieder wichtig wird, mit einer Bedeutung befrachtet, die weit über sie hinausgeht. Vier solcher Hauptmomente sind in unserer modernen Welt offensichtlich. Die Kultur hat im Leben von Nationen, die um ihre Unabhängigkeit vom Imperialismus kämpfen, eine Bedeutung, die von den Rezensionen in den Sonntagszeitungen meilenweit entfernt ist. Imperialismus bedeutet nicht nur die Ausbeutung billiger Arbeitskraft, von Rohstoffen und leichtzugänglichen Märkten, sondern auch die Ausrottung von Sprachen und Bräuchen – nicht nur die erzwungene Anwesenheit fremder Armeen, sondern auch die fremdartiger Erfahrungsweisen. Er manifestiert sich nicht nur in Firmenbilanzen und Luftwaffenbasen, sondern er kann bis zu den intimsten Wurzeln der Rede und der Bezeichnung verfolgt werden. In solchen Situationen, die keineswegs Tausende von Kilometern von unserer eigenen Haustürschwelle entfernt sind, ist die Kultur ein so lebenswichtiger Bestandteil der gemeinsamen Identität, daß keine Notwendigkeit besteht, Argumente für ihre Bedeutung für den politischen Kampf zu finden. Es wären die Argumente dagegen, die auf völliges Unverständnis stoßen würden.

Das zweite Gebiet, auf dem kulturelle und politische Aktionen sich aufs engste vereinigt haben, ist die Frauenbewegung. Es liegt in der feministischen Politik begründet, daß Zeichen und Bilder, geschriebene und dramatisierte Erfahrungen von besonderer Bedeutung sind. Der Diskurs in all seinen Formen betrifft Feministinnen ganz offensichtlich, entweder als Orte, wo die Unterdrückung der Frauen dechiffriert werden kann, oder als Orte, wo ihr der Kampf angesagt werden kann. In jeder Politik, die Identitäten und Beziehungen zu zentralen Fragen macht, indem die Aufmerksamkeit für die gelebte Erfahrung und der Diskurs des Körpers erneuert wird, muß sich die Kultur ihren Weg zur politischen Bedeutung nicht über Argumente bahnen. Tatsächlich besteht eines der Verdienste der Frauenbewegung darin, solche Wendungen wie ›gelebte Erfahrung‹ und

›Diskurs des Körpers‹ von den empiristischen Konnotationen zu erlösen, mit denen die Literaturtheorie sie meist ausstattet. ›Erfahrung‹ muß nicht mehr länger ein Ruf weg von den Machtsystemen und gesellschaftlichen Beziehungen hin zur privilegierten Sicherheit des Privaten sein, denn der Feminismus erkennt eine solche Unterscheidung zwischen Fragen des menschlichen Subjekts und Fragen des politischen Kampfes nicht an. Der Diskurs des Körpers ist keine Sache der Lawrenceschen Ganglien und des sanften Schoßes der Dunkelheit, sondern eine *Politik* des Körpers, ein Wiedererkennen seiner gesellschaftlichen Dimension durch die bewußte Wahrnehmung der Kräfte, die ihn kontrollieren und unterordnen.

Das dritte in Frage stehende Gebiet ist die ›Kulturindustrie‹. Während die Literaturkritiker die Empfindsamkeit bei einer Minderheit kultivieren, ist ein Großteil der Medien damit beschäftigt, sie bei der Mehrheit zu zerstören; und doch wird immer noch vorausgesetzt, daß das Studium eines Gray oder Collins seinem Wesen nach wichtiger ist als die Untersuchung des Fernsehens oder der Boulevardpresse. Ein solches Projekt unterscheidet sich in seinem im wesentlichen defensiven Charakter von den beiden bereits skizzierten; es stellt eher die kritische Reaktion auf die kulturelle Ideologie anderer dar als eine Aneignung von Kultur für eigene Zwecke. Und doch ist es nichtsdestotrotz ein lebenswichtiges Vorhaben, das nicht dem melancholischen linken oder rechten Mythos von den Medien als uneinnehmbaren Giganten überlassen werden darf. Wir wissen, daß die Leute schließlich nicht alles, was sie sehen oder lesen, für bare Münze nehmen; aber wir müssen auch weit mehr, als wir schon wissen, über die Rolle herausfinden, die solche Effekte im allgemeinen Bewußtsein spielen, auch wenn ein solches kritisches Studium politisch nicht als mehr angesehen werden sollte denn als eine Übergangstaktik, um den status quo zu erhalten. Die demokratische Kontrolle dieser ideologischen Apparate muß zusammen mit populären Alternativen zu ihnen auf der Tagesordnung künftiger sozialistischer Programme ganz oben stehen (zu einigen interessanten praktischen Vorschlägen in dieser Hinsicht vgl. R. Williams).

Der vierte und letzte Bereich ist der der sich stark entwickelnden Bewegung schreibender Arbeiter/innen. Nachdem sie generationenlang zum Schweigen gebracht worden waren und man ihnen beigebracht hat, Literatur als die Aktivität einer Clique jenseits ihrer Reichweite zu betrachten, haben sich die Arbeiter in den letzten zehn Jahren in Großbritannien aktiv organisiert, um ihre eigenen literarischen Stile und Stimmen zu finden. Die Bewegung schreibender Arbeiter/innen ist in akademischen Kreisen weitgehend unbekannt und wird von den Kulturorganen des Staates nicht gerade ermutigt; aber sie ist ein Zeichen des Bruches mit den dominanten Verhältnissen der literarischen Produktion. Gemeinschaftliche und genossenschaftliche Verlage sind damit verbundene Projekte, die sich nicht einfach mit einer Literatur befassen, die sich anderen gesellschaftlichen Werten verschrieben hat, sondern mit einer, die die bestehenden gesellschaftlichen Beziehungen zwischen Schriftstellern, Verlegern, Lesern und anderen Literaturschaffenden herausfordert und verändert. Da derartige Unternehmungen die herrschenden *Definitionen* der Literatur mutig in Frage stellen, können sie von einer literarischen Institution, die *Sons and Lovers* und von Zeit zu Zeit sogar Robert Tressell gerne willkommen heißt, nicht so ohne weiteres vereinnahmt werden.

Diese Bereiche schließen das Studium Shakespeares und Prousts nicht aus. Wenn das Studium solcher Schriftsteller genauso energisch, drängend und enthusiastisch werden könnte wie die gerade vorgestellten Aktivitäten, sollte sich die literarische Institution eher freuen als beklagen. Aber daß dies geschehen wird, ist zweifelhaft, wenn solche Texte hermetisch von der Geschichte getrennt, einem sterilen kritischen Formalismus unterworfen, pflichtgetreu in ewige Wahrheiten gewindelt und dazu verwendet werden, Vorurteile zu bestätigen, die jede etwas aufgeklärte Studentin als fragwürdig erkennen kann. Die Befreiung Shakespeares und Prousts aus solchen Zwängen kann durchaus den Tod der Literatur zur Folge haben, aber sie kann auch ihre Erlösung bedeuten.

Ich möchte mit einer Allegorie schließen. *Wir* wissen, daß der Löwe stärker ist als sein Dompteur, und auch der Dompteur weiß das. Das Problem besteht darin, daß der Löwe das nicht weiß. Es steht keineswegs außer Frage, daß der Tod der Literatur dem Löwen beim Erwachen helfen könnte.

Bibliographie

Die in der Bibliographie unter den jeweiligen Überschriften aufgeführten Werke sind nicht alphabetisch, sondern in der Reihenfolge ihrer Erwähnung in den Kapiteln geordnet. Einige zusätzliche Werke sind zur weiterführenden Lektüre angegeben, wobei die Liste so selektiv und damit so handhabbar wie möglich gehalten wurde. Einige der Texte liegen nicht in deutscher Übersetzung vor, andere wurden für die deutschsprachigen Leser und Leserinnen zusätzlich mitaufgenommen.

1. Einleitung

M. I. Steblin-Kamenskij, *The Saga Mind*, Odense, 1973.

Lennard, J. Davis, »A Social History of Fact and Fiction: Authorial Disavowal in the Early English Novel«, in: Edward W. Said (ed.), *Literature and Society*, Baltimore and London, 1980, 120–148.

John M. Ellis, *The Theory of Literary Criticism: A Logical Analysis*, Berkeley, 1974.

Zum russischen Formalismus

Aage A. Hansen-Löve, *Der russische Formalismus*. Wien, 1978.

Texte der russischen Formalisten. hg.: von Jurij Striedter, Bd. 1, München, 1969, Bd. 2, München 1972.

Victor Erlich, *Russischer Formalismus*. Geschichte und Lehre. München, 1964.

Lee T. Lemon & Marion J. Reis (eds.), *Russian Formalist Criticism: Four Essays*. Lincoln, Nebraska, 1965.

L. Matejka & K. Pomerska (eds.) *Readings in Russian Poetics*. Cambridge, Mass., 1971.

Stephen Bann & John E. Bowlt (eds.), *Russian Formalism*. Edinburgh, 1973.

Fredric Jameson, *The Prison-House of Language*. Princeton, NJ. 1972.

Tony Bennett, *Formalism and Marxism*. London, 1979.

Ann Jefferson, »Russian Formalism«, in: Ann Jefferson and Davis Robey (eds.), *Modern Literary Theory: A Comparative Introduction.* London, 1982.
Pavel Medvedev, *Die formale Methode in der Literaturwissenschaft.* Kritische Einführung in die soziologische Poetik. Stuttgart, 1976.
Christopher Pike (ed.), *The Futurists, the Formalists and the Marxist Critique.* London, 1979.

2. Phänomenologie, Hermeneutik, Rezeptionstheorie

Zur Phänomenologie und Hermeneutik

Edmund Husserl, *Die Idee der Phänomenologie.* Fünf Vorlesungen (1907). hg. von Walter Biemel. Haag, 1950.
Georges Poulet, *The Interior Distance.* Ann Arbor, 1964.
Jean-Pierre Richard. *Poésie et profondeur.* Paris, 1955.
L'Univers imaginaire de Mallarmé. Paris 1961.
Jean Rousset, *Forme et Signification.* Paris 1962.
Jean Starobinski, *L'Oeil vivant.* Paris, 1961.
La relation critique. Paris, 1972.
J. Hillis Miller, *Charles Dickens: The World of his Novels.* Cambridge, Mass., 1959.
The Disappearance of God. Cambridge, Mass., 1963.
Poets of Reality. Cambridge, Mass., 1965.
Jacques Derrida, *Die Stimme und das Phänomen*, Frankfurt/M., 1978.
Martin Heidegger, *Sein und Zeit.* Halle, 1927.
Werke. Bd 40: *Einführung in die Metaphysik.* Frankfurt/M., 1983.
Richard E. Palmer, *Hermeneutics.* Evanston, III., 1969.
Jean-Paul Sartre, *Das Sein und das Nichts.* Hamburg, 1962.
Maurice Merleau-Ponty, *Phänomenologie der Wahrnehmung.* Berlin, 1976.
Paul Ricoeur, *Hermeneutik und Strukturalismus.* München, 1973.
Hermeneutik und Psychoanalyse. München, 1974.
Hans-Georg Gadamer, *Wahrheit und Methode.* Grundzüge einer philosophischen Hermeneutik. Tübingen 1965 (zweite durch einen Nachtrag erweiterte Ausgabe).
Seminar: Philosophische Hermeneutik, hg. von Hans-Georg Gadamer & Gottfried Böhm. Frankfurt/M., 1976.
Seminar: Die Hermeneutik und die Wissenschaften. hg. von Gottfried Böhm. Frankfurt/M., 1978.
E. D. Hirsch, *Validity in Interpretation.* New Haven, Conn., 1976.
Frank Lentricchia, *After the New Criticism.* Chicago, 1980.
Pierre Macherey, *Zur Theorie der literarischen Produktion.* Studien zu Tolstoj, Verne, Defoe, Balzac. Darmstadt, 1974.
Robert R. Magliola, *Phenomenology and Literature.* West Lafayette, Ind., 1977.
Sarah Lawell, *Critics of Consciousness.* Cambridge, Mass., 1968.

Zur Rezeptionstheorie
Rainer Warning (Hrsg.), *Rezeptionsästhetik*. Theorie und Praxis. München, 1975.
Roman Ingarden, *Das literarische Kunstwerk*. (1931), Tübingen, 1960.
Wolfgang Iser, *Der implizite Leser*. München, 1972.
Der Akt des Lesens. München, 1976.
Roland Barthes, *Die Lust am Text*. Frankfurt, 1974.
Hans Robert Jauß, *Literaturgeschichte als Provokation*. Frankfurt/M., 1970.
Jean-Paul Sartre, *Was ist Literatur?* Erste vollständige Ausgabe. Hamburg, 1981.
Stanley Fish, *Is There a Text in This Class?* The Authority of Interpretive Communities. Cambridge, Mass., 1980.
»Literatur im Leser: Affektive Stilistik«, in: Rainer Warning (Hrsg.), 196–227.
Mary Hesse, *Revolutions and Reconstructions in the Philosophy of Science*. Brighton, 1980.
T. A. van Dijk, *Some Aspects of Textual Grammars: A Study in Theoretical Linguistics and Poetics*. Den Haag, 1972.
Umberto Eco, *The Role of the Reader*. Bloomington, Ind., 1979.
Susan R. Suleiman & Inge Crosman (eds.), *The Reader in the Text*. Princeton, NJ., 1980.
Jane P. Tompkins (ed.), *Reader-Response Criticism*. Baltimore, 1980.

3. New Criticism, Strukturalismus und Semiotik

Zur englischen Literaturkritik
Matthew Arnold, *Culture and Anarchy*. Cambridge, 1963.
Literature and Dogma. London, 1873.
T. S. Eliot, *Ausgewählte Essays 1917–1947*. Berlin, 1950. *Werke* I–IV. Frankfurt/M., 1966–1972.
F. R. Leavis, *New Bearings in English Poetry*. London, 1932
& Denys Thompson, *Culture and Environment*. London, 1933.
Revaluation: Tradition and Development in English Poetry. London, 1936.
The Great Tradition. London, 1948.
The Common Pursuit. London, 1952.
D. H. Lawrence, Novelist. London, 1955.
The Living Principle. London, 1975.
Q. D. Leavis, *Fiction and the Reading Public*. London, 1932.
I. A. Richards, *Science and Poetry*. London 1926.
Prinzipien der Literaturkritik. Frankfurt/M., 1973.
Practical Criticism. London, 1929.
William Empson, *Seven Types of Ambiquity*. London, 1930.

Some Versions of the Pastoral. London, 1935.
The Structure of Complex Words. London, 1951.
Milton's God. London, 1961.
Christopher Norris, *William Empson and the Philosophy of Literary Criticism.* London, 1978.

Zum amerikanischen New Criticism
John Crowe Ransom, *The World's Body.* New York, 1938.
W. K. Wimsatt & Monroe Beardsley, *The Verbal Icon.* New York, 1958
& Cleanth Brooks, *Literary Criticism: A Short History.* New York, 1957.
Cleanth Brooks, *The Well Wrought Urn.* London, 1949.
Allen Tate, *Collected Essays.* Denver, Col., 1959.
Richard Ohmann, *English in America.* New York, 1976.
David Robey, »Anglo-American New Criticism«, in: Ann Jefferson and David Robey (eds.), *Modern Literary Theory: A Comparative Introduction.* London, 1982.
John Fekete, *The Critical Twilight.* London, 1977.
E. M. Thompson, *Russian Formalism and Anglo-American New Criticism.* The Hague, 1971.
Frank Lentricchia, *After the New Criticism,* Chicago, 1980.
Robert Weimann, *New Criticism und die Entwicklung bürgerlicher Literaturwissenschaft.* Halle, 1962.

Zum Strukturalismus
Northrop Frye, *Anatomy of Criticism.* Princeton, NJ., 1957.
The Critical Path. Bloomington, Ind., 1971.
Ferdinand de Saussure, *Grundfragen der allgemeinen Sprachwissenschaft.* hg. von Charles Bally und Albert Sechehaye (1916). Berlin, 1967.
Jonathan Culler, *Saussure.* London, 1976.
Fredric Jameson, *The Prison-House of Language.* Princeton, 1972.
Roman Jakobson, »Closing Statement: Linguistics and Poetics«, in: Thomas A. Sebeok (ed.), *Style in Language.* Cambridge, Mass., 1960.
»Two aspects of language and two types of aphasic disturbances«, in: Roman Jakobson & Morris Halle, *Fundamentals of Language.* Den Haag, 1957 (dt. Grundlagen der Sprache).
Aufsätze zur Linguistik und Poetik. München, 1974.
Poetik. Ausgewählte Aufsätze 1921–1971. Frankfurt/M., 1979
& Morris Halle, *Grundlagen der Sprache.* Berlin, 1960.
Semiotik. Ausgewählte Aufsätze 1919–1982. Frankfurt/M., 1988.
Paul Garvin (ed.), *A Prague School Reader on Esthetics. Literary Structure and Style.* Washington, DC., 1964.

J. Vachek. *A Prague School Reader in Linguistics.* Bloomington, Ind., 1964.
Jan Mukařovský, »Die ästhetische Funktion, die ästhetische Norm und der ästhetische Wert als soziale Fakten«, in: Jan Mukařovský, *Kapitel aus der Ästhetik.* Frankfurt/M., 1970, 7–112.
Jurij Lotman, *Die Struktur literarischer Texte.* München, 1981.
Die Analyse des poetischen Textes. Kronberg, 1975.
A. J. Greimas, *Strukturale Semantik.* Methodologische Untersuchungen. Braunschweig, 1971.
Tzvetan Todorov, *Grammaire du Décaméron.* Den Haag, 1969.
Gérard Genette, *Discours du récit.* Paris, 1972.
Figures. Essais, Paris, 1966–1972
& Tzvetan Todorov (eds.) *Littérature et réalité.* Paris, 1982.
Claude Bremond, *Logique du récit.* Paris, 1973.
Claude Lévi-Strauss, *Das wilde Denken.* Frankfurt/M., 1973.
Edmund Leach, *Lévi-Strauss.* London, 1970.
Propp, Vladimir, *Morphologie des Märchens.* Frankfurt/M., 1975.
Benedetto Croce, *Ästhetik als Wissenschaft vom Ausdruck und allgemeine Sprachwissenschaft.* Tübingen, 1930.
Erich Auerbach, *Mimesis.* Dargestellte Wirklichkeit in der abendländischen Literatur. Bern, 1946.
E. R. Curtius. *Europäische Literatur und lateinisches Mittelalter.* Bern, 1954 (2. Auflage).
Leo Spitzer, *Linguistics and Literary History.* Princeton, NJ., 1954.
René Wellek, *Geschichte der Literaturkritik 1750–1950.* Bd. 1–3, Darmstadt, 1959–1977.
Emile Benveniste, *Probleme der allgemeinen Sprachwissenschaft.* München, 1974.
Umberto Eco, *Einführung in die Semiotik.* München, 1972.
Heinz Blumensath (Hrsg.), *Strukturalismus in der Literaturwissenschaft.* Köln, 1972.
Jens Ihwe (Hrsg.), *Literaturwissenschaft und Linguistik.* Ergebnisse und Perspektiven. 4 Bde., Frankfurt/M., 1971.
Michael Riffaterre, *Strukturale Stilistik.* München, 1973.
Jacques Ehrmann (ed.), *Structuralism.* New York, 1970.
Michail Bachtin, *Marxismus und Sprachphilosophie.* Frankfurt/M., 1975 (Pseud. V. Vološinov).
Pavel Medvedev, *Die formale Methode in der Literaturwissenschaft.* Kritische Einführung in die soziologische Poetik. Stuttgart, 1976.
Michel Pêcheux, *Language, Semantics and Ideology.* London, 1981.
Roger Fowler, *Literature as Social Discourse.* London, 1981.
Gunter Kress & Robert Hodge, *Language as Ideology.* London, 1979.
M. A. K. Halliday, *Language as Social Semiotic.* London, 1978.
John L. Austin, *Zur Theorie der Sprechakte.* Stuttgart, 1972.
Jacques Derrida, »Limited Inc.«, *Glyph* 2, Baltimore/London, 1977.
Mary Louise Pratt, *Toward a Speech Act Theory of Literary Discourse.* Bloomington, Ind., 1977.

Richard Ohmann, »Speech Acts and the Definition of Literature«, *Philosophy and Rhetoric* 4, 1971.
Simon Clarke, *The Foundation of Structuralism.* Brighton, 1981.
Jonathan Culler, *The Pursuit of Signs.* London, 1981.
Structuralist Poetics. London, 1975.
Terence Hawkes, *Structuralism and Semiotics.* London, 1977.
Fredric Jameson, *The Prison-House of Language.* Princeton, NJ., 1972.
Gilles Deleuze, »Woran erkennt man den Strukturalismus?« in: F. Châtelet (Hrsg.), *Geschichte der Philosophie.* Bd. VIII: Das 20. Jahrhundert. Frankfurt/M., 1975, 269–302.

4. Poststrukturalismus

Jacques Derrida, *Die Stimme und das Phänomen.* Frankfurt/M., 1978.
Grammatologie. Frankfurt/M., 1974.
Die Schrift und die Differenz. Frankfurt/M., 1977.
Positionen. Köln, 1985.
Ann Jefferson, »Structuralism and Post-Structuralism«, in: Ann Jefferson & David Robey (eds.), *Modern Literary Theory: A Comparative Introduction.* London, 1982.
Roland Barthes, *Mythen des Alltags.* Frankfurt/M., 1964.
Elemente der Semiologie. Frankfurt/M., 1979.
Die Sprache der Mode. Frankfurt/M., 1984.
Sade, Fourier, Loyola. Frankfurt/M., 1974.
S/Z. Frankfurt/M., 1976.
Die Lust am Text. Frankfurt/M., 1974.
Am Nullpunkt der Literatur. Frankfurt/M., 1982.
Image-Music-Text. Essays selected and translated by Stephen Heath. London, 1977. (u.a. »The Death of the Author«, »Introduction to the Structural Analysis of Narrative«, »From Work to Text«).
»La mort de l'auteur«, *Manteia* V, 1968.
»Einführung in die strukturale Analyse von Erzählungen«, in: Roland Barthes, *Semiologisches Abenteuer.* Frankfurt/M., 1988.
»De l'oeuvre au texte«, *Revue d'esthétique* 3, 1981.
Michel Foucault, *Wahnsinn und Gesellschaft.* Eine Geschichte des Wahns im Zeitalter der Vernunft. Frankfurt/M., 1969.
Die Ordnung der Dinge. Eine Archäologie der Humanwissenschaften. Frankfurt/M., 1971.
Archäologie des Wissens. Frankfurt/M., 1973.
Überwachen und Strafen. Die Geburt des Gefängnisses. Frankfurt/M., 1976.
Sexualität und Wahrheit. Frankfurt/M., 1977 ff., Bd. 1: Der Wille zum Wissen.
Hayden White, »Michel Foucault«, in: John Sturrock (ed.), *Structuralism and Since.* Oxford, 1979.

Colin Gordon, *Michel Foucault: The Will to Truth*. London, 1980.
Julia Kristeva, *Die Revolution der poetischen Sprache*. Frankfurt/M., 1978.
Polylogue. Paris, 1977.
Paul de Man, *Allegorien des Lesens*. Frankfurt/M., 1988.
Geoffrey Hartman (ed.), *Deconstruction and Criticism*. London, 1979.
Criticism in the Wilderness. Baltimore, 1980.
J. Hillis Miller, *Fiction and Repetition*. Oxford, 1982.
Maurice Blanchot, *Der Gesang der Sirenen*. Frankfurt/M., 1988.
Die Literatur und das Recht auf den Tod. Berlin, 1982.
Philippe Lacoue-Labarthe & Jean-Luc Nancy (eds.). *Les fins de l'homme*. Paris, 1981.
Rosalind Coward & John Ellis, *Language and Materialism*. London, 1977.
Catherine Belsey, *Critical Practice*. London, 1980.
Christopher Norris, *Deconstruction: Theory and Practice*. London, 1982.
Josue V. Harari (ed.), *Textual Strategies*. Ithaca, NY., 1979.
Jonathan Culler, *On Deconstruction*. London, 1983.
Andreas Huyssen & Klaus R. Scherpe (Hrsg.), *Postmoderne*. Zeichen eines kulturellen Wandels. Hamburg, 1986.

5. Psychoanalyse

Sigmund Freud, *Studienausgabe*. hg. von Alexander Mitscherlich, Angela Richards, James Strachey. Frankfurt/M., 1969–81 besonders Bd. II: Die Traumdeutung. Über den Traum. Bd. I: Vorlesungen zur Einführung in die Psychoanalyse. Bd. V: Sexualleben. Bd VI–VIII Die Fallstudien. »Der Wahn und die Träume in W. Jensens *Gradiva*«, Bd. X, S. 13–85.
J. Laplanche & J.-B. Pontalis, *Das Vokabular der Psychoanalyse*. Frankfurt/M., 1977.
Kate Millet, *Sexus und Herrschaft*. München, 1971.
Juliet Mitchell, *Psychoanalyse und Feminismus*. Frankfurt/M., 1984.
Jacques Lacan, *Schriften*. I–III. Olten, 1973–1980.
Seminar XI: Die vier Grundbegriffe der Psychoanalyse. Olten, 1978.
Anika Lemaire, *Jacques Lacan*. London, 1977.
Elizabeth Wright, »Modern Psychoanalytic Criticism«, in: Ann Jefferson & David Robey (eds.), *Modern Literary Theory: A Comparative Introduction*. London, 1982.
Melanie Klein, *Love, Guilt and Reparation and Other Works, 1921–1945*. London, 1975.
Screen hg. Society for Education in Film and Television. London.
Christian Metz, *The Imaginary Signifier*. Psychoanalysis and Cinema. London, 1982.

Louis Althusser, *Ideologie und ideologische Staatsapparate*. Hamburg und Berlin, 1977.
H. M. Daleski, *The Forked Flame: A Study of D. H. Lawrence*. London, 1968.
Pierre Macherey, *Zur Theorie der literarischen Produktion*. Studien zu Tolstoj, Verne, Defoe, Balzac. Darmstadt, 1974.
Terry Eagleton, *Criticism and Ideology*. London, 1976.
Norman Holland, *The Dynamics of Literary Response*. Oxford, 1968.
Five Readers Reading. New Haven, Conn., 1975.
Simon Lesser, *Fiction and the Unconscious*. Boston, 1957.
Ernst Kris, *Psychoanalytic Explorations in Art*. New York, 1952.
(dt. *Die ästhetische Illusion. Phänomene der Kunst in der Sicht der Psychoanalyse*. Frankfurt/M., 1977.)
Kenneth Burke, *Philosophy of Literary Form*. Baton Rouge, 1941.
Harold Bloom, *The Anxiety of Influence*. London, 1975.
A Map of Misreading. London, 1975.
Poetry and Repression. New Haven, Conn., 1976.
Geoffrey Hartman (ed.), *Psychoanalysis and the Question of the Text*. Baltimore, 1978.
Paul Ricoeur, *Die Interpretation*. Ein Versuch über Freud. Frankfurt/M., 1974.
Peter Brooks, »Freud's Masterplot: Questions of Narrative«, in: Shoshana Felman (ed.), *Literature and Psychoanalysis*. Baltimore, 1982.
Raymond Williams, *Drama from Ibsen to Brecht*. London, 1968.
Julia Kristeva, *Die Revolution der poetischen Sprache*. Frankfurt/M., 1978.
Colin MacCabe, *James Joyce and the Revolution of the Word*. London, 1978.
Terry Eagleton, »Poetry, Pleasure and Politics: Yeats's Easter 1916«, in: *Formations of Pleasure*. London, 1983, 59–65.
Wilhelm Reich, *Die Massenpsychologie des Faschismus*. Frankfurt/M., 1983.
Herbert Marcuse, *Der eindimensionale Mensch*. Neuwied, 1967.
Triebstruktur und Gesellschaft. Schriften 5. Frankfurt/M., 1979.
Theodor W. Adorno u.a. *Der autoritäre Charakter*. Studien über Autorität und Vorurteil. Bd. I–II, Amsterdam, 1968/1977.

Zum Feminismus

Michèle Barrett, *Das unterstellte Geschlecht*. Umrisse eines materialistischen Feminismus. Berlin, 1983.
Mary Ellmann, *Thinking About Women*. New York, 1968.
Juliet Mitchell, *Women's Estate*. Harmondsworth, 1977.
M. Z. Rosaldo & L. Lamphere (eds.), *Women, Culture and Society*. Stanford, 1974.
Kate Millett, *Sexus und Herrschaft*. München, 1971.

Nancy Chodorow, *Das Erbe der Mütter*. Psychoanalyse und Soziologie der Mütterlichkeit. München, 1985.
Juliet Mitchell, *Psychoanalyse und Feminismus*. Frankfurt/M., 1976.
Annette Kuhn & AnnMarie Wolpe (eds.), *Feminism and Materialism*. London, 1978.
Jane Gallop, *Feminism and Psychoanalysis: The Daughter's Seduction*. London, 1978.
Janine Chasseguet-Smirgel (Hrsg.), *Psychoanalyse der weiblichen Sexualität*. Frankfurt/M., 1974.
Elaine Showalter, *A Literature of Their Own: British Women Novelists from Brontë to Lessing*. Princeton, NJ., 1977.
Josephine Donovan, *Feminist Literary Criticism*. Lexington, Kentucky, 1975.
Sandra Gilbert & Susan Gubar, *The Madwoman in the Attic*. London, 1979.
Patricia Stubbs, *Women and Fiction: Feminism and the Novel 1880–1920*. London, 1979.
Ellen Moers, *Literary Women*. London, 1980.
Mary Jacobus (ed.), *Women Writing and Writing about Women*. London, 1979.
Tillie Olsen, *Silences*. London, 1980.
Elaine Marks & Isabelle de Courtivron (eds.), *New French Feminism*. Amherst, Mass., 1979.
Julia Kristeva, *Die Chinesin*. Die Rolle der Frau in China. Berlin, 1982.
Hélène Cixous, *Die unendliche Zirkulation des Begehrens*. Berlin, 1977.
Weiblichkeit in der Schrift. Berlin, 1980.
»Das Lachen der Medusa«, *Alternative*. 108/109 (1976).
La jeune née. Paris, 1975.
Luce Irigaray, *Speculum – Spiegel des anderen Geschlechts*. Frankfurt, 1980.
Das Geschlecht, das nicht eins ist. Berlin, 1979.
Sarah Kofman, *L'énigme de la femme*. Paris, 1980.
Toril Moi, *Sexual/Textual Politics: Feminist Literary Theory*. London, 1985.

6. Schluß. Politische Kritik

Terry Eagleton, *Walter Benjamin, or Towards a Revolutionary Criticism*. London, 1981.
Walter Benjamin, »Eduard Fuchs, der Sammler und der Historiker«, in: *Angelus Novus*. Ausgewählte Schriften Bd. II, Frankfurt/M., 1966.
Raymond Williams, *Communications*. London, 1962.
The Republic of Letters: Working Class Writing and Local Publishing, Comedia Publishing group, 9 Poland Street, London WI 3DG.

Walter Benjamin, *Versuche über Brecht*. Frankfurt/M., 1975.
Illuminationen. Frankfurt/M., 1969.
Charles Baudelaire. Ein Lyriker im Zeitalter des Hochkapitalismus. Frankfurt/M., 1974.

Terry Eagleton, *Marxism and Literary Criticism*. London, 1971.
Criticism and Ideology. London, 1976.

Raymond Williams, *Marxism and Literature*. Oxford, 1977.
Politics and Letters. London, 1979.
Problems in Culture and Materialism. London, 1980.
Gesellschaftstheorie als Begriffsgeschichte. München, 1972. (dt. von *Culture and Society 1780–1950*. London, 1958).

Cliff Slaughter, *Marxism, Ideology and Literature*. London, 1980.

Tony Bennett, *Formalism and Marxism*. London, 1979.

Terry Lovell, *Pictures of Reality*. London, 1980.

Lee Baxandall & Stefan Morowski (eds.), *Marx and Engels on Literature and Art*. New York, 1973.

Michail Lifšič, *Marx und Engels über Kunst und Literatur*. Berlin, 1948.

Leo Trotskij, *Literatur und Revolution*. Berlin, 1968.

Michail Bachtin, *Rabelais und seine Welt*. Frankfurt/M., 1987.
Marxismus und Sprachphilosophie. (unter dem Pseudonym Valentin Vološinov), Frankfurt/M., 1975.

Georg Lukács, *Werke*. Bd. 4: Probleme des Realismus. Neuwied, 1971. Bd. 6: Der historische Roman. Neuwied, 1965.

Lucien Goldmann, *Der verborgene Gott*. Studien über die tragische Weltanschauung in den *Pensées* Pascals und im Theater Racines. Frankfurt/M., 1984.

Christopher Caudwell, *Illusion and Reality*. London, 1973.

Bertolt Brecht, *Schriften zum Theater*. Frankfurt/M., 1954.

Etienne Balibar & Pierre Macherey, »Thesen zum materialistischen Verfahren«, in: *Alternative* 98 (1974) 193–221.

Fredric Jameson, *Marxism and Form*. Princeton, NJ., 1971.
Kultur und das politische Unbewußte: Literatur als Symbol sozialen Handelns. Reinbek, 1988.

Jürgen Schutte, *Einführung in die Literaturinterpretation*. Stuttgart, ^{2}1990.

Martin Jay, *The Dialectical Imagination*. London, 1973.

Register

Sammlung Metzler

SM 1 Raabe *Einführung in die Bücherkunde*

SM 5 Moser *Annalen der deutschen Sprache*

SM 6 Schlawe *Literarische Zeitschriften 1885–1910*

SM 7 Hoffmann *Nibelungenlied*

SM 9 Rosenfeld *Legende*

SM 10 Singer *Der galante Roman*

SM 12 Nagel *Meistersang*

SM 13 Bangen *Die schriftliche Form germanist. Arbeiten*

SM 14 Eis *Mittelalterliche Fachliteratur*

SM 15 Weber/Hoffmann *Gottfried von Straßburg*

SM 16 Lüthi *Märchen*

SM 18 Meetz *Friedrich Hebbel*

SM 24 Schlawe *Literarische Zeitschriften 1910–1933*

SM 25 Anger *Literarisches Rokoko*

SM 26 Wodtke *Gottfried Benn*

SM 28 Frenzel *Stoff-, Motiv- und Symbolforschung*

SM 32 Wisniewski *Kudrun*

SM 33 Soeteman *Deutsche geistliche Dichtung des 11. u. 12. Jh.s*

SM 36 Bumke *Wolfram von Eschenbach*

SM 40 Halbach *Walther von der Vogelweide*

SM 41 Hermand *Literaturwissenschaft und Kunstwissenschaft*

SM 44 Nagel *Hrotsvit von Gandersheim*

SM 46 Hecht *Christian Reuter*

SM 47 Steinmetz *Die Komödie der Aufklärung*

SM 51 Koopmann *Friedrich Schiller II: 1794–1805*

SM 52 Suppan *Volkslied*

SM 53 Hain *Rätsel*

SM 54 Huet *Traité de l'origine des romans. Faksimiledruck*

SM 57 Siegrist *Albrecht von Haller*

SM 59 Behrmann *Einführung in die Analyse von Prosatexten*

SM 60 Fehr *Jeremias Gotthelf*

SM 63 Boeschenstein-Schäfer *Idylle*

SM 64 Hoffmann *Altdeutsche Metrik*

SM 65 Guthke *Gotthold Ephraim Lessing*

SM 66 Leibfried *Fabel*

SM 67 von See *Germanische Verskunst*

SM 68 Kimpel *Der Roman der Aufklärung (1670–1774)*

SM 71 Helmers *Wilhelm Raabe*

SM 72 Düwel *Einführung in die Runenkunde*

SM 74 Raabe/Ruppelt *Quellenrepertorium*

SM 75 Hoefert *Das Drama des Naturalismus*

SM 76 Mannack *Andreas Gryphius*

SM 77 Straßner *Schwank*

SM 78 Schier *Saga*

SM 79 Weber-Kellermann/Bimmer *Einführung in die Volkskunde/ Europäische Ethnologie*

SM 80 Kully *Johann Peter Hebel*

SM 81 Jost *Literarischer Jugenstil*

SM 82 Reichmann *Germanistische Lexikologie*

SM 84 Boeschenstein *Gottfried Keller*

SM 85 Boerner *Tagebuch*

SM 87 Sandkühler *Schelling*

SM 90 Winkler *Stefan George*
SM 92 Hein *Ferdinand Raimund*
SM 93 Barth *Literarisches Weimar. 16.–20. Jh.*
SM 94 Könneker *Hans Sachs*
SM 96 van Ingen *Philipp von Zesen*
SM 97 Asmuth *Daniel Casper von Lohenstein*
SM 99 Weydt *H.J. Chr. von Grimmelshausen*
SM 101 Grothe *Anekdote*
SM 102 Fehr *Conrad Ferdinand Meyer*
SM 103 Sowinski *Lehrhafte Dichtung des Mittelalters*
SM 104 Heike *Phonologie*
SM 105 Prangel *Alfred Döblin*
SM 107 Hoefert *Gerhart Hauptmann*
SM 109 Otto *Sprachgesellschaften des 17. Jh.*
SM 110 Winkler *George-Kreis*
SM 112 Schlawe *Neudeutsche Metrik*
SM 113 Bender *Bodmer/Breitinger*
SM 114 Jolles *Theodor Fontane*
SM 115 Foltin *Franz Werfel*
SM 116 Guthke *Das deutsche bürgerliche Trauerspiel*
SM 117 Nägele *J. P. Jacobsen*
SM 118 Schiller *Anthologie auf das Jahr 1782 (Faksimileausgabe)*
SM 119 Hoffmeister *Petrarkistische Lyrik*
SM 121 Hocks/Schmidt *Lit. u. polit. Zeitschriften 1789–1805*
SM 123 Buntz *Die deutsche Alexanderdichtung des Mittelalters*
SM 124 Saas *Georg Trakl*
SM 127 Biesterfeld *Die literarische Utopie*
SM 128 Meid *Barockroman*
SM 129 King *Literarische Zeitschriften 1945–1970*
SM 131 Fischer *Karl Kraus*
SM 133 Koch *Das deutsche Singspiel*
SM 134 Christiansen *Fritz Reuter*
SM 135 Kartschoke *Altdeutsche Bibeldichtung*
SM 138 Dietz *Franz Kafka*
SM 140 Groseclose/Murdoch *Ahd. poetische Denkmäler*
SM 141 Franzen *Martin Heidegger*
SM 142 Ketelsen *Völkisch-nationale und NS-Literatur*
SM 143 Jörgensen *Johann Georg Hamann*
SM 144 Schutte *Lyrik des deutschen Naturalismus (1885–1893)*
SM 145 Hein *Dorfgeschichte*
SM 146 Daus *Zola und der französische Naturalismus*
Sm 147 Daus *Das Theater des Absurden*
SM 148 Grimm u. a. *Einführung in die frz. Lit.wissenschaft*
SM 149 Ludwig *Arbeiterliteratur in Deutschland*
SM 150 Stephan *Literarischer Jakobinismus in Deutschland*
SM 151 Haymes *Das mündliche Epos*
SM 153 Schneider *A. v. Droste-Hülshoff*
SM 154 Röhrich/Mieder *Sprichwort*
SM 155 Tismar *Kunstmärchen*
SM 156 Steiner *Georg Forster*
SM 157 Aust *Literatur des Realismus*
SM 158 Fähnders *Proletarisch-revolutionäre Literatur*
SM 159 Knapp *Georg Büchner*
SM 160 Wiegmann *Geschichte der Poetik*
SM 161 Brockmeier *François Villon*

SM 162 Wetzel *Romanische Novelle*
SM 163 Pape *Wilhelm Busch*
SM 164 Siegel *Die Reportage*
SM 165 Dinse/Liptzin *Jiddische Literatur*
SM 166 Köpf *Märchendichtung*
SM 167 Ebert *Historische Syntax d. Deutschen*
SM 168 Bernstein *Literatur d. deutschen Frühhumanismus*
SM 170 Hoffmeister *Deutsche und europäische Romantik*
SM 171 Peter *Friedrich Schlegel*
SM 172 Würffel *Das deutsche Hörspiel*
SM 173 Petersen *Max Frisch*
SM 174 Wilke *Zeitschriften des 18. Jahrhunderts I: Grundlegung*
SM 175 Wilke *Zeitschriften des 18. Jahrhunderts II: Repertorium*
SM 176 Hausmann *François Rabelais*
SM 177 Schlütter/Borgmeier/Wittschier *Sonett*
SM 178 Paul *August Strindberg*
SM 179 Neuhaus *Günter Grass*
SM 180 Barnouw *Elias Canetti*
SM 181 Kröll *Gruppe 47*
SM 182 Helferich *G. W. Fr. Hegel*
SM 183 Schwenger *Literaturproduktion*
SM 184 Naumann *Literaturtheorie u. Geschichtsphilosophie, Teil I*
SM 185 Paulin *Ludwig Tieck*
SM 186 Naumann *Adalbert Stifter*
SM 187 Ollig *Der Neukantianismus*
SM 188 Asmuth *Dramenanalyse*
SM 189 Haupt *Heinrich Mann*
SM 190 Zima *Textsoziologie*
SM 191 Nusser *Der Kriminalroman*
SM 193 Wolf *Martin Luther*
SM 194 Reese *Literarische Rezeption*
SM 195 Schrimpf *Karl Philipp Moritz*
SM 196 Knapp *Friedrich Dürrenmatt*
SM 197 Schulz *Heiner Müller*
SM 198 Pilz *Phraseologie*
SM 199 Siegel *Sowjetische Literaturtheorie*
SM 200 Freund *Die literarische Parodie*
SM 201 Kaempfer *Ernst Jünger*
SM 202 Bayertz *Wissenschaftstheorie u. Paradigma-Begriff*
SM 203 Korte *Georg Heym*
SM 204 Weissberg *Edgar Allan Poe*
SM 205 Wisniewski *Mittelalterliche Dietrich-Dichtung*
SM 206 Apel *Literarische Übersetzung*
SM 207 Wehdeking *Alfred Andersch*
SM 208 Fricke *Aphorismus*
SM 209 Alexander *Das deutsche Barockdrama*
SM 210 Krull *Prosa des Expressionismus*
SM 211 Hansen *Thomas Mann*
SM 212 Grimm *Molière*
SM 213 Riley *Clemens Brentano*
SM 214 Selbmann *Der deutsche Bildungsroman*
SM 215 Wackwitz *Friedrich Hölderlin*
SM 216 Marx *Die deutsche Kurzgeschichte*
SM 217 Schutte *Einführung in die Literaturinterpretation*
SM 218 Renner *Peter Handke*

SM 219 Lutzeier *Linguistische Semantik*
SM 220 Gmünder *Kritische Theorie*
SM 221 Kretschmer *Christian Morgenstern*
SM 222 Schmidt *Ernst Bloch*
SM 223 Dietschreit/Heinze-Dietschreit *Hans Magnus Enzensberger*
SM 224 Hilzinger *Christa Wolf*
SM 225 Obenaus *Literarische und politische Zeitschriften 1830–1848*
SM 226 Schulz *Science fiction*
SM 227 Meid *Barocklyrik*
SM 229 Obenaus *Literarische und politische Zeitschriften 1848–1880*
SM 230 Vinçon *Frank Wedekind*
SM 231 Lowsky *Karl May*
SM 232 Barton *Dokumentar-Theater*
SM 233 Winter *Jakob Michael Reinholz Lenz*
SM 234 Hoffmeister *Deutsche und europäische Barockliteratur*
SM 235 Paech *Literatur und Film*
SM 237 Mayer *Eduard Mörike*
SM 238 Huß-Michel *Literarische und politische Zeitschriften des Exils 1933–1945*
SM 239 Perlmann *Arthur Schnitzler*
SM 240 Wichmann *Heinrich von Kleist*
SM 241 Mahoney *Roman der Goethezeit*
SM 242 Bartsch *Ingeborg Bachmann*
SM 243 Kaiser *E. T. A. Hoffmann*
SM 244 Schweikle *Minnesang*
SM 245 Dietschreit *Lion Feuchtwanger*
SM 246 Eagleton *Einführung in die Literaturtheorie*
SM 247 Cowen *Das deutsche Drama im 19. Jahrhundert*
SM 248 Hess *Epigramm*
SM 249 Gottzmann *Artusdichtung*
SM 250 Korte *Geschichte der deutschen Lyrik seit 1945*
SM 251 Jung *Georg Lukács*
SM 252 Glück/Sauer *Gegenwartsdeutsch*
SM 253 Schweikle *Neidhart*
SM 254 Späth *Rolf Dieter Brinkmann*
SM 255 Bäumer *Bettina von Arnim*
SM 256 Aust *Novelle*
SM 257 Schmitz *Das Volksstück*
SM 258 Hein *Johann Nestroy*
SM 259 Schönau *Einführung in die psychoanalytische Literaturwissenschaft*
SM 260 Nickisch *Brief*
SM 261 Sammons *Heinrich Heine*
SM 262 Nusser *Trivialliteratur*
SM 263 Sowinski *Einführung in die Stilistik*